● 国家自然科学基金资助项目、江西省科技厅资助项目、南昌大学廉政研究中心经费资助项目。

人才发展与人才生态研究

贾清萍◎著

江西人民出版社
Jiangxi People's Publishing House
全国百佳出版社

图书在版编目（CIP）数据

人才发展与人才生态研究 / 贾清萍著. --南昌：江西人民出版社，2024. 12. --ISBN 978-7-210-16144-8

Ⅰ. C962

中国国家版本馆 CIP 数据核字第 2025QB8277 号

人才发展与人才生态研究
RENCAI FAZHAN YU RENCAI SHENGTAI YANJIU

贾清萍　著

策划编辑：涂如兰
责任编辑：胡　悦
封面设计：同异文化传媒

江西人民出版社 Jiangxi People's Publishing House 全国百佳出版社 出版发行

地　　址：江西省南昌市三经路 47 号附 1 号(邮编:330006)
网　　址：www. jxpph. com
电子信箱：850117201@ qq. com
编辑部电话：0791-86893196
发行部电话：0791-86898815
承 印 厂：江西新华印刷发展集团有限公司
经　　销：各地新华书店

开　　本：787 毫米×1092 毫米　1/16
印　　张：17. 75
字　　数：247 千字
版　　次：2024 年 12 月第 1 版
印　　次：2024 年 12 月第 1 次印刷
书　　号：ISBN 978-7-210-16144-8
定　　价：68. 00 元
赣版权登字-01-2024-987

前 言

人才发展与治理是近年的社会热点话题。人才兴则民族兴,人才强则国家强。从历代兴衰到国家、城乡的发展,都证明了人才是发展的基础和持久力量。在新时代的征程上,随着科技的快速发展和全球化的深入,社会对人才的需求更加迫切,建设一支规模宏大、结构合理、素质优良的创新人才队伍,对于激发社会活力、推动科技进步具有重要意义。探讨有效的人才发展与治理体系,对于实现国家的高质量发展至关重要。

当前,世界正处于百年未有之大变局中,围绕高素质人才和科技制高点的国际竞争空前激烈。深化人才发展体制机制改革,不仅是对现行人才政策的优化升级,更是对未来创新驱动发展战略的深远布局。这要求我们必须尊重人才成长规律,更加重视引才、育才、用才、留才,促进人才不断发展,优化人才政策,不断厚植人才资源竞争优势。

本书针对科技人才、农村青年人才、数字人才、新质人才、人才政策、人才环境发展的实践,提炼出研究的科学前沿问题,将内容分析法、统计分析法、因子分析法、聚类分析法、问卷调查法、比较研究法等多方法结合进行研究,获得创新的研究成果,并用研究成果解决人才发展与治理系统中的问题,促进人才系统发展。本书首先归纳总结了科技人才发展与流动、农村青年人才发展、数字人才发展、人才生态环境、人才政策等多个领域的研究现状;其次,介绍了内容分析法、因子分析法、聚类分析法、问卷调查法、比较研究法、NVIVO 质性研究工具、统计分析工具等多方法和研究工具;再次,研究了不同类型人才发展现状与问题;然后,进行了新质人才发展、科技人才发展、农村青年人才发展、数字人才发展、人才政策比较等方面的研究;最后,进行了提升人才引培质量的路径研究。

本书的执笔为贾清萍副教授,蔡小东、唐秋坤、丁珍、侯宇帆、彭瑛杰、刘一鸣等分别为本书的出版作出了贡献。本书受江西省科技厅项目《全面提升科技创新人才质量的路径研究》(项目编号:20213BAA10W44);国家自然科学基金《健康扶贫政策实施效应因果反馈转化仿真评价及长效机制构建研究》(项目编号:71964024)资助;南昌大学廉政研究中心经费资助。

期望本书对从事人才研究的科研人员及人才实际工作者有所帮助,感谢国家自然科学基金委员会的支持与帮助!感谢江西省科技厅的支持与帮助!感谢同行专家的帮助!感谢团队成员的帮助!

书中有不当之处,恳请读者多提宝贵意见。

贾清萍
2024 年 10 月

目录
Contents

第一章
研究现状

第一节 新质人才研究现状

新质人才是近年来提出的新概念,它是推动新质生产力发展的关键要素。根据 CNKI 数据显示,近年,新质人才方面的文献呈现增长趋势。

一、新质人才内涵和范畴研究

新质人才主要包括:战略科学家和领军人才、卓越工程师和优秀青年创新人才、大国工匠和高技能人才、青年科学家、应用型人才、创新型服务人才。战略科学家和领军人才:这类人才能够作出原始性发现和颠覆性创新,走入科技“无人区”,推动重大技术突破。卓越工程师和优秀青年创新人才:他们具备解决复杂工程问题的能力,能够在科技前沿进行创新。大国工匠和高技能人才:掌握技能和工艺诀窍,能够在生产一线进行高质量的工作。青年科学家:具备数智技术能力、操作技能和管理能力的复合型人才。应用型人才:熟练掌握新质生产资料,能够在生产实践中发挥重要作用。创新型服务人才:适应新质生产力市场实现价值的创新型服务人才。胡玉宁、徐欣(2024)[1]指出,人才新质态的“新”体现在其是满足新质生产力发展所需要的劳动者素养质态，是“培养的人”应具备新质生产力发展所需要的核心素养，通过核心素养诸要素的优化组合和相互协同，促进劳动者素养的转型跃升来适应新质生产力的发展需求，能够形成协同性的生产关系来适应、保障、促进新质生产力的发展。

二、新质人才发展现状、趋势与评价研究

2024 年，深圳出版社联合中国人民大学社会科学高等研究院（深圳）人才战略与治理研究中心、中国人民大学劳动人事学院和同道猎聘集团的专家、研究人员共同完成了《中国新质生产力人才指数报告》（以下简称《报告》），该报告立足人才与创新，聚焦粤港澳大湾区，全面分析评估了我国，特别是粤港澳大湾区新质人才的现状、发展趋势及影响力，旨在为大湾区乃至全国的新质人才的职业发展和进步提供指导和帮助。《报告》根据我国幅员辽阔、人口众多的特点，进行了分地区、分城市评估。报告指出，从地区来看，东部地区新质生产力人才指数远超其他地区。从城市来看，以北京、上海、深圳等为代表，具有强大经济实力、人才聚集和创新能力的城市，是当前全国 70 个大中城市中新质生产力人才指数较高的城市。《报告》认为，目前我国新质生产力人才建设的总体水平仍存在较大发展空间，城市间新质生产力人才指数差距较为悬殊，地区间新质生产力人才、各新质生产力人才评价维度之间发展不均衡。《报告》从体系、平台、机制和制度 4 个方面，综合性地对当前构建高端科技人才培养新格局提出政策建议①。赵永乐（2024）[2]认为，要形成人才新质态并为新质生产力的发展提供坚实的战略支撑，必须以新的生产力理论为指导，深刻认识理解高质量发展要求下人才新质态的内涵与特征，并解决好人才新质态的发展与改革两大问题。

三、新质人才对新质生产力的影响研究

陈祥云（2024）[3]分析了高校新质生产力人才的价值意蕴及实现路径，他指出，高校培养新质生产力人才机遇与挑战并存，高校需从目标驱动、需求导向、创新协同、数智融合和交流合作等方面探索培养新质生产力人才的

---

① 《中国新质生产力人才指数报告》，深圳出版社，2024.

实现路径。王彩芳、姜国刚等(2024)[4]提出,数字经济在推动中国式现代化、带动新质生产力提升和助推经济类人才培养方面展现出新的发展动能,使高校经济类人才培养以“新质”为思想理念,为高校人才培养模式指明了方向:高校经济类专业需要从学科、教育和学生素养等方面加大教育力度,以适应产业衔接之维、开展数字教育之维和提升数字素养之维来推动高校经济类专业学生的“新质”内核驱动力。

四、新质人才培养研究

彭佳琪(2024)[5]指出,新质生产力强调培养和汇聚能够驱动高技术化劳动资料和对象以及熟练运用新型生产工具并催生创新生产价值的人才力量,以迎接和引领新一轮技术变革。在新质人才培养视域下,课程要对接产业实际需求,关注技术,着力培养学生的人工智能渗透素养,提升其掌握和驾驭新劳动工具的能力。曹胜、李婷婷(2024)[6]指出,新质人才是聚焦底层共享技术突破,引领未来技术迭代升级,推进科技创新成果转化为现实生产力的开拓者、建设者、塑造者和引领者。具备高水平的专业知识、现代化的实践技能、高意识的学习力、强劲的创新能力、勇担当的社会责任等是新质人才的鲜明特质。培养新质人才需要建构一体化的培养范式,如教学模式的转化建构、学科结构的通专融合、知识生产主体的多链协同。于兆吉、房一宁、鲍卉(2024)[7]指出,新质人才是指满足人才新质态属性并且能够推动生产力发展的人才。目前,数字化发展对传统高等教育人才培养模式产生冲击,产业升级也对人才提出更高要求,新质生产力的发展需要高质量人才的优质输出。为应对现实挑战,实现教育、科技、人才“三位一体”赋能高等教育新质人才培养,建议创立“教育元宇宙”数字化教育体系,构建教育连接科技的“桥船一体”人才培养模型,实现教育、科技、人才“三位一体”与新质人才培养的双向赋能,共同构筑高等教育人才培养生态系统。鲍海君、曹伟(2024)[8]通过梳理数字生态文明时代国土空间规划人才培养的需求,结合国际经验、历史演进和现状特征,提出未来国土空间规划“新质人才”培养的主要思路和实现路径。得到研究结论:(1)科教创新综合体人才培养模式遵循紧密植入型生态文明的现实逻辑、高度协调型空间治理的支撑逻辑、深度融合型精神传承的历史逻辑、系统耦合型人地关系的底层逻辑、持续颠覆型技术变革的发展逻辑5大学理逻辑；(2)科教创新综合体人才培养模式具有以深度协作为突出特征的专业融合、以优势互补为突出特征的校际融合、以双向奔赴为突出特征的城教融合、以需求导向为突出特征的产教融合、以创新赋能为突出特征的科教融合5大本质特征；(3)基于"战略引领、学科交叉、资源协同、机制创新"提出了国土空间规划"新质人才"培养的科教创新综合体模式的具体实施路径。王卓玉、于灏媛等(2024)[9]指出，为了推动STEAM教育在新质人才培育方面更好地适应数智化时代的发展，教育工作者也需采取一系列措施：确保STEAM教育的高效运行，完善其跨学科知识体系，构建虚实联通的STEAM教育空间，提升教师的STEAM素养，并构建一个充满活力的STEAM人才培育新生态。

第二节 科技人才研究现状

"人才是第一资源。"当今世界，面对新一轮科技革命和产业变革，以科技创新推动产业创新、发展新质生产力，既是历史机遇，也面临多方面挑战。科创人才问题最受公众关注。随着我国经济发展方式的转变和产业结构的调整，人才愈来愈成为推动我国经济发展和促进社会进步的关键动力。许多地区为了使地区在未来竞争中保持优势，纷纷出台政策来吸引人才，掀起了"人才争夺战"。

一、国内研究现状

国内学者从宏观层面、组织层面和个人层面分析了科技人才流动影响因素。同时，根据我国社会的实际情况，在研究科技人才的流动影响因素后，分析了留住科技人才的措施。

(一)科技人才发展政策研究

2016年，中共中央印发的《关于深化人才发展体制机制改革的意见》提出，要"聚天下英才而用之"，激发人才活力，加快建设人才强国；2018年《关于分类推进人才评价机制改革的指导意见》强调,要建立科学合理的人才评价机制来调动人才积极性; 2023 年,中共中央办公厅 国务院办公厅印发《关于进一步加强青年科技人才培养和使用的若干措施》(以下简称《若干措施》)。《若干措施》提出,要引导支持青年科技人才服务高质量发展,支持青年科技人才在国家重大科技任务中"挑大梁""当主角",要加大基本科研业务费对职业早期青年科技人才稳定支持力度,要更好发挥青年科技人才决策咨询作用,要提升科研单位人才自主评价能力,要加大青年科技人才生活服务保障力度。

在人才争夺的大环境下,各地方政府也纷纷出台科技人才政策。如,2015 年,江西省人才办印发《江西省高层次人才引进实施办法》,明确了江西省高层次人才引进对象、条件和待遇保障;2017 年出台的《中共江西省委关于深化人才发展体制机制改革的实施意见》为全省人才引进工作提供了指导方向;2018 年修订的《江西省科学技术奖励办法》、2020 年修订的《江西省优秀高技能人才评选表彰管理办法》激励着江西人才为建设创新型江西而努力。2023 年江西省关于《江西省关于进一步加强青年科技人才培养引进和使用的九条举措》(省青年科技人才"九条")指出,要优化实施省"双千计划""赣鄱俊才支持计划",鼓励重大创新平台等创新主体大力培养使用青年科技人才。要支持青年科技人才在科研攻关中挑大梁、当主角,要引导支持青年科技人才服务高质量发展等。2023 年,江西省人力资源和社会保障厅出台了《江西省激励博士后工作创新发展九条措施(试行)》(省博士后"九条"),政策指出,要支持博士后创新平台建设,加大全职博士后日常经费资助力度,吸引海内外优秀博士来赣进站,加强博士后高水平合作导师队伍建设,支持博士后创新创业,支持出站博士后留赣工作。2020 年,南昌市出台了《南昌"人才 10 条"》政策,2023 年,南昌市又出台了《南昌新"人才 10 条"》政策。该政策强调,支持青年人才在昌创业就业,支持青年人才安居乐业,支持驻昌企业提供就业岗位,支持博士后在昌入站并留昌就业,支持企事业单位引育高层次人才,支持引进人才创新团队,支持人才创业团队来昌创办企业,支持创新平台建设,支持新型研发机构转型,支持兑现人才政策便捷高效。2022年，九江市《关于打造长江经济带重要人才集聚高地的若干举措》（"九江人才20条"），文件指出，要实行"一事一议"引进顶尖人才（团队）；支持引进急需紧缺高层次人才；发放人才生活补贴；支持人才落户九江；提供人才公寓服务；发放人才安家费；实施人才安居计划；发放个人所得税和首辆家用轿车购车补贴；妥善安排高层次人才配偶工作；实行人才子女教育保障计划；建立人才成长激励机制等。

（二）科技人才流动对经济发展的影响研究

李培园、成长春（2024）[10]以长江经济带104个城市为样本，运用固定效应模型和Hansen门槛模型，从劳动力异质性角度出发实证检验科技人才非均衡流动对长江经济带区域经济差距的具体影响。结果发现：(1)线性回归结果显示，不同于普通劳动力流动，科技人才非均衡流动对区域经济差距存在微弱的缩小效应；(2)在科技人才非均衡流动背景下，加强区域间经济联系、提高对外开放水平、推进产业结构升级均可以有效促进区域经济差距收敛；(3)非线性回归结果显示，当以互联网水平和实体经济发展水平为门槛变量时，科技人才非均衡流动对区域经济差距的缩小效应均会经历从"强"到"极弱"的转变。

（三）科技人才流动的差异性研究

马林琳、张汝昊、韩芳（2024）[11]基于Scopus数据库1920—2020年论文数据，使用统计学方法，从全球层面、国家层面、学科层面分析了科技人才国际流动中的性别差异。结果发现：以跨国机构合作为基础的国际流动赋予了流动后的科技人才更良好、更易适应的成长环境；女性科技人才在流动行为模式的选择、流动路线的规划上与男性科技人才并无差异；全球科技人才的国际流动中确实存在显著的性别差异，女性科技人才国际流动比例较男性科技人才低；女性科技人才在其职业生涯后期出国交流的可能性较男性科技人才低。陆星谕（2023）[12]进行了我国省际间科技人才流动影响因素研究，他结合2011—2020年中国年度宏观数据，选用固定效应最小二乘回归模型进行分析，结果表明：从整体来看，高质量人才的流动受到经济发展水平的影响已经减弱，目前对人才更具吸引力的是区域的创新能力；区域内营商环境、教育资源水平、基础设施的完善程度同样影响人才的流动方向，在经济更为发达的地区营商环境和教育资源水平对其影响更大。

（四）科技人才流动影响因素的研究

科技人才流动受多因素影响，如，高阵雨等（2019）[13]在对国家杰出青年科学基金获得者进行研究后发现我国高层次人才流动受到经济、地域因素的影响，高层次科技人才在我国东南地区形成了集聚效应。徐倪妮等（2019）[14]通过2005—2016全国31个省份的面板数据进行实证分析得出了产业结构的变化对人才流动的作用效果强，而财政科技投入对科技人才流动的作用效果偏弱。王腾、关忠诚等（2024）[15]基于自然科学领域国际著名学术奖项获奖人的传记等质性资料，运用扎根理论方法构建了顶尖科技人才流动的影响因素模型，全面系统地揭示了影响人才流动的关键要素与作用机理。研究发现：（1）生存保障、工作氛围、科研支持和科研实力是影响人才流动的外部环境因素；家庭生活和个人情感是影响人才流动的内部驱动因素。（2）内外部因素之间以及外部因素自身均存在影响人才流动的间接作用机制。

（五）科技人才流动意愿研究

马志敏（2018）[16]从个人、组织和社会3个层面入手，利用层次分析法对科技人才流动的影响因素进行分析。研究结果表明，在中间层，个人层面是影响科技人才流动的最主要因素，社会层面是次要因素，组织层面对科技人才流动的影响权重最小。在方案层，影响科技人才流动的第一大因素是福利待遇，第二大因素是发展前景，第三大因素是家庭因素，第四大因素是人才政策。于艳红、杨鹏飞（2022）[17]从社会、组织和个体三个层面对影响青年科技人才流动意愿的多种因素及影响机理进行探讨，但他认为，哪个层面或哪个因素的影响最大，尚未达成一致。

（六）科技人才留才策略研究

企业发展关键在留才。如何留住科技人才，是企业要重点关注的问题。学界在科技人才留才策略方面有一些研究成果。一些学者认为，国家要出台留才政策。比如侯爱军等（2015）[18]认为国家要出台相关政策，引导科技人才由经济发达地区向欠发达地区流动，健全人才市场，减少经济发达地区向欠发达地区挖科技人才的现象。还有学者认为，人才评审制度对留住人才有重要作用。杨芳娟(2016)[19]认为，完善评审制度和改革科技评价制度是留住科技人才的重要举措。环境对留住人才影响较大，詹晖(2017)[20]认为，要从经济、政策、文化、社会四个方面着手，通过推动产业结构改革，促进地区经济发展，为科技人才提供良好的社会环境来吸引和留住科技人才。刘彬等(2020)[21]指出地方应该从科技创新体制机制上努力，提高区域创新活力，用宽松自由的创新环境留住科技人才。

二、国外研究现状

国外关于人才流动方面的研究主要集中在人才流动影响因素，包括社因素、组织因素和个人因素；人才流动的社会影响因素。

(一)人才流动的影响因素研究

国外学者很早就关注到人才流动影响因素的问题，对其研究比较早。Levin 和 Rosse(2001)[22]在对人才流动进行研究后发现，影响人才流动的因素可以分为社会因素、组织因素和个人因素，其中起主要作用的是社会因素。Zhou 等(2018)[23]在分析了中国科技人员的分布状况后认为区域经济发展不平衡、制度不完善以及管理落后是影响中国科技人员流动的主要因素。人才流动的组织因素研究。Hom 和 Griffeth(1995)[24]通过对组织内部人才的实证分析，发现人才流动与工作满意度、工资强度、晋升机会等有显著关系。Deery(1997)[25]经过一系列研究发现除了薪酬等原因外，缺乏与领导的沟通、企业的不信任、工作没有自主权等也是导致员工流动的重要原因。人才流动的个人因素研究。Kennedy DJ(1999)[26]将影响人才流动的因素划分为明显因素和不明显因素，其中年龄、收入水平、个人事业心和职业发展预期以及个人态度是明显因素，而性别、种族状况、婚姻状况、受教育水平、工作经验、工龄年限等是不明显因素。

(二)科技人才流动带来的影响研究

国外学者认为科技人才流动会带来和消极的双重影响。在消极影响方面，Bevan(1987)[27]指出科技人才的流动会导致科技人才将组织本身技术带走并且外流的现象，从而导致组织竞争力的下降。在积极影响方面，Olian（1991）[28]、Iverson（1999）[29]等认为人才的合理流动可以促进企业管理制度的改革，在企业内部形成良好的激励机制，有助于企业人力资源的配置，从而提高企业的生产效率和经济效益。Hinkin 和 Tracey（2000）[30]研究发现人才流动会导致组织的成本增加，其中包括招聘成本、雇佣成本、生产损失成本等可见成本和其他一些不可见成本。

第三节 农村青年人才研究现状

一、国内研究现状

国内有关农村青年人才研究主要对象是出身乡村，毕业后选择返乡创业就业的大学生群体。以往的有关文献大都是在金融危机与经济转轨的大环境下，对农村青年返乡后的社会适应问题进行探讨。随着乡村振兴等国家战略的实施，返乡创业青年成为了国内外学者关注的焦点，对他们的研究越来越多。这些研究主要从两个方面展开，一是农村青年返乡就业、创业，二是农村青年返乡后的社会融入。

（一）农村青年人才返乡创业的内在逻辑研究

林龙飞（2019）[31]探究了农村青年返乡创业的内在逻辑。得出结论：在“家庭伦理”的影响下，年轻人回归是一种“过日子”的抉择，对家人和谐的向往是其回归的共同目的。他认为，政府今后在引导和激励青年群体返乡过程中，不但要从外部的制度上提供实际的帮助，更要将外部的制度扶持与青年行动主体的内隐需要联系起来，有针对性地指导他们主动地返乡创业，并用他们的返乡创业来帮助推动农村的发展。在此之前，他也曾通过问卷调查研究了返乡青年的群体特征，分析了创业过程中面临的若干问题，并提出了针对性建议。李广（2021）[32]通过论证青年人才返乡创业与乡村振兴的内在逻辑关系，以及对青年返乡创业的保障机制的分析，提出了青年返乡创业是实现高质量发展的路径。

（二）农村青年人才返乡创业的影响因素研究

高坤（2021）[33]通过对湖北省咸宁市X镇50位返乡创业青年的问卷调查，分析影响农民青年返乡创业的因素，并给出促进农民返乡创业的措施。梁栋等（2019）[34]对西部山区一个乡镇实地考察后发现，青年返乡创业是农村转型的重要组成部分。由“打工者”形成的“主体性建构”和“劳务观”转变是青年农民回乡创业的“微观动力”，而“人口红利”转变、城镇消费转型以及“农村社区”的积累效应则是导致青年回乡创业的主要社会因素。

（三）农村青年人才返乡创业的意愿研究

黄颖等（2019）[35]以1842个粤东西北贫困地区返乡农村创业青年为样本，对样本展开研究，结果发现，农村青年的创业意愿较高，方向清晰，位置集中，创业组织形式简单，启动资金的来源以自筹为主、融资渠道呈现多元化。但是也存在着创业层次整体偏低、产业的集中度太大、创业资金不足、人才缺乏等问题。为推动农村青年自主创业，需要营造一个“创业生态系统”，改善创业环境，强化政府有关部门的联动，搭建农村青年创业的信息共享平台等。顾一鸣（2021）[36]、夏仕武（2020）[37]、郭丽娟（2021）[36]等把注意力放在了大学生身上，主要研究大学生返乡创业的意愿及其影响因素，并就此提出建议。

（四）农村青年人才返乡创业存在的问题及面临的困境研究

张方雷等（2019）[39]通过实地调研，向返乡青年电商人才发放调查问卷，以开展青年电商人才座谈形式全面了解返乡青年电商创业的现状、面临的问题，以及对政府政策的支持与期待。通过数据分析、座谈总结，得出了返乡青年电商人才发展中存在的共同特征、困难需求，并对缓解返乡青年电商创业困难提出了建议。李冠源等（2021）[40]在阐述返乡青年创业对推动乡村经济发展重要性的基础上，深度结合现阶段农村青年创业存在的问题及面临的困境，提出精准定位差异化创业、增强创业综合素质能力、组建及打造优秀创业团队三个策略。

（五）农村青年人才返乡创业对乡村振兴的作用研究

毛一敬（2021）[41]基于河南信阳农村的田野调查，立足对青年人才返乡创业案例的深度刻画，分析青年人才返乡创业的实践基础、实践类型和社会功能。研究发现青年人才返乡创业对推动农村产业转型升级、城乡融合和提高农民福利具有重大的社会作用，国家应该按照“以村带人”而不是“造点”的思路，以均衡配置的方式来扶持其回乡。罗敏（2019）[42]充分肯定了返乡青年在乡村振兴中的重要作用，并探讨了青年参与乡村振兴的行动逻辑。刘梅等（2021）[43]从社会资本理论出发，探讨了青年返乡人才对其故乡的社会适应性作用。分析发现，社会资本、经济资本及文化资本对于青年人才的社会适应性具有明显的正面作用。

（六）农村青年人才返乡创业的对策研究

曾辉（2019）[44]通过对返乡青年人才创业现状的分析，结合现有的创业路径，深刻地剖析了返乡创业现状下的创业优势，并对如何推动该领域的发展提出了建议，为青年返乡创业和传统行业的发展提供了借鉴。吴燕、孙兴民（2023）[45]对青年人才返乡就业创业展开了研究，并从就业创业市场要素配置、就业创业机会、职业技能培训、创业支持政策、社会氛围营造、对接交流平台6个方面提出优化路径。邝舜（2023）[46]探讨了推进青年人才返乡人乡的对策。王秋蕾（2020）[47]通过调查，分析了青年人才返乡就业的影响因素。

（七）农村青年人才返乡创业与乡村振兴有效衔接研究

王晓刚（2021）[48]基于乡村全面振兴的调研背景，选择中部地区河南省为案例，对农民工返乡创业和乡村产业振兴之间有效对接的联动机制进行研究。在总结已有研究成果的基础上，从理论和实践两个方面对农民工返乡创业与农业产业振兴进行系统深入的探讨。首先对乡村产业发展中存在的实际困境进行了分析，从经济增长方式转型、产业结构升级、城乡二元结构等方面剖析了乡村产业发展现状及其存在问题。其次是指出了农民工返乡创业驱动之源及存在的重大瓶颈，系统阐释农民工返乡创业和乡村产业振兴互促联动。再次，从制度保障、资金支持、人才培育等方面构建了“政府引导—企业推动”“市场拉动—社会参与”以及“农民带动—资本注入”三种模式相结合的联动机制框架。最后提出了两者耦合的协同路径。

(八)农村青年人才返乡的社会融入研究

一些研究从具体的典型入手,探讨青年人才的社会融入问题。如:郭庆等(2017)[49]通过对湖南省长沙市807位青年返乡人才的问卷调查,揭示了青年返乡人才的社会融入呈现差异性、分层性与资本依赖性的特征。王成龙等(2019)[50]通过对10位返乡青年的访谈,包括返乡大学生、返乡务工人员,揭示了返乡青年人才在传统的乡土社会中表现出的文化与社会融入状况。沈费伟等(2021)[51]围绕城归青年的乡土社会适应性问题何以体现,城归青年的乡土社会适应性问题缘何产生以及如何帮助城归青年适应乡土社会展开研究。基于上述发现,对城归青年的社会适应问题展开深入的探讨和思考,以期为城归青年顺利解决其家乡的适应问题,从而为促进乡村振兴的发展,奠定坚实的理论和实践基础。马素琴(2019)[52]通过对返乡青年在回乡后的个人心理、人际关系、工作环境等三个层面的自我调整和分析,探讨了他们在回乡后的心理、人际关系、工作环境等三种不同的适应方式,并对其采取的接受环境、解决问题、积极改造等应对方式进行了深入的探讨,以期对基层组织的工作提供一定的启发。

二、国外研究现状

由于国外特殊的地理位置以及行政划分,在已有的国外文献中所提及的返乡多为跨国人口流动,即返回移民(return migration)。国外对于回流移民的研究主要围绕着移民返乡的影响因素展开,包括经济因素、政治因素、社交因素等。

(一)经济因素对农村青年人才返乡(移民回流)意愿研究

青年人才返乡意愿首先是受经济因素的影响。国外学界讨论了在外务工的移民情况,产生了一批理论成果。Parameswaranaik, J. (2020)[53]对印度南部的180名返乡青年展开调研,研究表明,低工资和被他人剥削是返乡的两个最重要的推动因素。继续家庭职业和自由决策是最重要的拉动因素,这影响了返回迁移率。大多数(53.89%)的青年有中等水平的抱负;然而,分别有30.00%和16.11%的年轻人有高水平的和低水平的抱负。Orozco-Aleman, S. (2021)[54]等研究了过去十年回返移民模式的变化如何影响墨西哥的自雇率。研究表明个人迁移是为了积累资本,包括技能、人力资本、经验和储蓄等,这些资本使他们能够在返回后开始新的更高级别的活动。如果移民利用在国外获得的储蓄和人力资本来克服他们家乡的生产限制,创办自己的企业并成为自雇人士,就会出现返回移民的现象。Ning Jia、Belton M. Fleisher(2024)[55]探讨了经济激励对学者归国移民的影响,他指出在全球人才流动中,发展中国家往往经历大量人才外流到发达国家。为了加强科学能力,许多国家已经启动了吸引海外科学家回国的计划。他们评估了大规模人才招聘计划对归国移民的本国科学生产力的影响。利用机构、出版物和对2000年至2017年间在中国顶尖数学系聘用的教师来进行评估,回归结果显示,招聘计划显著提高了员工的海外教育水平背景和科学生产力。该计划的效果集中在顶尖大学以及位于经济发达的沿海地区。

(二)社交因素对农村青年人才返乡(移民回流)意愿的影响研究

青年人才返乡意愿受到来自家人、朋友等的影响,最直接受社交的影响。学界对社交如何影响青年人才返乡意愿做了大量研究,产生了丰富的研究成果。如De Haas, H.(2015)[56]通过检查欧洲各地摩洛哥移民返回意愿的主要决定因素来检验不同的移民理论对返回移民的决定因素产生了相互竞争的假设。结果表明,通过劳动力市场参与、教育以及与接收国保持经济和社会联系的结构整合不会显著影响返回意愿。同时,对摩洛哥的投资和社会联系呈正相关,接收国的社会文化融合与返回移民意向呈负相关。Flahaux(2017)[57]在研究中表明目的地国和原籍国的社会关系是移民返回决定的关键。Joseph Gillespie B.(2021)[58]利用瑞典个人移民动机的调查数据,研究了家人和朋友对返回与继续移民的重要性,包括他们对不同年龄组和城乡范围内不同社区的重要性。结果表明,家庭和返回的重要性与继续移民之间存在显著关系,家庭重要性随着返回移民的年龄而降低。同时,朋友对于回归的重要性随着年龄的增长而增加。Aradhya, S.(2018)[59]在研究中发现孩子的存在降低了返回概率。例如,发现瑞典女儿的移民父亲不太可能返回,并解释说他们希望在性别更加平等的瑞典体系中为他们的女儿提供更好的机会。

（三）政治因素对农村青年人才返乡（移民回流）的影响研究

政治因素主要是指移民为了寻求政治方面的庇护，如加拿大的 Aydemir 和 Robinson（2008）[60]，瑞典的 Klinthäll（2006）[61]，新西兰的 Shortland（2006）[62]，荷兰的 Bijwaard（2010）[63]，他们的研究表明初次移民的原因与返回有关。学生最有可能返回，难民最不可能返回，学生和劳工移民更早返回。正如预期的那样，与工作相关的因素在预测因经济原因离开的移民返回时更为重要。与劳工和家庭移民相比，（被拒绝的）寻求庇护者的返回决定更依赖于原籍国的结构性因素。Black R. 等（2004）[64] 和 King R.（2000）[65] 认为，对于寻求庇护者来说，经济因素不如政治因素重要。

（四）文化、环境、健康、教育等对农村青年人才返乡的影响研究

一些学者对于返回移民也做了相关的研究，如 Parameswaranaik J.（2018）[66] 在其另一篇文章中指出，在考察了三个邦每个大城市的 25 家企业中的员工返乡率后，认为返乡不仅是经济因素造成的，社会、政治、文化、环境、健康、教育等诸多因素在农村青年返乡过程中也发挥了至关重要的作用。Crescenzi R.（2017）[67] 探讨了影响最初居住在意大利撒丁岛（欧洲欠发达地区）的前流动毕业生位置选择的因素，研究了一些人在完成学业后决定返回的原因、影响他们决定的因素以及这些选择如何在空间和时间中展开。结果表明政策制定者应该专注于促进劳动力市场机会并投资于有助于大脑循环的社交网络。

第四节　数字人才研究现状

一、国内研究现状

我国对数字人才的培养与应用给予了高度关注，数字人才研究也取得了显著进展。学界主要围绕数字人才培养与队伍建设、数字人才空间分布、数字人才治理、数字人才的胜任力、数字人才利益诉求、数字人才与企业绩效的关系等方面对数字人才展开研究。

（一）数字人才内涵与分类研究

随着数字人才的发展，加强数字人才治理成为了社会关注的问题。吴田（2024）[68]对数字人才内涵进行了研究，他认为，国内外对于数字人才的概念还没有明确和统一的界定，主流的趋势有三种，且各具特色。当前，数字化转型正在重新定义人才以及人与技术的关系；未来，在迎接数字文明到来的过程中应当从三个方面进行数字人才的治理，分别是数字人才的素养培育、数字文明的探路者选拔、数字公民的最终养成。魏吉等（2024）[69]根据企业数字化转型的实际需求，将数字人才分为数字领军人才、数字管理人才、数字应用人才和数字技术人才四类。他指出，数字人才的胜任力模型为“井”型，涵盖人岗基本特征、个人特质与素养、业务知识与技能、数字知识与技能四个维度。当前，数字人才培养存在教学理念更新不及时、学科体系与数字经济需求失匹配、师资队伍待提升和产教融合有待加强等方面的问题。他从创新教育教学理念、优化学科布局结构、重塑人才培养模式、提升教师数字教研能力和搭建校企协同育人机制等方面提出数字人才培养路径体系。

（二）数字人才素养研究

肖鹏、赵庆香（2024）[70]梳理了《提升全民数字素养与技能行动纲要》（以下简称《行动纲要》）发布前后的相关政策，分析了《行动纲要》在当前背景下出台的独特作用，认为该文件确定了具有中国特色和国际视野的数字素养概念；关注了创造力提升、特殊群体服务等前沿要求；拓展出生活、工作、学习、创新四大数字场景；围绕重点任务和工程部署了全面行动。

（三）数字人才培养与队伍建设研究

近年，学界对数字人才的研究成果呈现快速增长趋势。闫励等（2024）[71]利用理论分析、文本研究等质性分析方法对我国数字人才队伍建设情况展开研究，结果发现，数字人才培养存在市场供需不平衡、综合素养偏低、人才引进与培养机制不完善、数字人才区域分布不均衡等问题。张惠娜等（2024）[72]指出，北京的数字经济发展在关键技术攻关、创新主体培育尤其是人才资源供给方面面临着诸多挑战和难题。英国数字之都建设过程中通过一系列政策的出台构筑了数字人才战略体系，积极推动了英国的数字经济发展。北京可借鉴英国的数字人才战略，围绕数字经济产业链需求积极布局人才链，建立数字经济“引、育、用”全链条人才战略体系，以数字人才战略引领北京的数字标杆城市建设。赵山水等(2024)[73]指出，当前江西省委省委员会及人民政府将数字经济作为“一号工程”，牢牢把握数字经济的发展风口。他利用统计分析，对江西省数字经济发展和数字人才培养的现状展开研究，研究发现，目前数字经济存在发展较为滞后、基础薄弱、数字人才培养储备量较低、吸虹能力弱等问题。李佩洁等(2021)[74]在梳理国内外代表性高校数据科学教育体系现状上，构建面向新时期数字人才培养体系框架，即在课程设置上基于数学、统计学和计算机等基础科学开展交叉学科知识培养，同时针对某个行业的大数据分析与应用问题开展实践应用能力培养。他认为，未来数字人才培养体系的完善也应围绕学科交叉和行业应用两方面展开。王磊等(2023)[75]通过分析数字人才的需求与发展机遇，阐述数字人才培养的现状与现实困境，提出：瞄准定位，建设多层次、全方位的数字人才培养体系；打破壁垒，构建重融合、多元化的数字人才培养格局；改革教学，完善活页式、更即时的数字人才培养课程；更新理念，强化重协同、促循环的数字人才培养机制；共创共赢，打造多主体、重应用的数字人才培养平台的举措。刘俐伶(2023)[76]指出，数字化转型对制造业劳动力就业的替代效应将推动制造业人才结构升级。通过参与式行动研究，实现对制造业数字化人才培养体系的顶层设计，是一种值得尝试的研究方法。

(四)数字人才的空间分布研究

数字人才发展存在空间分布问题，一些学者对数字人才的空间分布展开了研究。如，杨帆等(2024)[77]基于领英(LinkedIn)大数据洞察平台，获取了京津冀、长三角和粤港澳地区的数字人才静态区位(2022 年)和动态迁移(2021—2022 年)数据，比较分析了中国三大城市群数字人才分布与流动格局。结果表明：(1)数字人才高度集中在核心城市，但在能级上与顶尖全球城市还有较大差距；(2)粤港澳和长三角地区数字人才发展的协调水平高于京津冀地区，并形成了港—深、沪—苏两大高地；(3)数字人才在中国呈现环流格局,但在全球尺度上是非零和博弈,表现出以香港为枢纽向海外转移的趋势;(4)三大城市群中不存在净流入型活跃城市,因而都面临严峻的数字人才流失风险。

(五)组织体制对数字人才的影响研究

王祥等(2023)[78]立足于政府数字化转型的时代背景,综合利用来自M省6万多名基层公务员的一手调查问卷,分析了体制压力对地方政府数字人才诉求的结构性影响。研究发现,体制压力所衍生出的事务性压力、科层性压力、社会性压力、协调性压力都在不同程度地影响着地方政府对数字人才的依赖度,均呈现出显著正向效应;这种效应因地方政府层级的不同呈现出一定的异质性,政府层级越低,体制压力对数字人才诉求的影响效应越明显。数字人才所具备的科学决策能力和调查研究能力在其中发挥了重要的中介效应。研究结论表明,体制压力塑造着地方政府对数字人才的具体偏好,“技术驱动—人才吸纳—压力分摊”成为地方应对体制压力的逻辑线索,为我们理解政府数字化转型提供了微观视角基础。

(六)数字人才与企业绩效的关系研究

张守凤等(2024)[79]立足数字化赋能的视角,基于“数字人才—知识搜索—开放式创新”的基本逻辑,构建了一个有中介的调节效应模型。在此基础上,利用1930家中小企业的调研数据,对提出的理论模型进行实证检验。研究发现:数字人才有助于改善中小企业开放式创新绩效;数字人才通过知识搜索广度和知识搜索深度正向影响中小企业开放式创新绩效,知识搜索广度和知识搜索深度对中小企业开放式创新绩效也有正向影响。同时,IT能力正向调节了数字人才的知识搜索广度和知识搜索深度与中小企业开放式创新绩效的关系。

二、国外研究现状

(一)数字人才分类研究

在国际范围内,数字人才的培养与应用已成为推动经济社会发展的重要力量。自20世纪90年代互联网的普及以来,数字化转型逐渐成为全球范围内的共识。发达国家如美国、英国、德国等,早已将数字人才的培养与储备纳入国家发展战略，通过教育改革、产业政策调整、创新生态系统建设等多维度措施，形成了较为完善的数字人才培养体系。一些研究者关注于数字技能的定义与分类，以期建立一个清晰、统一的数字技能框架。例如，Davies 和 Fildes(2018)[80]提出了一套基于欧盟数字技能框架的分类体系，将数字技能分为基础技能、高级技能和专业技能三个层次。另一些研究者关注数字人才的培养与教育问题，尤其是如何通过教育体系来提升数字技能。例如，Bennett 和 Sargent(2019)[81]探讨了如何通过在线学习平台和项目制学习(Project－Based Learning)来提升学生的数字技能。

(二)数字人才的市场需求和就业趋势研究

一些研究者关注数字人才的市场需求与就业趋势，以期为政策制定者和教育机构提供参考。例如，Friedman 和 Cappelli(2020)[82]分析了数字经济时代下数字人才的市场需求变化，以及数字人才对就业市场的影响。

(三)数字人才的分布研究

一些学者关注数字人才的区域分布不平等问题，探讨了如何通过政策干预来缩小数字人才的区域差距。例如，García 和 López(2021)[83]探讨了欧洲地区数字人才的分布不平等现象，并提出了一系列政策建议。

(四)数字人才的培养研究

加拿大政府推出了“技能加拿大计划”(Skills for Canada)，旨在通过教育和培训来提升国民的数字技能。Smith, J. 和 Jones, K.[84]认为数字人才的培养应该注重跨学科教育，以培养既懂技术又懂业务的复合型人才。Lee, M. 和 Park, S.[85]则强调了数字人才在促进社会经济发展中的关键作用。因此，随着大数据、人工智能、区块链等新兴技术的兴起，全球数字人才的培养与应用呈现出新的趋势。一方面，数字人才的培养越来越注重跨学科能力的培养，如数据科学与社会科学的结合，旨在培养既懂技术又懂业务的复合型人才；另一方面，Martin－Rodilla P ,Gonzalez－Perez C .[86]认为，数字人才的应用场景也日益多元化，从最初的 IT 行业扩展至金融、医疗、教育、制造业等多个领域，数字人才的培养与应用正成为推动全球经济创新与转型的关键力量。

第五节 人才生态环境研究现状

一、国内研究现状

国内研究主要包括人才环境内涵作用、人才环境影响因素、人才环境评价方法等方面。

(一)人才生态环境内涵作用研究

关于人才环境的内涵研究,学者的看法颇为相似。张元通(2020)[87]、司江伟等(2020)[88]认为人才环境是指与人才的成长发展密切相关的各种外部要素的总和,此定义在目前应用最广泛。在人才环境内涵分析上,国内学者在宏观、微观上皆有一定涉足,主要将人才环境以三种方式划分,一是从构成层次上,将人才环境划分为宏观、中观、微观环境,宏观环境如基础设施环境、市场经济环境,中观环境如行业环境、业务环境,微观环境如工作环境(毛惠玉,2019[89]);二是从构成性质上,分为硬环境和软环境,硬环境是满足人才物质需求的硬件条件,指从政府角度评价的客观数据,如经济、生活环境;软环境是满足人才精神需求的软件环境,量化难度大,可以采用问卷测量收集人才对环境的主观感受度,如人文、制度环境(王瑛,2002[90];郭煜文,2017[91]);三是从构成要素上,认为人才环境内容广泛,是由经济、文化、教育、自然环境等多方面交织而成的复杂系统(王雅荣,2015[92];李朋林等,2019[93])。第三种是国内学者普遍采用的划分方法。陈杰等(2018)[94]通过研究人才环境感知对海外高层次人才流动意愿的影响得出良好的人才环境能有效降低人才流动意愿,从而留住人才。

(二)人才生态环境对聚才的影响研究

杜皖露(2024)[95]分析了人才生态环境对科技人才集聚在普通面板模型下的总体效应和不同维度的结构效应,城市特征和阶段特征的异质性效应,以及空间计量模型下的空间效应。研究表明:(1)2011—2021 年长江经济带整体人才生态环境水平上升,科技人才集聚水平呈现波动态势,二者均表现出“东高西低”的城市群格局。(2)基准回归发现,人才生态环境对科技人才集聚具有显著促进作用,经济环境、科技创新环境和公共服务环境具有显著作用且作用大小依次递减,社会生活环境作用不显著。(3)异质性分析发现,三大城市群人才生态环境对科技人才集聚作用大小呈现长三角 > 长江中游 > 成渝。(4)空间效应分析发现,本地区人才生态环境对本地城市科技人才集聚产生正向促进作用,对周围城市科技人才集聚产生负向作用。张作学等(2023)[96]以中国 36 个城市为案例,运用必要条件分析(NCA)与模糊集定性比较分析(fsQCA)相结合的方法,探究人才生态环境中各要素协同驱动城市科技人才集聚的实现路径,从整体上揭示人才生态环境与科技人才集聚现象之间的复杂因果关系,为城市制定科技人才引用育留政策提供实践参考。何思妤(2023)[97]基于四川省 373 份返乡农业创业人才调查问卷,运用结构方程模型分析了人才生态环境中生活环境、教育环境、制度环境对人才根植意愿的影响及路径。结果表明,政策环境对人才根植意愿有显著的正向影响,且人才“量”的增长在其中起到部分中介作用;教育环境通过人才“质”的提升、“量”的增长产生链式中介效应,对人才根植意愿产生显著的正向影响。张波等(2022)[98]分析了中国高学历人才聚集状况及演变特征,实证检验人才生态环境及各子系统对高学历人才聚集效应的影响,并评估了各省份人才生态环境。结果发现:(1)京沪津是中国高学历人才高度聚集区,西部尤其西南地区是人才薄弱区,二者的人才聚集力差异总体偏大,但已经呈现出缩小趋势;(2)人才生态环境对高学历人才集聚效应具有显著影响,且总体呈现先增后降再增的“N”型减弱态势;(3)人才生态环境的各子系统对高学历人才集聚效应的影响呈现出差异性与变动性;(4)北上广是中国人才生态环境最优省份,长三角地区是最优区域,中西部地区则相对较弱,区域间人才生态环境极差在持续扩大,且各省份人才生态环境优劣势表现明显。汪群等(2021)[99]探讨了东道国人才生态环境通过中介变量人才成长预期对于人才根植意愿的影响。研究表明,(1)东道国人才生态环境的四个维度中,经济发展环境、生活环境、文化环境对人才根植意愿具有正向影响;(2)经济发展环境、生活环境、人才政策环境、文化环境对人才成长预期有正向影响;(3)人才成长预期对人才根植意愿有正向影响;(4)人才成长预期在东道国人才生态环境与人才根植意愿间起中介作用;(5)东道国人才生态环境的四个维度及人才成长预期对人才根植意愿影响的总效应从大到小依次为:经济发展环境、文化环境、生活环境、人才政策环境、人才成长预期。

(三)新质生产力与人才培育生态环境研究

人才是新质生产力发展的关键。一批学者对新质生产力与人才培养进行了研究。如,姚凯(2024)[100]指出,新质生产力发展需要形成能够激发人才要素创新活力的新型生产关系,须打通人才要素自由流动的制度障碍,通过"三位一体"的人才支撑、创新驱动的"四链"融合、畅通的人才要素循环,以及开放包容的制度保障,构筑适宜新质生产力发展的人才生态环境,全面激发人才活力,形成人才雁阵空间格局。许翾等(2024)[101]通过研究创新型人才成长与发展所经历的孕育期、成长期、发展期和成熟期,提出以优秀博士生和博士后、优秀青年科技人才、高层次领军人才及其创新团队以及具有世界影响力的顶尖人才所构建的高校创新型人才队伍建设与发展模型。并以四所"双一流"大学的相关实践为例,分析了构建支撑科技创新的最优人才生态等方面的举措及成效。

(四)人才生态环境的评价研究

人才生态环境是个庞大而复杂的系统,评价人才环境应当层层分析、深入浅出,学者通过构建人才环境评价指标体系分析各地区人才环境状况,主要的维度较为相似,但在具体指标的选取和确立上存在不同见解。顾然等(2017)[102]基于生态系统理论确定了以人才生态环境为一级指标,以微系统、中系统、外系统和宏系统为二级指标。叶晓倩等(2019)[103]基于舒适物理论,将人才环境分为自然生态环境、经济发展水平、社会生活环境、公共服务水平、科教创新环境 5 个一级指标和 49 个二级指标。李旭辉等(2020)[104]基于五大发展理念构建了创新投入等 10 个一级指标、科技支出占比等 29 个二级指标应用于人才环境评价[0]。林柳旋(2023)[105]构建了人才创新生态、人才服务生态和人才文化生态三个维度的原始创新人才生态环境评价指标体系,运用改进的 CRITIC – TOPSIS 模型和障碍度模型测算中国原始创新人才生态环境发展状况及影响因素。研究发现:中国原始创新人才生态环境质量不断提升,但存在区域发展失衡的现象;国家重点实验室的建设、知识产权保护水平以及基础研究人才的存量是影响我国原始创新人才生态环境发展的重要因素。并提出要构建充满活力的地方创新环境、创建稳定而富有吸引力的原始创新人才服务环境以及营造鼓励原始创新的社会文化环境等对策。林琳(2019)[106]依据布朗芬布伦纳的人才生态理论,从宏观环境、中观环境、微观环境三个维度构建民族地区高校教师人才生态环境的评价指标体系。在抽样调查基础上,运用因子分析法等方法对评价模型的主要指标进行验证、整合和修正,并以修正过的评价指标体系对民族地区八个主要民族省份地区的高校教师人才生态环境进行了评价和分析。薛红杰(2021)[107]综合运用问卷调查、专家咨询等方法,从客观评价和主观评价两个层面对重庆市人才生态进行了评价,得出如下结论:(1)构建了城市人才生态评价指标体系,指标体系包含五个维度,分别是自然环境、经济环境、生活环境、科技创业环境、城市基础环境。基于此指标体系对重庆市人才生态进行评价发现,重庆市近五年来人才生态逐渐向好,但是目前经济环境、科技创业环境、生活环境与部分一线及新一线城市尚存在较大差距,整体人才生态有待改进。(2)对重庆市人才进行问卷调查,从主观层面了解重庆市人才对重庆市人才生态的评价、建议。结果表明,人才对重庆市人才生态的评价处于中等水平,其中人际环境和发展环境均呈现高影响低满意特征,须优先进一步改善。(3)结合主客观评价的结果,在梳理总结国内外人才生态建设相关研究以及人才工作优秀实践经验的基础上,从整体人才生态环境、经济环境、科技创业环境、生活环境、人才事业发展环境等五个方面,提出优化重庆市人才生态的参考对策建议。赵超(2020)[108]利用因子分析法找出了沈阳市及其他 14 个副省级城市人才环境的 5 个主成分因子,通过得分排名情况对这 15 个城市的人才环境进行了评价。肇启熙(2017)[109]基于主成分分析法对数据加以处理。这两种评价方法易于操作且客观性强,适用于指标较多的情况,都是用少数几个因子综合反映原始因子,可以有效解释问题，同时通过降维为我们处理数据降低了难度。王见敏等(2019)[110]基于层次分析法评价人才环境。此法基于专家打分计算权重，指标多时运算繁琐，且结果不易让人信服，因此学者多将此方法与其他方法结合使用。

二、国外研究现状

国外关于人才生态环境的研究，主要集中在人才生态环境对人才流动、引才、用才、留才的影响；生态环境对人才分布的影响；人才生态环境评价等方面展开了研究。

(一)人才生态环境对人才流动、引才、用才、留才的影响研究

人才生态环境受多因素环境影响，一些学者围绕人才环境的影响因素展开了研究。如，Caryn 和 Jeta(2019)[111]通过实证分析发现教育机会、就业前景、经济发展及稳定程度处于领先水平的地区在人才流失上显著比其他地区更低。在人才生态环境对引才的影响方面，Sari 和 Jason(2018)[112]使用多变量分析对 122 个国家的专业技能人才进行了分析，发现地区就业机会、人均 GDP 和文化多样性对于吸引和留住专业人员是相对重要的，提出可以在这三大方面发展国家品牌吸引人才。在人才生态环境对留才的影响方面，Kamanja(2020)[113]将工作环境分为物理工作环境、心理工作环境、社会工作环境，它们与员工敬业度呈显著正相关。在人才生态环境对用人的影响方面，Kamel 和 David(2009)[114]在跨国企业用人失败的背景下探索出人才工作环境营造好的人才价值发挥，企业要通过人才环境的改善充分利用人才。

(二)人才生态环境对人才分布的影响研究

Cowling 和 Lee(2017)[115]从人力资本、创新能力、生活质量、劳动力市场状况、经济状况、人口质量等方面衡量人才环境，研究发现人才在各个城市的分布不平等，人才集中与创业活动、文化、大学的存在，以及在较小程度上与住房市场有关。人力资本聚集对区域发展和增长产生促进作用，两者互相影响。Josh(2010)[116]指出，那些有才华的人将被吸引到那些提供丰富就业机会、高质量生活、文化活动和社会多样性的城市地区。

(三)人才生态环境评价研究

Bin Gao, NaiWen Zhang(2024)[117]基于个人环境匹配理论和城市舒适度理论,构建了城市人才生态环境评价指标体系。采用熵权 TOPSIS 法,测算 2018—2021 年山东省城市人才生态环境基尼系数,用于探索城市人才生态环境的区域差异,利用障碍因素模型确定了影响城市人才生态环境的障碍因素。结果表明,山东省城市人才生态环境可分为 4 个层次,青岛城市处于领先水平,济南市处于挑战水平,烟台市等 4 个城市正在迎头赶上,德州市等 10 个城市处于改善行列。城市人才生态环境显示了"鲁东 > 鲁中 > 鲁西南 > 西北"的空间分布。Dorothee Alfermann(2023)[118]认为,人才发展的质量环境及其如何支持青年运动员已被认为是成功主要因素。然而,心理人才评估缺乏标准化的环境测量工具。Kofler(2020)[119]认为欧洲关注自身知识经济和社会发展在全球层面上的竞争能力,并从经济状况、生活质量、教育、科技政策、培训可及性五个维度评价了欧洲各地区人才吸引力程度。他从基础、吸引、成长、保留、全球化程度五个阶段确定指标来描述地区环境,基础层面包括研发支出、互联网接入率、福布斯全球 2000 强企业数量,吸引层面包括人均 GDP、生活质量、环境质量,成长层面包括世界 500 强大学数量、高等教育入学率、社交网络人数,保留层面包括个人安全、医生密度、支付能力,全球化程度包括 30 至 34 岁受过高等教育人数、受过高等教育劳动者数、客运航班通达性。

第六节 人才政策研究现状

一、国内研究现状

国内学界对人才政策比较研究主要从政策性质、政策区域特征、政策对象、政策比较方法四个方面比较。

(一) 人才政策分类研究

一些学者将人才政策进行分类,如,鞠炜、刘宁(2013)[120]根据内容将人才政策分类为人才引进、人才培养和人才激励这三类,将北京、上海、广东、浙江以及江苏这五个发达地区作为比较对象。通过人才引进工程、人才培养工程和人才激励政策文件的表格对比凸显了五省份的政策差异。曾艳(2016)[121]立足于人才政策的环境,将人才政策分为战略性和策略性两大内容,得出了西南部省份与东部较发达省份之间的人才政策差距。

(二)地区人才政策研究

以不同地域为研究变量的比较研究也占很大比例。何理丽等(2019)[122]将比较范围扩大至长三角、京津冀两大经济区域,对其经验和不足分别进行了梳理对比。其他大多数的研究也多集中在经济领先的长三角、京津冀和珠三角地区。但值得注意的是,随着国家人才战略逐步向中西部地区倾斜,也有越来越多的学者开始致力于中西部地区的人才比较研究。例如王静静、谢绥萍(2021)[123]则就中西部的工业城市内蒙古包头,将这一北方工业城市与中部发达的武汉市进行了人才政策的文本比较研究,最终通过对比得出了中西部工业城市相对中部发达城市在人才培养、吸引和发展上的不足和改进建议。

(三)人才政策差异研究

对各类人才政策对比研究所使用的方法进行了总结分类。郭俊华等(2017)[124]等人通过内容分析的方法,基于 Lois Stevenson 提出的创业政策框架构建了编码体系,对京沪深三地的人才政策内容进行编码,比较了三地创业人才政策在编码体系中的内容差异。张波(2019)[125]将上海、北京、深圳三地的人才政策进行比较,得出了三省在人才引进、体制机制创新、培养和发展四个层面上的差异。以此为比较依据,创意地为上海市人才政策工作展开了 SWOT 分析。马香媛(2020)[126]等人从政策工具的视角出发,构建了人才政策的多元比较框架,并在此框架下对北上深等六座城市进行了编码,根据编码结果展开了比较分析。综上,将人才政策的类型、内容进行量化,构建人才政策比较体系,构建比较体系的评价体系等等,都是目前较为主流的政策比较方法。

二、国外研究现状

(一)人才政策研究

国外人才政策研究主要集中在人才引进、流动、培养、评价和激励等方面。

1. 人才引进政策比较研究

国外在人才引进政策方面的成果丰富。例如,Christian Reiner(2017)[127]等人将慕尼黑和维也纳两地的人才政策进行比较,总结出影响其人才引进成效的政治因素差异。Christian Reiner 指出,在经济结构和各类条件相似的情况下,两座城市由于不同的政策组合方式会产生人才引进的不同结果。Gera 和 Surendra(2007)[128]则比较了加拿大与 OECD(经济合作与发展组织)主要国家在吸引和留住技术工人上的表现,讨论了影响一个国家从国外吸引这些工人的相对表现的移民政策。Beibei Chiou(2017)[129]比较澳大利亚和新西兰教育与移民政策的制定情况,分析了这两个国家在移民政策上的相似之处和差异。

2. 人才回流政策比较研究

一些学者将视角放在单一国家人才回流政策比较上。例如,David Zweig(2021)[130]等人比较了中国和印度鼓励回流移民的能力,他们重点针对那些回国创办新公司的海外企业家,结合国家政策回顾和原始数据及对海归对于国家看法的分析,最终得出结论:与印度企业家相比,回国的中国企业家对国家有更积极的看法,更愿意与当地政府合作。此外,与中国相比,印度的回国企业家对当地官僚的寻租行为不那么宽容,他们认为当地政府更多的是一种障碍,而不是一种支持来源。总的来说,中国和印度在政策、回国人员的看法以及回国企业家的实地经验方面仍然存在巨大差距。Xiao Lu 和 Wenxia Zhang 等(2015)[131]通过调查发现,海外博士生回国人员仍然供不应求,海外归国科学家通常在学术和创新方面表现更好。他还指出,社会网络和政策设计将在很大程度上引导海外回国科学家的流动。

3. 人才政策实施效果研究

一些学者以时间变量纵向比较人才政策施行的效果。比如 Shenghong W.

(2017)[132]指出,当代中国的人才政策是诱致性制度变迁与强制性制度变迁相结合的产物,受人才问题的驱动和政策共同体的价值导向,最终由行动者的利益分化决定。一些从移民政策视角进行比较。Huang X.(2021)[133]在2021年的一项研究中考察了2010年在底特律开始的以经济发展为导向的移民欢迎活动是否增加了当地移民人口。实证结果显示,在2011—2014年的干预后期间,大都市地区的移民人口比例在统计上显著增加,指出了移民欢迎计划在吸引和留住移民和移民人才方面的潜力。也有学者专门从政策工具的变迁视角来研究人才政策的效果变化。例如,Huiqin Zhang(2019)[134]等人从政策工具、政策目标和政策力度三个维度构建了一个分析框架,以检验人才政策的可持续性。他们选取了四川省政府发布的30项人才政策作为研究样本,使用ROST和NVivo软件量化政策工具、政策目标和政策力度。结果表明,在供给侧政策工具中,使用了许多“资本投资”政策措施,但忽视了“人才信息支持”在人才发展中的作用。在环境政策工具中,“战略措施”的使用更为频繁,“税收融资”的经济杠杆尚未得到充分利用。在需求侧政策工具中,“人才引进”和“贸易管制”的使用频率更高,但“海外人才机构”的应用仍然没有使用。

第二章
研究方法与工具

第一节 研究方法

一、因子分析法

因子分析法最早由英国心理学家C. E. 斯皮尔曼提出。它是指从研究指标相关矩阵内部的依赖关系出发，把一些信息重叠、具有错综复杂关系的变量归结为少数几个不相关的综合因子的一种多元统计分析方法。是一种旨在寻找隐藏在多变量数据中、无法直接观察到却影响或支配可测变量的潜在因子、并估计潜在因子对可测变量的影响程度以及潜在因子之间的相关性的一种多元统计分析方法。

基本思想：据相关性大小把变量分组，使得同组内的变量之间相关性较高，不同组的变量不相关或相关性较低，每组变量代表一个基本结构，即公共因子。

因子分析特点：因子个数远小于变量个数；能够反映原变量的绝大多数信息；因子之间的线性关系不显著；因子具有命名解释性。

因子分析步骤：(1)原有变量是否能够进行因子分析；(2)提取因子；

(3)因子的命名解释;(4)计算因子得分。

本书中在进行环境评价时,采用因子分析方法直接对原始指标数据进行处理,将多个指标降维成了 8 个公共因子,得到了各地区在 4 个子环境上的得分与排名。

二、问卷调查法

问卷调查法是社会科学研究中的一种常见方法。问卷调查法可以分为描述性研究(descriptive study)和分析性研究(analytical study)。描述性研究的目的在于勾画出研究对象某个时点上的状态特征,不需要变量之间的对比。分析性研究的目的在于解释为什么会出现某种特征,通常采用两个或两个以上的变量去对研究假设进行检验,通过分析变量之间的关系来对现象做出解释。就学术研究而言,问卷调查法绝大多数为分析性研究,因为描述性研究难以揭示现象背后的原因,因此分析性研究作为工作性或业务性的研究比较合适。

本书多处利用问卷调查法展开研究。一是在借鉴国内外有关人才流动研究成果的基础上,结合科技人才自身的特点,设计出适合江西省科技人才的调查问卷。通过发放江西省科技人才流动意愿及影响因素的问卷获取第一手资料,为论文提供研究数据。二是根据选题的研究内容以及主要框架,在全国范围内发放网络问卷,随机选取 300 位问卷调查对象,从多个维度设计与选题相符的问卷题目共计 32 道,保证问卷的内容以及结构合乎规范,在公正客观的情况下获取问卷调查结果。

三、比较分析法

比较分析法指对两个或以上的人或物进行考察、加以比较,以找到它们的异同之处,揭示事物本质和规律的一种分析方法。本书两个部分采用了比较分析方法。一是通过分析江西省与其他省份出台的人才政策,比较不同省份人才政策的异同点,找出其他省份在人才政策方面的长处,为江西省完善人才政策提供参考依据。二是在进行环境评价时,将单项比较和综合比较结合使用,在经济、科技、服务、生活 4 个子环境上分别对地区环境进行了比较,接着比较了综合环境。此外,11 个地级市、6 个省份之间的比较属于横向比较。

四、系统聚类法

系统聚类法,也称为层次聚类法,是一种聚类分析方法。其基本思想是将每个样品或变量初始化为一个独立的类,然后通过计算各类之间的距离,将距离最近的两类合并为一个新类,重复这个过程直到所有样品合并为一个类。这种方法适合于数据量较小的情况,当数据量较大时速度较慢。

系统聚类法的步骤:

(1)初始化:将每个样品或变量初始化为一个独立的类。

(2)计算距离:计算各类之间的距离,通常使用最短距离法、最长距离法、平均距离法等方法。

(3)合并最近的类:将距离最近的两类合并为一个新类。

(4)重复:重复步骤(2)和(3),直到所有样品合并为一个类。

(5)绘制树状图:使用 MATLAB 的 dendrogram 函数绘制聚类树形图,帮助分析者选择合适的聚类数量。

本书中,利用系统聚类法进行环境评价研究。根据因子得分对 11 个地级市进行聚类,不同的类别代表不同的发展水平和程度,据此归纳各类别基本特征,并针对性提出建议。

第二节　研究工具

本研究使用的研究工具,主要是统计分析工具。SPSS 是世界上最早的统计分析软件,由美国斯坦福大学的三位研究生于 20 世纪 60 年代末研制。目前 SPSS 普遍应用于自然科学、技术科学、社会科学的各个领域,分布于通信、医疗、银行、证券、保险、制造、商业、市场研究、科研教育等多个领域和行业,是应用最广泛的专业统计软件。

SPSS 软件的特点:

(1)集数据录入、资料编辑、数据管理、统计分析、报表制作、图形绘制于一体。从理论上说，只要计算机硬盘和内存足够大，SPSS 可以处理任意大小的数据文件，无论文件中包含多少个变量，也不论数据中包含多少个案例。

(2)统计功能囊括了统计学中所有的项目，包括常规的集中量数和差异量数、相关分析、回归分析、方差分析、卡方检验、t 检验和非参数检验；也包括近期发展的多元统计技术，如多元回归分析、聚类分析、判别分析、主成分分析和因子分析等方法，并能在屏幕（或打印机）上显示（打印）如正态分布图、直方图、散点图等各种统计图表。从某种意义上讲，SPSS 软件还可以帮助数学功底不够的使用者学习运用现代统计技术。使用者仅需要关心某个问题应该采用何种统计方法，并初步掌握对计算结果的解释，而不需要了解其具体运算过程，就可在使用手册的帮助下定量分析数据。

(3)自从 1995 年 SPSS 公司与微软公司合作开发 SPSS 界面后，SPSS 界面变得越来越友好，操作也越来越简单。熟悉微软公司产品的用户学起 SPSS 操作很容易上手。SPSS for Windows 界面完全是菜单式，一般稍有统计基础的人经过三天培训即可用 SPSS 做简单的数据分析，包括绘制图表、简单回归、相关分析等等。掌握的关键在于如何进行结果分析及解释，一方面这需要学习一些数理统计的基本知识，另一方面也要多进行实践，在实践中了解各种统计结果的实际意义。

第三章
人才发展现状研究

第一节 新质人才培育与发展现状

一、新质人才的需求现状

在当今快速变化的世界中，新质人才的培养成为了推动社会发展的关键。新质人才的崛起，是时代发展的必然趋势。新质人才不同于以简单重复性体力劳动为主的普通技能型人才，新质人才需要通过持续成长心态与高意识学习特质，具备较强的人机协同能力、人文精神与科技合作行动力，通过开拓精神与跨边界学习能力，彰显创想能力与实践智慧，进而建立人类命运共同体思维与跨文化合作能力。

新质人才的培养和成长，直接关系到科技创新和新质生产力的形成。新质人才通过自己的专业知识和技能，引领着战略性新兴产品的研发和未来产业的发展。社会对新质人才的需求日益增长，他们成为了推动社会向前发展的重要力量。

新质产业人才缺口大。中国人民大学中国就业研究所、智联招聘联合发布的《2024 新质产业人才需求分析报告》中指出，2024 年上半年，新质产业招聘需求在总量中的占比为21.8%,超过二成,是吸纳劳动力的重要组成部分。

二、新质人才的供给现状

产业升级和布局对新质人才的需求量大,但目前新质人才培养和供给能力呈现不足。新质生产力发展过程中,传统产业,如传统制造业、农业等,正在进行转型升级。先进的数字技术及其他相关技术正在赋能传统产业,促使其处在一个升级和转轨阶段。例如,电子+商务,电子商务;智能+物流,智能物流;数字+教育,数字教育;智能+医疗,智能医疗;还有智能制造、智慧农业等等。从这个角度来说,传统产业的转型升级,已经处在一个上升的通道之中。同时,国家布局了八大战略性新兴产业及九大未来新兴产业,如元宇宙、脑机接口、人形机器人,还有现在非常热门的生成式人工智能等等。国家推动相应行动计划,出台支持性政策,建设创新基地,集聚创新功能和科学家。可以说,从国家层面,在促进产业转型升级和推进现代产业体系优化和完善上,已进行了系统谋划和整体布局。产业升级和布局表明,新质人才培养和供给能力存在不足。具体表现为:第一,学科专业调整相对滞后,难以及时对接体现新质生产力特征现代产业体系以及行业、企业、岗位所需要的能力。第二,培养创新能力的科研创新和"科教融汇"平台、实验实训平台、行业企事业"产教融合"平台等建设存在不足。第三,师生的数字素养和数字能力还远远不够。数字素养和数字能力指的是在数字时代,不仅要学会使用数字设备,更要具备数字化的思维方式和能力素养,比如计算思维、架构思维,以及在数字时代的沟通能力。

三、新质人才的培养现状

新质人才是基于新质生产力提出的一个新概念,目前这方面的研究相对欠缺。

(一)强化AI渗透,培养核心素养,塑造新质后备人才

核心素养是(跨)学科的知识和技能、过程与方法、情感态度和价值观的整合。培养学生人工智能意识、创新思维、人工智能能力和人工智能社会责任是素养导向教育的核心要素。人工智能意识作为数智时代下"意识"的一

种独特表现形式，凸显了个体对人工智能发展的敏感度、理解力和判断力。人工智能对知识工作者、智能创造者具有极强的赋能作用，亦对各行各业具有广泛的渗透力。新质人才的培养需要人工智能技术渗透融入育人全链条，统筹基础教育、高等教育、职业教育等领域。

（二）建立学段贯通、学科融合机制，探索个性化人才成长路径

虽然我国很多高校在高中就建立了拔尖创新人才共育基地，高中根据高校招生计划培养强基、竞赛等拔尖学生，初中也在探索与高中对接拔尖创新人才培养的各种路径，但这些实践尚显碎片化，不足以满足大中小学贯通化衔接培养拔尖创新人才的要求。学段壁垒是建构中国特色大中小学一体化拔尖创新人才培养模式的首要难题，根源在于单向度的"向上看齐"思路，如高中只对标大学强基计划、三位一体、学科竞赛等培养拔尖创新学生，不太关注和参与初中的拔尖创新学生培养。解决这个难题，关键在于以政策改革创新为突破口，打通学段之间的壁垒，让各学段在招生制度、课程体系、教学方式、评价机制等各方面能够衔接起来，建立科学的大中小学拔尖创新人才双向贯通培养机制，从而形成拔尖创新人才培养的良好生态，使各学段拔尖创新学生贯通培养成为可能。

新质人才的培养是一项需从基础教育到高等教育进行有序衔接与贯通的系统工程。通过跨学科、学科交叉、学科贯通等方式推动学段、学科融合建构，以培养学生的多学科交叉的知识体系和融通创新的能力体系。同时，设计个性化的生本课程和评价机制，做到"一生一案"，真正意义上满足学生的个体差异和成长需求。

（三）依托智能学科平台，以"AI + X"微专业塑造新质中坚人才

一是组建跨界联创共同体，研发智能化学科基础平台。人工智能等数智技术对新质人才培养的价值，不仅在于引导个体获得科学发现或智慧洞见，还在于搭建赋能基础学科研究的新型科研平台。智能化学科基础平台的研发与应用需要组建跨界综合交叉的联创共同体，吸纳高校、企业乃至政府的协同力量，将知识生产力向新质生产力转化。二是建设新兴交叉微专业，开发 AI 渗透的新课程。人工智能的高普适性、渗透性和支撑性等特点，

可以通过渗透至多学科构建“AI + X”学科微专业，培养驱动交叉学科范式变革的新质中坚力量。目前“AI + X”微专业的开设思路主要有两种，第一种是面向来自其他专业的本硕学生，开设人工智能类基础课程。譬如，渥太华大学开设4—6个月的跨学科人工智能微专业，为来自其他专业的学生提供机器学习、数据科学以及人工智能伦理监管等课程体系。圣托马斯大学面向美国地区的本科生提供了为期一年的AI研究生微项目，涉及数字化产品管理、分布式账本技术、信息安全与风险、智能制造等。第二种是建立“智能 + ”专业的新型课程体系，培养交叉复合型新质人才。我国华东地区六所高校（上海交通大学、复旦大学、同济大学、浙江大学、南京大学、中国科学技术大学）联合华为、百度、商汤科技等公司，面向300名非AI专业的学生，以SPOC的形式开设“AI + X”微专业，提供“前置类、AI基础类、模块类、算法实践类、交叉选修类、线下实训类”六大课程体系，基于智海新一代人工智能科教平台提供一站式资源库，助力学生了解特定领域的AI前景。

总之，培养新质人才要有预见性、全局性，要贯穿教育全过程。各级各类教育部门都应肩负起培养新质人才的重大使命，明晰各自的侧重点，通过AI赋能教育平台建设、课程体系重塑、教育评价改革等新质人才培养途径，形成各类人才辈出、新质人才不断涌现的局面①。

第二节　科技人才发展与流动现状

一、全国科技人才发展现状

近年，衡量科技人才的主要指标是科技研发（R&D）人员，中国科技研发（R&D）人员呈现良好的发展趋势，见图3－1。从全国的科学研究与开发机构的R&D人员来看，2019—2023年增长19.38%，而高等学校的R&D人员，2019—2023年增长幅度较大，达到50.45%，见表3－1。

① 祝智庭，戴岭.《电化教育研究》2024年第1期。

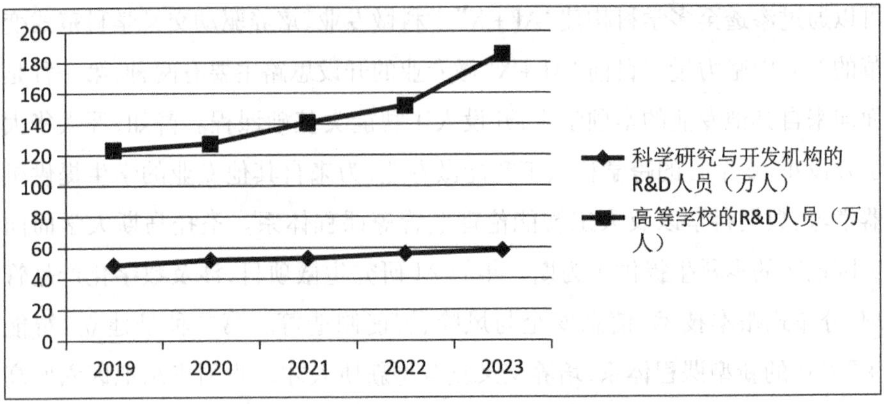

图3－1 2019—2023年全国研发人员变化趋势

资料来源：中国统计年鉴(2020—2024年)。

表3－1 2019—2023年全国研发人员状况

年份	2019年	2020年	2021年	2022年	2023年
科学研究与开发机构的R&D人员(万人)	48.5	51.9	52.9	55.9	57.9
高等学校的R&D人员(万人)	123.3	127.4	140.8	151.9	185.5

数据来源：中国统计年鉴(2020—2024年)。

R&D活动的规模和强度是反映一国的科技实力和核心竞争力重要指标。根据《中国科技人才发展报告(2024)》报告显示，我国研究发人员折合全时当量达724.1万人年，由2012年的324.7万人年提高到2023年的724.1万人年①，稳居世界首位。从地区来看，各地区的研发人员活动总量呈现较大的差距，详见下3－2。

表3－2 2023年全国各地区规上工业企业研究与实验发展(R&D)活动总体状况

地区	R&D人员折合全时当量(人年)	排序	地区	R&D人员折合全时当量(人年)	排序
北京	59993	16	183963	7	湖北

① 国家统计局.《中国统计年鉴》,2024年。

续表

地区	R&D 人员折合全时当量(人年)	排序	地区	R&D 人员折合全时当量(人年)	排序
天津	56539	17	湖南	209066	5
河北	128602	9	广东	920359	1
山西	42266	19	广西	33516	21
内蒙古	26554	23	海南	5700	29
辽宁	67329	15	重庆	86802	13
吉林	16859	26	四川	128074	10
黑龙江	21864	24	贵州	27878	22
上海	112518	12	云南	37271	20
江苏	721248	2	西藏	236	31
浙江	651025	3	陕西	71868	14
安徽	196251	6	甘肃	17229	25
福建	211921	4	青海	2137	30
江西	126157	11	宁夏	12038	28
山东	44404	18	新疆	14308	27
河南	182729	8			

数据来源:《中国科技统计年鉴》,2024 年。

从地区排序来看,2023 年,研究发人员全时当量最多的地区是广东省,达到 920359 人年,其次是江苏 721248 人年,浙江 651025 人年位列第三。在中部地区,湖南最高,达到 209066 人年,其次是安徽 196251 人年,再次是湖北 183963 人年,河南 182729 人年位列第四,江西 126157 人年位列第五,山西最少,仅 42266 人年。

总体来讲,我国科技人才规模在不断扩大,科技人才队伍结构在不断优化,科技人才资源储备丰富,顶尖科技人才的国际学术影响力持续提升,2022 年,我国理工农医类毕业生已超 250 万人,入选世界高被引科学家数量从2014年的111人次增至2022年的1169人次，排名世界第二。更多优秀青年科技人才在国家重大科技任务中挑大梁、当主角，国家重点研发计划参研人员中45岁以下科研人员占比超过80%。

二、全国人才流动现状

人才的流动性和城市的吸引力是影响地区经济发展的关键因素之一。随着科技发展和产业结构调整，中国的人才流动格局也在不断变化，人才流动的总体情况见表3-3。

表3-3　2023年最具人才吸引力的城市前50强

排序	城市	排序	城市	排序	城市	排序	城市	排序	城市
1	北京	11	青岛	21	东莞	31	南通	41	扬州
2	上海	12	济南	22	珠海	32	沈阳	42	镇江
3	深圳	13	长沙	23	绍兴	33	福州	43	惠州
4	广州	14	宁波	24	西安	34	舟山	44	泉州
5	杭州	15	天津	25	温州	35	烟台	45	东营
6	成都	16	合肥	26	金华	36	南昌	46	芜湖
7	南京	17	厦门	27	重庆	37	大连	47	泰州
8	苏州	18	佛山	28	郑州	38	中山	48	威海
9	武汉	19	常州	29	湖州	39	石家庄	49	马鞍山
10	无锡	20	嘉兴	30	台州	40	昆明	50	衢州

数据来源：智联招聘泽平团队研究成果，2023年。

表3-3表明，2023年北京、上海、深圳、广州、杭州、成都、南京、苏州、武汉、无锡位居前十。成都超越南京上升至第六，无锡蝉联第十。

智联招聘数据表明，2023年流动人才呈现以下特征：从性别看，2023年流动人才中男性占59%，高于求职总体的54%，男性依旧更可能跨城求职；从年龄看，流动人才中18~25岁人才占比46.4%，高于求职总体的40.1%，25岁以下人才更有可能跨城求职；从学历看，流动人才中52%为本科及以上学历，高于求职总体的46%，高学历人才更有可能跨城求职；从工资水平看，流动人才中34%月收入为8000以上,较2022年提升3.6个百分点,高于2023年求职总体的30%,收入较高者更有可能跨城求职;从行业看,流动人才中55%分布在IT互联网、房地产、制造业行业,较2022年提升3个百分点,其中,由于房地产行业还处于调整期等,近年人才异地求职比例较高。

三、全国人才流动趋势①

人才流动是当前全球范围内的一个普遍现象。在城市间的人才流动方面,大城市成为吸引人才的热点,人才流入和流出呈现出明显的差异。而在行业间的流动方面,随着新兴行业的兴起和传统行业的衰退,人才流动的趋势也在发生变化。人才流动的趋势对于城市和行业的发展产生了重要影响。人才流动趋势呈现如特征:一线城市、长三角、珠三角人才集聚,高能级城市人才流动性较高。从分地区看,得益于雄厚的经济基础和较高的战略定位,东部人才持续集聚,中部、西部、东北持续净流出。从城市分线看,一线城市人才聚集放缓,二线城市人才净流入占比回正,三线、四线人才持续流出,但流出比例有所下降。从分城市群看,超六成人才流向五大城市群,长三角、珠三角人才持续集聚,京津冀人才转为净流出趋势,成渝、长江中游人才持续净流出。

(一)京沪人才净流入占比下降、深广小幅上升

2023年京沪深广人才净流入占比分别为0.5%、1.5%、1.2%、1.0%,上海最高。北京由于严控人口、疏解产业、就业竞争压力大等,人才流入占比减少,2023年人才净流入占比较2022年下降1个百分点;近年上海人才净流入占比变动呈倒"V"型,由于人才流入减少,2023年人才净流入占比较2022年下降0.4个百分点,但仍是榜首;深圳拥有低于北京和上海的落户门槛,以及创新的产业结构,能提供较多工作岗位等,2023年人才净流入较2022年小幅上升0.1个百分点;广州经济发展速度快,生活成本、房价在一线城市中最低,吸引人才集聚,2023年人才净流入较2022年上升0.3个百分点。

① 智联招聘泽平团队研究成果,2023年。

(二)杭州人才净流入占比居首,南京、无锡人才净流入且占比稳定

2023年杭州、成都、南京、苏州、武汉、无锡人才净流入占比分别为1.2%、-0.3%、0.7%、0.8%、0.1%、0.6%,杭州最高。杭州2023年人才净流入占比较2022年小幅下降,但依旧是6个重点城市净流入最高的城市。杭州以电商等产业为代表的产业发展迅速、环境宜居且薪酬相对较高;成都硕士及以上人才流入占比均处在全国前列,人才净流入占比较2022年上升0.3个百分点;南京近年人才持续净流入,且占比持续保持稳定,主因为高技术产业发展迅速,实施"宁聚计划"并持续优化细则等,不断吸引和留住人才;苏州人才呈净流入趋势,主要得益于苏州经济实力雄厚且发展快、创新发展领先且区位优势明显;武汉人才集聚主因为积极推动"百万大学生留汉"等引才留才政策实施,落户门槛继续放宽,吸引各类人才来汉;无锡近2年人才净流入占比保持0.5%~0.6%左右,主因为集成电路等产业发展迅速,且与同梯队城市相比,工资较高,生活成本相对较小。

四、江西科技人才发展与流动现状

(一)江西省科技人才发展现状

1. 江西省科技人才数量

近年,江西省科技人才发展呈现增长趋势。从科技人才的绝对数量上看,根据国家统计局发布的《中国科技统计年鉴2024》的数据,2013年到2023年,江西省科技人才的数量在十年间呈逐年增长趋势,其中2018年后增长速度加快,数量增长幅度较大,见图3-2。细究其原因,可以发现,近年江西省在人才争夺的大背景下陆续出台大量人才政策,吸引了一部分科技人才入赣。从科技人才的相对数量来看,2023年江西省规上企业R&D人员折合全时当量在全国范围内排名11,处于全国中上游水平。但相较于广东、江苏等东部发达省份,科技人才的数量差距超过6~8倍。地区科技人才数量分布不平衡,总体呈现东多西少的状况。

从江西省全省来看,2023年全省社会就业人员数为1435.58万人,而全省的R&D研发人员数量仅为12.61万人,占比仅为0.87%,见表3-4,科技人才数量远远不足,难以满足现实的需求。另外,根据国家统计局发布的人

口普查数据,江西省仍是人口外流大省,外流人口量在全国范围排名靠前,省内大量人口前往沿海发达地区寻找就业机会,而反观外省流入江西省的人口数量占比非常少,在全国排名非常靠后,说明江西省的社会经济发展情况对外省人口吸引力不大。人口是人力资源的基础,人力资源又是人才的基础,没有足够的人口数量难以支撑起科技人才数量的增长和质量的发展。

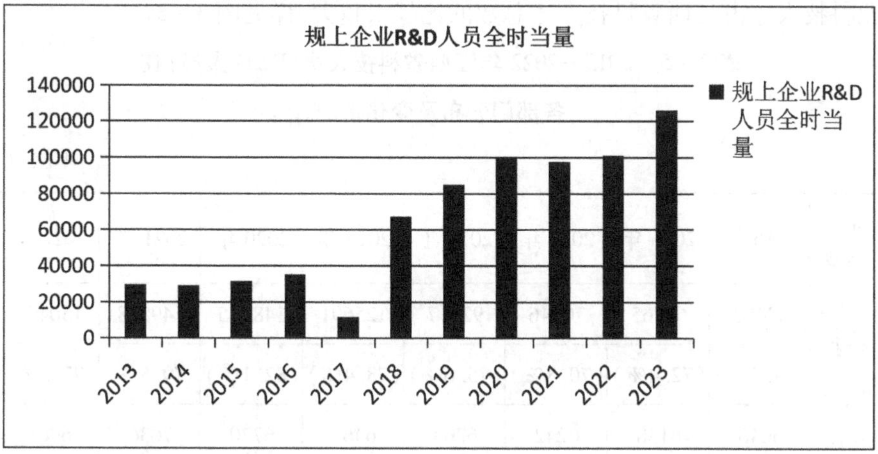

图 3－2　2013—2023 年江西省 R&D 研究发人员的发展趋势

数据来源:《江西统计年鉴》,2014—2024 年。

表 3－4　2015—2023 年江西省 R&D 人员状况

年份	2015	2016	2017	2018	2019	2020	2021	2022	2023
R&D 人员	78771	94151	99643	122696	160329	180854	188413	194515	—
R&D 人员全时当量(人年)	31321	34924	11689	67394	85032	100473	97497	101018	126157

数据来源:《江西统计年鉴》,2016—2024 年。

2. 科技人才在各部门的分布情况

从表 3－5 可以看出,近几年各个部门的科技人才绝对数量呈现增长趋势,但增长的幅度有较大的差别。2022 年与 2015 年相比,企业的科技人才数量在八年内增长近 3 倍,高校科技人才数量在八年内增长超过 2 倍,而科研机构则是小幅度增长。纵向来看江西省科技人才数量的部门分布,企业科技人才数量独占鳌头，在2022年，在企业的科技人才数量占比达到总数的77.3%；其次是高等院校，其占比为总数的15.9%。科研机构中的科技人才数量仅占3.5%。另外，通过分析近八年各部门科技人才数量的占比，可以知道企业科技人才数量占总科技人才数量的比例从2015年的67.9%上升到2022年的77.3%，2020年处于数量最多时期，达到82.1%。总体上讲，企业科技人才占江西省科技人才总数的比越来越大，详见图3－3。

表3－5　2015—2022年江西省科技人员（R&D人员）在各部门分布及变化情况

单位：人

部门类型	2015年	2016年	2017年	2018年	2019年	2020年	2021年	2022年
企业	53488	68165	70546	92817	125691	148485	149838	150494
	（67.9%）	（72.4%）	（70.8%）	（75.6%）	（78.4%）	（82.1%）	79.5%	77.3%
科研机构	6040	6138	6242	6208	6461	6770	7636	6968
	（7.7%）	（6.5%）	（6.3%）	（5.1%）	（4.0%）	（3.6%）	4.0%	3.5%
高等院校	13083	14534	16472	16951	20942	21374	26112	30943
	（16.6%）	（15.4%）	（16.5%）	（13.8%）	（13.1%）	（11.8%）	13.8%	15.9%
其他	6160	6304	6383	6720	7235	4225	4827	6110
	（7.8%）	（6.7%）	（6.4%）	（5.1%）	（4.5%）	（2.3%）	2.5%	3.1%
总计	78771	94151	99643	122696	160329	180854	188413	194515
	（100.0%）	（100.0%）	（100.0%）	（100.0%）	（100.0%）	（100.0%）	（100.0%）	（100.0%）

数据来源：《江西统计年鉴》，2016—2023年。

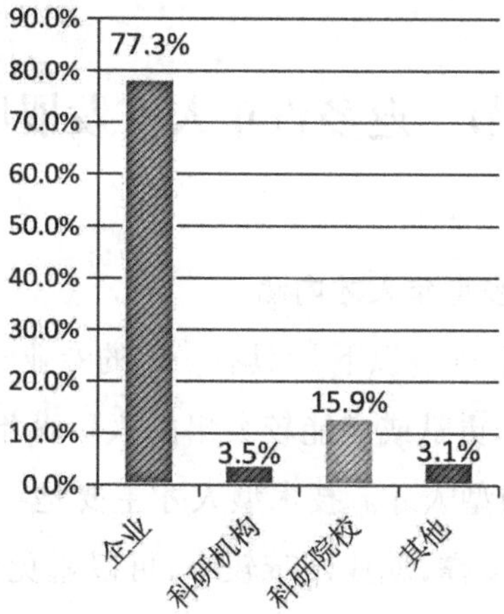

图 3－3 2022 年江西省科技人才各部门分布占比情况

数据来源:《江西统计年鉴》,2023 年。

3. 科技人才的学历情况

从科技人才的学历来看,将取得硕士学位和博士学位的人作为高学历人才来统计,高等院校拥有的高学历科技人才占比非常高,达到了部门总数的 69.9%,企业较少,取得硕士和博士学位的科技人才仅占企业科技人才总数的 5.6%,见表 3－6。

表 3－6 2022 年规上企业和高等院校科技人才在各部门的学历情况

单位:人

部门类型	科技人才数	硕士人数	博士人数
规模以上企业	140158	6795	1156
	(100.0%)	(4.8%)	(0.8%)
高等院校	30943	13656	8523
	(100.0%)	(44.1%)	(25.8%)
科研机构	6968	—	—
	(100.0%)		

数据来源:《江西统计年鉴》,2023 年。

第三节　返乡青年人才发展现状

一、青年人才及返乡青年人才内涵

青年人才一般是指35岁以下①,具有一定的专业知识或专门技能,对于财富创造和社会发展的贡献或潜能较突出的人。青年人才可以分为两类:技术型人才和经验资历型人才。技术型人才主要是年轻人,年龄在18~30岁之间,具有专业技术支撑,就业困难较小,可以避免资源浪费。经验资历型人才主要是28~35岁之间的人才,具有丰富的工作经验和资历,薪资水平较高,可以带动本地消费经济,弥补技术型人才成长阶段的空白。

返乡青年人才是指原本在城市工作或学习的青年,由于各种原因回到家乡进行创业、就业或从事其他活动的一类人。他们通常具备较高的教育背景和专业技能,能够为家乡的发展带来新的思路和资源。

农村返乡青年人才是指户籍地为农村且年龄在18~35岁之间的农村青年,他们原本在城市或其他地方工作,但因各种原因回到农村进行创业或就业的青年人才。他们通常具备较高的教育背景和专业技能,能够为农村的发展带来新的活力和创新。

二、返乡青年人才发展现状

返乡青年人才发展现状呈现出积极向上的趋势,主要体现在以下几个方面:越来越多的大学毕业生选择返乡就业。根据麦可思《2024年中国本科生就业报告》,2023届本科生返乡就业的比例显著增加,特别是在中部和西部地区,返乡就业的本科毕业生比例分别达到了87%和80%。这一趋势表明,随着区域均衡发展的推进和毕业生就业观念的转变,返乡就业已成为许多毕业生的首选。

麦可思研究发现,大学生就业重心持续下沉。2023届本科生到县域就

① 中共中央 国务院关于《中长期青年发展规划(2016—2025年)》。

业的比例为27%,相比2019届增加了6个百分点;2023届高职生到县域就业的比例为29%,相比2019届增加了7个百分点。其中,到中西部县域就业的大学生比例也在上升。2023届本科、高职毕业生(均为16%)在中西部县域就业的比例较2019届(本科:12%,高职:13%)分别增长了4个和3个百分点。特别是家乡在中西部的应届大学生到中西部县域就业的比例提升较多,本科从2019届的20%提升至2023届的24%,高职从2019届的21%提升至2023届的26%。

到县域就业的毕业生增多,一方面是,近年来毕业生逐年增多,但一二线大城市的职位数量相对稳定,新增需求不会大幅增长,就业竞争激烈,很多毕业生就选择到中小城市及县域地区就业。另一方面,大城市生活成本较高,就业压力相对较大,而县城生活压力较小。尤其是很多年轻人回到县城,虽然收入不如在大城市高,但工作稳定,距离父母也近,总体生活压力较小。

三、农村青年返乡的状况

对于农村青年返乡状况的研究主要分为两个时期:一是传统时期,二是新时代,划分的依据是我国2020年决胜脱贫攻坚,结束全国扶贫。此后我国开始大力开展乡村振兴,进而引发农村青年返乡热潮。因此,我们将2020年之前定为农村青年返乡的传统时期,2020年至今为新时代。

(一)传统时期农村青年返乡状况

在我国实现全面脱贫之前,返乡似乎并不是一个热门话题,伴随着城镇化规模的迅速扩大,农村青年们不愿被困在落后的家乡,纷纷背起行囊去向远方,提起返乡,这股热潮也只会出现在春节。在和家人度过短暂的春节假期后,农村青年们则又会选择背井离乡。据2019年国家统计局的农民工监测调查报告表明,2019年底,我国外出农民工人数为17425万人,同比增加了159万人,同比增长率为0.9%。

(二)新时代农村青年返乡状况

一是从数量来看,新时代农村青年返乡发展迈向新征程。入新时代以来,农村青年返乡状况呈现出逐年增加的趋势。据农业农村部数据,从2012

年到2022年底，返乡入乡创业人员累计达到1220万人①，成为近年来涨幅最大的一年，其中主要包括农民工、大学生、退役军人、妇女等群体；近2000万返乡留乡人员在农村就业创业，凸显了乡村就业"蓄水池"作用②。2022年初，农业农村部印发《"十四五"农业农村人才队伍建设发展规划》③，规划中明确提出，到2025年，返乡入乡创业人才计划超过1500万人，其中农村创业带头人100万人。可见，迈入新时代越来越多的农村青年踏上了返乡发展的新征程。

二是新时代农村青年返乡的人才质量显著提升。农业农村部科技教育司、中央农业广播电视学校组织编写的《2023年全国高素质农民发展报告》表明，我国高素质农民平均年龄为45岁，高中及以上文化程度的占60.68%，大专及以上文化程度的占21.95%，队伍结构持续改善；2022年获得农民技术人员职称、国家职业资格证书的比例分别比2021年提高6.64个百分点、3.46个百分点④。显然，中国农民的质量得到大大提升，其中产生的重要原因在于青年返乡人数的增长，高学历、高技能的人才增加。

(三)传统时期与新时代农村青年返乡状况的差异比较

在我国经济持续高速增长的情况下，承借互联网的东风，新兴产业发展成绩斐然，新经济形态的逐渐诞生与成熟也为农村青年返乡提供新的市场条件和物质基础。综合而言，传统时期与新时代农村青年返乡状况的差异主要体现在以下几个方面：

一是返乡人数总量方面。相较于传统时期，新时代返乡发展的农村青年人数上有明显的增加，呈现上涨趋势；

二是返乡者类型方面。新时代返乡青年类型上的明显扩大，返乡青年

① 人民日报：《栽下梧桐树 引回"金凤凰"(乡村振兴，人才是关键②)》，[EB/OL]. 2023年2月17日.

② 人民网：《有活干、有钱赚、有奔头 去年返乡入乡创业创新人员超千万》，[EB/OL]. 2021年3月25日，http://society.people.com.cn/n1/2021/0325/c1008-32060274.html.

③ 农业农村部：《"十四五"农业农村人才队伍建设发展规划》，农人发[2021]9号，[EB/OL]. 2022年01月25日，http://www.moa.gov.cn/govpublic/RSLDS/202201/t20220125_6387600.htm.

④ 中国人民网：《10年间1220万人返乡当了新农人 农村经济生态重构》，2023年12月19日.

的队伍也越来越庞大。传统时期的返乡队伍大多以在外务工的农民工和在外求学的大学生为主,而如今又多了退役军人和妇女以及怀着回报家乡理想的有志青年;

三是人员素质方面。新时代返乡青年人员的素质明显提升。传统时期返乡的青年农民工大多并不具备能够建设美丽乡村的专业素质或者能力,而在新时代返乡的农村青年中,不乏具有专业知识和新型技术的高素质人才,他们的返乡能够在很大程度上推动乡村振兴的进程;

四是发展机会的增多。新时代的农村青年返乡后面临的发展机会更多了,青年们不再受传统的农耕思想束缚,而是积极投身于新兴产业之中,如农村电商业、农村旅游业和新兴服务业等。

第四节 数字人才发展现状

在数字经济变革浪潮中,数字人才已然成为推动发展的核心动力。2024 年 4 月 17 日,人力资源社会保障部、中央组织部、中央网信办等九部门印发了《加快数字人才培育支撑数字经济发展行动方案(2024—2026 年)》,要求紧贴数字产业化和产业数字化发展需要,用 3 年左右时间,扎实开展多项专项行动,提升数字人才自主创新能力,激发数字人才创新创业活力,更好支撑数字经济高质量发展。该方案的发布与实施,为数字人才的培养与发展注入了新的活力,进一步拓宽了数字人才的成长道路和发展空间。

一、数字人才的内涵

数字人才在数字化转型的进程中扮演着重要角色。那什么才是数字人才呢? 关于数字人才的定义和分类,目前行业内尚未形成统一标准。

学界关于数字人才的定义很多,《猎聘 2021 年数字经济人才白皮书》中,数字经济人才主要指的是数字经济领域具有信息和通信技术(ICT 信息通信技术)相关数字技能的从业者,以及其他与信息技术专业技能互补协同的跨界人才。《2020 年全球数字人才发展年度报告》中指出,数字人才是具备数字技能的人才，并将仅具备基本数字素养的人才排除在外，主要包括以下几类人才：1. 数字战略管理者，即企业管理层要实现数字化；2. 具备深度分析能力、能够做研发的高端人才；3. 数字研发、数字化运营、智能制造和数字营销等多元数字技能人才。《2020 中国数字化人才现状与展望》中对数字化人才的定义和分类是指具备较高信息素养，有效掌握数字化相关能力，并将这种能力不可或缺地应用于工作场景的相关人才。根据数字化能力要求差异，应用场景不同，可将数字化人才分为数字化管理人才、数字化应用人才、数字化专业人才。本书中，数字人才主要指的是数字经济领域具有信息和通信技术（ICT 信息通信技术）相关数字技能的从业者。

二、数字人才需求现状

"数字化人才是未来产业创新的关键要素。"《数字中国发展报告（2023 年）》显示，2023 年我国数字经济保持稳健增长，数字经济核心产业增加值占 GDP 比重达到 10%①。2024 年 4 月 17 日，人力资源和社会保障部等九部门发布《加快数字人才培育支撑数字经济发展行动方案（2024—2026 年）》，旨在发挥数字人才支撑数字经济的基础性作用，为高质量发展赋能蓄力。随着经济发展，数字化人才的需求越来越大。数字经济快速发展，带来持续高涨的数字人才需求。与此同时，近年来，数字人才不足、人才素质与产业相关岗位需求不匹配、关键核心领域创新能力不够等问题日益凸显。据测算，我国数字化人才缺口在 2500 万至 3000 万②，而且还在不断扩大。特别是人工智能、智能制造、半导体、大数据等相关领域人才需求量激增。据麦肯锡公司发布的报告，预计 2030 年中国对熟练人工智能人才的需求将增至 2022 年的 6 倍，达到 600 万，而中国的高技能人工智能人才培养还有广阔空间③。

---

① 《支撑数字经济高质量发展 我国数字人才如何养成?》，人民日报海外版，2024 - 05 - 30，天津网信网（tjcac. gov. cn）.

② 《支撑数字经济高质量发展 我国数字人才如何养成?》，人民日报海外版，2024 - 05 - 30，天津网信网（tjcac. gov. cn）.

③ 《中国人工智能人才数量大幅增长》，人民日报海外版，2024 - 07 - 06.

截至 2022 年末，我国数字经济规模已达到 50.2 万亿元，占 GDP 比重 41.5%①。

三、数字人才培养现状

美国保尔森基金会旗下的麦克罗波洛智库 2024 年发布了全球人工智能（AI）人才追踪报告，报告评估了全球多国人工智能研究人员的储备和流动情况，报告认为，在目前全球前 2% 的顶尖人工智能研究者中，有相当比例的人员原籍为中国或工作所在地位于中国。麦克罗波洛智库的报告研究了全球顶尖人工智能人才从本科院校、硕士院校到博士院校的成长路径。报告显示，从本科院校来看，中国高校几乎培养了全球一半的顶尖人工智能人才。而在 2019 年，本科毕业于中国高校的顶尖人工智能人才占全球的比例还只有 29%。由此可见近年中国人工智能人才数量大幅增长。2024 年《纽约时报》报道称，根据麦克罗波洛智库的报告，在美国顶尖人工智能人才中，来自中国的研究人员占 38%，美国本土的占 37%②。

近年，中国对 AI 教育进行了大量投入。中国各地都在加快行动，打造人工智能人才与科创高地。《纽约时报》分析称，自 2018 年以来，中国新增了 2000 多个人工智能相关本科专业，其中 300 多个设立在知名高校。培养数字人才，教育要唱重头戏。近年来，机器人工程、智能制造工程、无人驾驶航空器系统工程、材料智能技术、智能视觉工程等一批新专业已成为高校的新选择，不仅学生青睐，就业市场也普遍看好。而在人才培养中，大力推进产学融合已成为共识。引入业界专家共同授课、打造校企联合实验室、建立校企实习实践基地、让校企双方导师联合指导学生课题等实践活动有效促进了产学融合。

四、数字人才发展面临的主要问题

（一）数字人才缺口巨大

随着产业数字化和数字产业化转型和发展，数字化转型是每一个行业

---

① 《人才缺口在 2500 万至 3000 万 中国数字人才培育行动方案出炉》，央广网（cnr.cn），2024－04－29.

② 《中国人工智能人才数量大幅增长》，人民日报海外版，2024－07－06.

必须做且马上做的事情。数字化转型带来的人才缺口巨大,不能够满足迅速增长的数字化业务需求。国家数据局发布的《数字中国发展报告(2023年)》显示,2023 年我国数字经济规模超过 55 万亿元,数字经济核心产业增加值估计超过 12 万亿元,占 GDP 比重 10% 左右。伴随而来的则是大量数字化、智能化岗位不断涌现。根据德勤中国公司发布的《产业数字人才研究与发展报告(2023)》,我国数字化综合人才总体缺口约在 2500 万至 3000 万,且缺口仍在持续放大。① 据了解,制造业、金融行业的数字人才缺口尤为突出。人瑞人才财报中透露的数据也显示,其数字人才服务领域主要集中在智能制造、汽车、通信、能源、金融以及科技与互联网等多个行业。而从岗位来说,大量的需求集中在软件开发、系统测试、嵌入式工程师、硬件开发、人工智能、数据分析等方向,这些岗位是跟企业的数字化能力建设息息相关的。根据《产业数字人才研究与发展报告(2023)》调查,未来三年数字人才供需比预计达到 1:2.6,目前约七成被调查企业的数字化员工比例低于10%。随着企业数字化转型发展,对数字人才的需求与日俱增,但是目前数字人才的培养速度和规模尚不能满足市场需求。51CTO 和中国软件行业协会信息主管(CIO)分会联合发布的《2024 数字人才调研》也体现了这一点。调查显示,高达 44% 的被调查者认为本单位数字人才“非常紧缺”,还有30% 的被调查者认为“略有不足”;没有任何一个机构认为自己的数字人才供过于求。在具体的数字人才需求类型上,三大类数字人才的需求中,数字化专业人才(具备数字技术专业能力的人员)占比更高,达到 87%;数字化应用人才(有数字化工具使用能力和数字化素养的传统岗位工作者)其次;数字化管理者(有数字化意识和能力的管理者)虽然最低,但也达到了 70%。

(二)区域分布不均衡,行业分布差异大

综合数据显示,我国数字人才的区域分布非常不均衡。经济发达地区和数字化产业集聚地区,如长三角、珠三角、京津冀等地区,数字人才供给相

① 孙立彬. 数字化时代:数字人才供需矛盾凸显. 中国高新技术产业导报,2024-08-27,中国高新网.

对充足。这些地区拥有丰富的教育资源、众多的高科技企业和良好的创新创业环境,吸引和培养了大量的数字人才。相比之下,经济欠发达地区和传统产业主导地区的数字人才供给则较为匮乏。互联网、金融、电信等数字化程度较高的行业,数字人才相对集中。例如,互联网行业对软件开发工程师、数据分析师、产品经理等数字人才的需求旺盛,并且能够提供具有竞争力的薪酬和发展机会,吸引了大量人才流入。而传统制造业、农业等行业的数字化转型进程相对较慢,数字人才的数量和质量都有待提高。

区域产业分布上,数字人才存在地域集聚现象。东部地区多于西部地区,发达地区多于欠发达地区,第三产业数字人才较多。例如,北京、广东、上海、江苏、浙江等经济较为发达的地区,数字人才密度相对较大,像北京在数字人才数量上位居榜首。不过,随着数字化转型在各行业的推进,数字人才也逐渐从第三产业向第二产业乃至第一产业渗透。

行业分布上,以往数字人才主要集中在软件与 IT 服务、计算机网络与硬件等行业,但目前有向非 ICT 行业快速渗透的趋势。例如北京数字人才在非 ICT 行业的占比就逐年上升。①

(三)技能结构需求不平衡

市场上对具备数字技术开发和应用能力的人才需求较大,如人工智能工程师、数据分析相关工程师、云计算与大数据处理相关工程师等,此外数字化领导力也是企业需求的热点。另外一个值得注意的问题是,在调研中发现,同时具备技术能力和业务理解能力、能够推动数字化转型的复合型人才是很多企业的刚需,而此类人才目前在市场上非常稀缺。

(四)教育培养体系有待完善

虽然高校和职业院校逐渐加大了对数字化相关专业的设置和招生规模,但 51CTO 和中国软件行业协会信息主管(CIO)分会的联合调查显示,企业对社会招聘和内部培养的依赖,远远高于院校的人才培养,这凸显了校园招聘不是企业数字人才来源的主要渠道,凸显了当前高校的教育内容与实

① 《2024 数字人才白皮书》,2024 年。

际市场需求存在一定的脱节。当然,这并不是说企业内部的培训和人才发展机制已经健全了。调研显示,企业难以快速提升现有员工的数字化能力,尤其在一些新兴领域如人工智能,企业为了招聘到合适的人才,往往需要开出高薪并提供优厚的福利条件,但仍然面临人才短缺的问题。而在一些传统企业的数字化转型过程中,由于缺乏既懂业务又懂技术的数字化项目经理,转型项目进展缓慢。

(五)数字化领导力相对缺失

数字化时代呼唤数字化领导,数字化不断颠覆传统产业的同时,也对企业领导的认知、思想、实践等提出了更高的要求。有调查显示,数字化领导能够对企业绩效产生非常可观的影响。企业数字化领导力较强的,其财务表现比其他企业高出 50% 。然而从整体看来,企业数字化领导力较为缺失。因为领导力不是简单地培训就能得到,而是需要长期培养而形成。数字化领导更需要对市场有足够的数字化洞见和敏捷反应,能够快速地运用数据思维对组织进行战略性调整以及持续改进和完善组织。在全球人才争夺战的过程当中,数字化领导成为争夺的关键,数字化领导力的紧缺并不是一天两天,而是长期的。

(六)员工数字化能力不足

数字化不仅是领导面临的事情,而且也是整个组织乃至员工所面临的共同选择。作为组织的个体和基础构成,员工的数字化转型不仅范围广,而且对组织影响深远。数字化转型对员工的数字化能力提出了新的挑战,员工能否适应组织的数字化转型,能否在数字化转型的背景下积极强化技能、不断提升能力也关乎一个组织的兴衰。然而,当下员工普遍面临数字化能力不足的问题。例如,在思维能力方面,员工缺乏对本领域、本专业以及专业数字化技术相关问题的认知和思维;在技能方面,缺乏数字化技能和数字化素养,难以适应数字化业务发展所带来的数字要求。在数字化接纳能力方面,员工缺乏足够的耐心和挑战力,难以适应组织的数字化转型。

第五节 人才生态环境现状

一、人才生态环境的现状与问题

要实现人才强国,需要努力构建良好的人才生态环境,让人才的生存、成长、成就和降解成为一个良性的生命周期圈,实现人才涌流。21 世纪,人才的批量涌现和拥有良好的用武之地,依靠的不仅是一项政策、一笔资金、一个评奖标准、一种激励方式,而是一个良好的人才发展和成就的生态圈。

学界对“人才生态环境”从不同视角进行了定义,如黎丽(2003)[135]认为,人才生态环境由生活、工作、文化、政治、人文五大因素构成。后来黄梅、吴国蔚(2009)[136]指出,人才生态环境具有宏观的自然、社会、经济、政治、人文、文化因素;中观的产业环境、行业状况因素;微观的公司、个体工作环境以及其他因素。王顺(2004)[137]于《我国城市人才环境综合评价指标体系研究》中指出,人才生态环境应该由市场环境、社会环境、经济水平、自然环境、生活环境六大因子构成。结合国内外关于人才生态环境概念的研究以及界定,本书将人才生态环境定义如下:由经济、生活、教育医疗、文化、人才政策等因素构成的动态环境系统。

20 世纪末,国外学者尝试将生态学理论运用到人力资源领域,主要研究人力资源生态环境的功能、生态学理论对人力资源管理的影响及其重要性。1999 年,美国学者 Deolalikar 提出了人力资源生态学(Human Resource Ecology)的概念。自 20 世纪 80 年代末开始,中国学者开始关注人才生态、人才环境及人才生态环境的研究。熊凡认为人才的成长既受益于环境也受制于环境,提出人才生态的范畴大体可分为处境的不同、资源的不同、工作负荷的不同等。唐德章把人才、人类群体、人才所处的自然环境和社会环境的整体系统称之为人才生态系统。2000 年以来,国内外人才竞争越来越激烈,大部分学者将研究焦点集中在人才生态环境领域,部分学者对人才生态环境的概念、人才生态环境的构成要素进行了理论探索,还有些学者对区域人才生态环境进行实证了研究。

二、全国人才生态环境状况

当前,全国各地人才争夺战愈演愈烈,竞争领域已从政策层面逐渐向更为复杂的人才生态环境演变。人才竞争,实质是人才生态环境的竞争。我国人才生态环境总体呈现向好,具体表现为:

1. 人才资源总量稳步增长。2022 年,全国人才资源总量达 2.2 亿人,比 2012 年增加了 1 亿。我国研发人员全时当量从 2012 年的 324.7 万人年增长到 2022 年的 635.4 万人年,稳居世界首位①。根据科技部官网数据,2022 年,中国的全球高被引科学家人数达 169 人,占全球的 16.2%,位居世界第二②;总体来讲,一支规模宏大、素质优良、梯次合理、作用突出的人才队伍正在加速集结。

2. 人才队伍素质明显增强。全社会 R&D 人员全时当量年均增速超 7%,从 2016 年的 387.8 万人年,增长到 2020 年的 509.2 万人年,连续多年居世界第一。本科及以上学历占比 63.6%,据 2020 年 11 月科睿唯安公司公布的 2020 年全球 6167 位高被引科学家名单,我国内地上榜人数达 770 人次,升至世界第二,这表明,我国一批领先团队和创新人才加快涌现。在人才结构上,《中国科技人才发展报告(2020)》显示,2019 年,R&D 人员中本科及以上学历人员占比达到 63.6%,这一比例在 2015 年为 50.5%。博士学历人员占比达到 8.5%,与 2018 年相比有较大增长。企业 R&D 人员全时当量所占比重达到 76.4%,成为研发人员集聚主体③。

3. 人才投入和效能显著提高。从人才投入来看,2022 年,我国全社会研发投入总量达 3.08 万亿元,居世界第二位。从人才效能来看,2022 年,全国发明专利有效量突破 400 万件,均居世界首位;我国全球创新指数排名由 2012 年的第 34 位上升到第 11 位。从人力资本总量来看,2021 年,中国人力资本总量按当年价值计算为 3378.3 万亿元,其中,城镇为 3005.6 万亿元,农

---

① 《中国科技人才发展报告》,2022 年。

② 中国网.《我国人才资源总量 2.2 亿人 创新指数排名升至 11 位》,2023 - 11 - 20.

③ 《中国科技人才发展报告》,2020 年。

村为372.7万亿元，分别占人力资本总值的89%和11%。中国人力资本总量持续增长，但增长速度有所降低。2001—2010年间，城镇人力资本总量的年均增长率为15.26%，而农村为8.35%；但在2010—2021年间，城镇人力资本的年均增长率降至9.09%，而农村降至4.33%。2021年，我国人均劳动力人力资本按当年价值计算为135.7万元，其中城镇为174.9万元，农村为72.6万元。从人力资本的地区分布来看，2021年，人均劳动力人力资本排名前五位的地区依次为北京、天津、上海、江苏及浙江，而排名后五位的是（按从高到低的顺序）西藏、海南、云南、甘肃及青海。从人力资本投资占国内生产总值的比例来看，2024年，人力资本投资占国内生产总值（GDP）的比例为15.8%，比2023年人力资本投资占国内生产总值（GDP）的比例的12.0%高出3.8%。这一数据表明人力资本投资在国内生产总值中占据了越来越高的比例，显示出国家对人力资本投资的重视和投入。总体来讲，人才对我国经济增长的促进作用日益凸显。

4. 全球人才磁场效应不断增强。截至2016年底，国家引进海外人才6089人，留学回国人才总数达265.1万人，形成了新中国成立以来最大规模留学人才"归国潮"。当前，我国正在加快建设定位清晰、效能增强、梯次合理，战略科学家、科技领军人才以及创新团队、青年科技人才和卓越工程师齐备的战略人才力量。近年来，从优化人才引进政策、加强激励保障到完善支持服务体系，再到为有意来华的国际创新团队提供政策咨询、工商注册、知识产权等多方面便利，中国不少地方纷纷敞开怀抱广纳海内外英才。比如，"上海国投杯"第四届"海聚英才"全球创新创业大赛的举办，加快吸引了一批引领科技自主创新、助力产业转型升级的高层次创业人才。自2023年12月启动招募以来，全球1.2万余名人才带着项目报名参赛，其中，国内赛区项目7596个、海外赛区项目412个、高校及科研院所项目715个、其他知名创新创业赛事品牌项目3232个，项目总数较去年增长了约48%。另外，2024年是深圳全市海归人才公益服务平台"海归岛"以"大湾区海归创业就业服务第一站"为定位，为"海归岛"人才提供公益性的创业就业服务体系。自"海归岛"开岛以来，其凭借全方位的服务体系、开放包容的创业氛围，逐渐成为吸引全球海归人才的璀璨“灯塔”。截至2024年，“海归岛”已成功吸引194个海归团队入驻，其中，27个团队项目成功获得融资，总额超过7亿元；9个团队荣获国家高新技术企业称号；2个团队被认定为专精特新中小企业。这些数据表明，我国的全才磁场效应正在显著增强。

三、江西省的人才生态环境

（一）经济环境

根据2024年的数据，江西省GDP总量为3.22万亿元人民币，比上年增长4.1%，居全国第15位，较2020年上升3位①。江西省通过优化产业结构，形成了有色金属、机电汽配、新型建材、电子商务四大支柱产业，为经济发展注入了强劲动力。此外，南昌作为国家铁路枢纽城市，交通网络发达，进一步促进了经济发展。目前，江西省的主要经济支柱产业包括农业、工业、服务业等。其中，工业制造业是江西省的重点发展方向，汽车、电子信息、装备制造等行业竞争力较强。此外，江西省也积极推动旅游业、文化创意产业等新兴产业的发展，逐渐形成多元化的经济格局。总体来看，2023年全省顶住经济下行压力，有效应对各种风险和挑战，扎实推动经济持续全面好转，经济运行稳步恢复、回升向好。但同时也要看到，外部环境依然复杂严峻，不稳定不确定因素仍然较多，江西省经济发展面临许多困难和挑战。从GDP总量来看，与相邻省份相比，江西省的经济总量也还有差距。2023年江西省的东边邻居浙江省的GDP为82553亿元，排名全国第4名；东边邻居福建省的GDP为54355.1亿元，排名全国第8名；南边邻居广东省的GDP为135673.16亿元，排在全国第1名；西边邻居湖南省的GDP为50012.9亿元，排在全国第9名②。从人均GDP方面来说，江西省人均GDP相比浙江省、广东省、福建省与湖北省还是有一定的差距，但相比安徽省与湖南省已经比较接近了。另外，江西省内也出现了地区发展不平衡的情况。南昌市作为省会城市，经济发展较快，并辐射着周边的地级市。其他部分地区则无

---

① 江西省统计局.《江西省2023年国民经济和社会发展统计公报》,2024-03-30.

② 《环江西省份与江西省的经济发展差距是不是越来越大了呢?》,2024-04-06, www.sohu.com.

法享受这一好处，一些地区仍处于贫困阶段、发展较为滞后、许多人口外流到其他城市甚至其他省份，导致江西的经济整体发展受到约束。

（二）生活环境

江西省在自然环境、生活成本等方面对人才的引留具有一定的优势。在自然环境方面，江西省有着先天的优势，在空气质量与水质方面优于许多工业省份或南方省份。在生活成本方面，与沿海城市相比，江西省的生活成本相对较低，房价和消费水平较为合理，这在一定程度上吸引了部分人才。但在居住环境、公共基础设施建设、住房等生活环境方面，仍需要进一步改善。

（三）教育医疗环境

在教育方面，江西省较部分省份仍有差距。尽管江西省拥有多所高等院校以及众多知名中学，但整个省份只有南昌大学为211高校，这导致许多高分考生选择外省就读大学，毕业后很少返回江西工作。相比于湖北省，湖北省光是武汉市就有7所211大学，其中不乏武汉大学、华中科技大学这类顶尖高校。总体来说，江西省内各地教育水平差异较大，与其他省份相比也有些许落后。教育环境的不足会影响高校的科研实力、阻碍人才引进、制约科技创新、削弱经济实力。在医疗方面，江西省的医疗卫生总体质量较好，但在基层的医疗服务方面仍具有提升的空间。在医护人员数量、医疗机构数量、医疗水平方面，江西省也较为落后，省内各地区之间也存在较大差异。随着政府的扶持与财政投入，江西医疗环境也在逐步地优化和改善。

（四）人文环境

江西省的人文环境对引才留才也起到了重要作用，江西省拥有深厚的文化底蕴，吸引了大量人才。江西省具有悠久的历史以及深厚的文化底蕴，拥有景德镇的陶瓷文化、庐山的佛教文化、赣南采茶戏等许多著名的历史人文文化。江西还是中国红色文化的发源地之一，在这里有中国革命的摇篮井冈山、共和国的摇篮瑞金……从这一点来看，江西省较于其他省份有着先天的优势。此外，江西的饮食文化也独具特色，这些因素共同构成了江西独特的人文环境，吸引了大量人才前来定居和发展。

随着社会发展,许多新颖的思想或者价值观随即而诞生,并引领着各年龄、各领域的公民群体,营造了许多新型的社会行为与文化。如电商以及自媒体的发展浪潮中,杭州、成都这类城市准确定位了自己,打上了“网红、时髦、潮流”的标签,吸引着许多向往这种文化氛围的年轻人前往。江西省与这类地区的文化定位则截然不同,“传统、红色、历史底蕴”是它的标签。

(五)政策环境

江西省的政策环境对引才留才产生了显著的影响。首先,江西省通过出台一系列人才政策,优化了人才发展环境。例如,江西省实施了“双千计划”,计划用5年左右的时间,面向省外和国(境)外引进1000名左右“高精尖缺”优秀高层次人才和100个左右高层次创新创业团队,并为这些人才提供丰厚的项目资助和生活补贴。江西省还出台了《江西省高层次人才引进实施办法》,在编制管理、职称评审、税收奖补、子女入学等方面出台措施,为人才发展提供有力支持。从整个省来看,江西省近年来为了提高经济实力,出台了一系列针对人才引进、人才创业的政策,吸引了各类人才来到江西定居落户,优化了江西省人力资源结构。其中,具体措施有加强海内外各行各业人才的引进力度、完善人才评价指标制度建立等。具体政策涵盖了住房、子女入学、医疗、创业等方面。除基本的人才引进政策以外,江西省也出台了一系列激励类政策,如青年拔尖人才计划、高层次人才计划等,旨在鼓励人才为江西的经济发展、教育发展、科技发展等方面贡献力量。同时也存在着由于地区发展不平衡而各地政策的涵盖面、福利力度、受众人群具有较大差异的状况。

第六节 人才政策支持现状

一、中国人才政策发展阶段

中国的人才政策发展分为3个阶段,2000年开始,我国揽才和养才进入探索期,该时期的人才管理和人才评价较弱。由于人才政策发布量在2012

年前暴增所带来巨大的地区补贴成本,2012 年后,我国各地区减少各类人才政策的发布,数量逐渐趋于稳定。截至 2021 年 4 月底,我国人才引进和激励政策以人才引进和人才住房政策为主,占比分别为 49% 和 30%;人才培养及发展政策以人才培养和人才队伍建设为主,占比分别为 50% 和 17%。

(一)探索阶段(2000—2006 年)

该阶段为中国利用人才政策进行揽才、养才的探索阶段,人才政策总发布量逐渐提升。其中,培养与发展作为主导政策,吸引及保障政策作为辅助政策。此阶段的人才管理和评价政策处于缺位期。

(二)2007—2012 年

人才政策总发布量呈现爆发式增长,其中,吸引与保障政策、培养与发展政策、管理与维护政策占比稳趋同,引进及保证政策出现冷静期,各地政府更加注重通过培养与发展政策来促进人才繁荣。

(三)2012 年之后

由于人才政策发布量在快速发展阶段暴增带来了巨大的成本,这一阶段开始逐渐减少各种人才政策的发布,人才政策发布数量逐渐趋于稳定,人才政策质量逐渐提升,各种类型人才政策配置更加均衡。

二、国家层面的主要人才政策

近年来,人才竞争越来越激烈,国家出台了大量的人才政策来支持人才发展和人才队伍建设。党的二十大报告强调,要实施更加积极、开放、有效的人才政策,完善海外引进人才支持保障机制,形成具有国际竞争力的人才制度体系;要通过健全技能人才培养、使用、评价、激励制度,打造了一支规模宏大、结构合理的高技能人才队伍。近年国家人才发展政策见表 3－7。

表 3－7 近年国家人才政策

时间	发布单位	人才政策
2024 年	中国共产党第二十届中央委员会第三次全体会议通过	《中共中央关于进一步全面深化改革、推进中国式现代化的决定》中关于深化人才发展体制机制改革政策

续表

时间	发布单位	人才政策
2024 年	人力资源社会保障部 国家发展改革委 教育部 科技部 财政部 国务院国资委 全国总工会	《关于实施高技能领军人才培育计划的通知》
2024 年	中共中央办公厅 国务院办公厅	《关于进一步加强青年科技人才培养和使用的若干措施》
2024 年	中共中央办公厅 国务院办公厅	《关于加快推动博士研究生教育高质量发展的意见》
2024 年	中共中央 国务院	《关于深化产业工人队伍建设改革的意见》
2022 年	科技部 财政部 教育部 中国科学院 自然科学基金委	《关于开展减轻青年科研人员负担专项行动的通知》
2020 年	教育部	《关于正确认识和规范使用高校人才称号的若干意见》
2020 年	教育部	《关于破除高校哲学社会科学研究评价中“唯论文”不良导向的若干意见》
2016 年	中共中央	《关于深化人才发展体机制改革的意见》
2010 年	中共中央 国务院	《国家中长期人才发展规划纲要(2010—2020 年)》

2016 年,中共中央印发了《关于深化人才发展体机制改革的意见》,该文件重点强调创新人才、战略人才、青年人才的考核、流动等方面,见表 3 - 8。

表 3 - 8　2016 年《关于深化人才发展体制机制改革的意见》中的人才政策

内容分类	具体内容
创新人才	加快培育重点行业、重要领域、战略性新兴产业人才,注重人才创新意识和创新能力培养
战略人才	改进战略科学家和创新型科技人才培养支持方式,建立基础研究人才培养长期稳定支持机制
青年人才	破除论资排辈、求全责备等陈旧观念,抓紧培养造就青年英才;加大教育、科技和其他各类人才工程项目对青年人才培养支持力度,在国家重大人才工程项目中设立青年专项

续表

内容分类	具体内容
考核	注重凭能力、实绩和贡献评价人才，克服唯学历、唯职称、唯论文等倾向，不将论文等作为评价应用型人才的限制性条件
流动	打破户籍、地域、身份、学历、人事关系等制约，促进人才资源合理流动、有效配置。建立高层次人才、急需紧缺人才优先落户制度

2024 年 7 月，党的二十届三中全会审议通过了《中共中央关于进一步全面深化改革、推进中国式现代化的决定》，其中强调要深化人才发展体制机制改革，见表 3 - 9。

表 3 - 9　2024 年《中共中央关于进一步全面深化改革、推进中国式现代化的决定》中的人才发展体制机制改革政策

内容分类	具体内容
深化人才发展体制机制改革	实施更加积极、更加开放、更加有效的人才政策，完善人才自主培养机制，加快建设国家高水平人才高地和吸引集聚人才平台
人才培养制度	加快建设国家战略人才力量，着力培养造就战略科学家、一流科技领军人才和创新团队，着力培养造就卓越工程师、大国工匠、高技能人才，提高各类人才素质
人才流动机制	完善人才有序流动机制，促进人才区域合理布局，深化东中西部人才协作
人才待遇保障	完善青年创新人才发现、选拔、培养机制，更好保障青年科技人员待遇
人才激励机制	强化人才激励机制，坚持向用人主体授权、为人才松绑
人才评价体系	建立以创新能力、质量、实效、贡献为导向的人才评价体系
人才保障机制	完善海外引进人才支持保障机制，形成具有国际竞争力的人才制度体系
人才移民制度	探索建立高技术人才移民制度

2024 年 10 月，中共中央办公厅 国务院办公厅印发了《关于进一步加强青年科技人才培养和使用的若干措施》，文件明确支持青年科技人才在国家重大科技任务中挑大梁、当主角。重点围绕引才、育才、用才、留才等方面作

出了部署，见表3-10。

表3-10　2024年《关于进一步加强青年科技人才培养和使用的若干措施》中的人才政策

内容分类	具体内容
挑大梁	支持青年科技人才在国家重大科技任务中挑大梁、当主角
引才政策	要下大工夫吸引青年人才是激发地区人才动能，将发达国家、沿海地区的新技术、新理念“穿越性”嫁接到本地区，把具有特殊理论和技能的青年学者、工匠为我所用，盘活本地区发展
育才政策	破解人才“青黄不接”的严峻局面，必须重视本土青年人才自主培养，掌握人才振兴主动权
用才政策	要全面激活“人才动能”，让人尽其才、才尽其用，要坚持用当其时，抓住青年人才成长发挥作用的黄金期，力求用其所长，充分考虑专业特质、性格特征合理使用人才
留才政策	组织部门要要当好“服务人才”店小二，率先落实生活补贴、提供住房保障，优先解决子女入学、配偶就业、医疗保障问题，让人才没有后顾之忧

2024年，人力资源社会保障部等七部门发布《关于实施高技能领军人才培育计划的通知》，见表3-11。

表3-11　2024年《关于实施高技能领军人才培育计划的通知》

内容分类	具体内容
目标任务	明确领军人才范围。领军人才包括获得全国劳动模范、中华技能大奖、全国技术能手、全国五一劳动奖章等荣誉，或享受省级以上政府特殊津贴、获得省级以上表彰奖励，或各省（自治区、直辖市）政府认定的“高精尖缺”高技能人才
工作目标	力争用3年左右时间，全国新培育领军人才1.5万人次以上，带动新增高技能人才500万人次左右
重点任务	制定专项培养计划
	加大培养培育力度
	畅通晋升成长通道

续表

重点任务	提高待遇水平
	完善稳才留才机制
	支持发挥作用
	加强领军人才平台建设
	选拔表彰优秀领军人才

2024年10月，中共中央办公厅 国务院办公厅印发《关于加快推动博士研究生教育高质量发展的意见》，见表3－12。

表3－12　2024年《关于加快推动博士研究生教育高质量发展的意见》

内容分类	具体内容
人才培养布局	完善学科专业体系，强化国家战略人才培养前瞻布局。优化学科专业布局，完善及时响应国家需求的学科专业设置、建设和调整机制，加强理工农医类以及基础学科、新兴学科、交叉学科学位授权点建设，提升博士专业学位授权点占比，加快关键领域学科专业建设，强化学科交叉融合发展
人才培养模式	要重塑培养流程要素，全面提高人才自主培养质量。加强思想政治引领，改革招生管理模式，优化培养过程，强化分流退出和多向选择，探索建立学术学位与专业学位培养分类发展、融通创新机制，完善评价体系，建设高水平导师队伍，深化创新国际交流合作
人才培养机制	要重构协同机制，提高拔尖创新人才培养能力。激发科教融汇活力，激活产教融合动能，赋能区域创新发展，推动教育链、人才链与产业链、创新链有机衔接
人才培养投入	要优化资源配置，强化统筹领导。加大博士研究生教育投入力度，建立健全稳定支持机制

2024年10月，中共中央 国务院印发了《关于深化产业工人队伍建设改革的意见》，见表3－13。

表3－13　2024年《关于深化产业工人队伍建设改革的意见》

内容分类	具体内容
主要目标	通过深化产业工人队伍建设改革，思想政治引领更加扎实，产业工人听党话跟党走的信念更加坚定，干事创业的激情动力更加高涨，主人翁地位更加显著，成就感获得感幸福感进一步增强；劳动光荣、技能宝贵、创造伟大的社会氛围更加浓厚；产业工人综合素质明显提升，大国工匠、高技能人才不断涌现，知识型技能型创新型产业工人队伍不断壮大。力争到2035年，培养造就2000名左右大国工匠、10000名左右省级工匠、50000名左右市级工匠，以培养更多大国工匠和各级工匠人才为引领，带动一流产业技术工人队伍建设，为以中国式现代化全面推进强国建设、民族复兴伟业提供有力人才保障和技能支撑
主要任务	强化思想政治引领，团结引导产业工人坚定不移听党话跟党走。持续强化产业工人队伍思想政治工作；加强产业工人队伍党建工作；大力弘扬劳模精神、劳动精神、工匠精神
	发展全过程人民民主，保障产业工人主人翁地位。落实产业工人参与国家治理的制度；完善企业民主管理制度；健全劳动关系协商协调机制；加强对产业工人主人翁地位的宣传引导
	适应新型工业化发展需求，完善产业工人技能形成体系。推动现代职业教育高质量发展；加大复合型技术技能人才培养力度；促进产业工人知识更新和学历提升
	健全职业发展体系，促进产业工人成长成才。畅通产业工人向上发展通道；贯通产业工人横向发展机制
	维护劳动经济权益，增强产业工人成就感获得感幸福感。提高产业工人经济收入；加强产业工人服务保障；有效维护产业工人安全健康权益；做好新就业形态劳动者维权服务工作
	搭建建功立业平台，发挥产业工人主力军作用。深入开展劳动和技能竞赛；激发产业工人创新创造活力；发挥劳模和工匠人才的示范引领作用
	壮大产业工人队伍，不断巩固党长期执政的阶级基础和群众基础。稳定制造业产业工人队伍；大力培养大国工匠；吸引更多青年加入产业工人队伍；把农民工培养成高素质现代产业工人
	加强组织领导，合力推进产业工人队伍建设改革。强化组织保障；发挥企业作用；健全社会支持体系

2022 年，科技部、财政部、教育部、中国科学院、自然科学基金委发布《关于开展减轻青年科研人员负担专项行动的通知》，见表 3－14。

表 3－14　2022 年《关于开展减轻青年科研人员负担专项行动的通知》

内容分类	具体内容
挑大梁	国家重点研发计划 40 岁以下青年人才担任项目负责人和骨干的比例提高到 20%，扩大国家重点研发计划青年科学家项目规模
	中国科学院战略性先导专项新立项项目明确负责人中 45 岁以下青年科研人员比例不低于 50%
	在中国科学院新开工建设的国家重大科技藏在设计工程指挥部中设立副总师岗位，由 45 岁以下青年科研人员担任
	开展基础研究人才专项试点工作，围绕国家重大战略需求和基础科学前沿，长期稳定支持在自然科学领域取得突出成绩且具有明显创新潜力的青年科技人才
增加机会	中央级公益性科研院所和中央部门直属高等学校基本科研业务费用于资助青年
减考核	推动科研单位对青年科研人员减少考核频次，实行聘期考核、项目周期考核等中长期考核评价，简化、淡化平时考核
保时间	确保青年专职科研人员工作日用于科研的时间不少于 4/5
强身心	推动科研单位面向博士、博士后开展科研职业生涯启蒙培训，配备高水平科研、创业导师，让青年科研人员少走弯路

2010 年 4 月，中共中央 国务院印发《国家中长期人才发展规划纲要(2010—2020 年)》，该规划强调了人才工作的重要性，明确了人才的政策方向和工作任务，提出多项政策措施。一是实行人才投资优先，健全政府、社会、用人单位和个人多元人才投入机制，加大对人才发展的投入，提高人才投资效益。二是加强人才资源能力建设，创新人才培养模式。三是推动人才结构战略性调整。四是造就宏大的高素质人才队伍，突出培养创新型科技人才，重视培养领军人才和复合型人才，大力开发经济社会发展重点领域急需紧缺人才，统筹抓好党政人才、企业经营管理人才、专业技术人才、高技能人才、农村实用人才以及社会工作人才等人才队伍建设。五是改革人才

发展体制机制，完善人才管理体制，创新人才培养开发、评价发现、选拔任用、流动配置、激励保障机制。六是加快人才工作法制建设，建立健全人才法律法规，见表3－15。

表3－15 2010年《国家中长期人才发展规划纲要（2010—2020年）》

人才队伍建设主要任务	突出培养造就创新型科技人才、大力开发经济社会发展重点领域急需紧缺专门人才、统筹推进各类人才队伍建设
体制机制创新	改进完善人才工作管理体制、创新人才工作机制
重大政策	实施促进人才投资优先保证的财税金融政策，实施产学研合作培养创新人才政策，实施引导人才向农村基层和艰苦边远地区流动政策，实施人才创业扶持政策，实施有利于科技人员潜心研究和创新政策，实施推进党政人才，企业经营管理人才，专业技术人才合理流动政策，实施更加开放的人才政策，实施鼓励非公有制经济组织，新社会组织人才发展政策，实施促进人才发展的公共服务政策，实施知识产权保护政策
重大人才工程	创新人才推进计划、青年英才开发计划、企业经营管理人才素质提升工程、高素质教育人才培养工程、文化名家工程、全民健康卫生人才保障工程、海外高层次人才引进计划、专业技术人才知识更新工程、国家高技能人才振兴计划、现代农业人才支撑计划、边远贫困地区、边疆民族地区和革命老区人才支持计划、高校毕业生基层培养计划

2020年，教育部印发《关于正确认识和规范使用高校人才称号的若干意见》和《关于破除高校哲学社会科学研究评价中“唯论文”不良导向的若干意见》，见表3－16、3－17。

表3－16 2020年《关于正确认识和规范使用高校人才称号的若干意见》

内容分类	具体内容
关系	不将高层次人才等同于人才称号获得者，不把人才称号作为评价人才、配置学术资源的唯一依据。不单纯以人才称号获得数量评价人才队伍建设成效，扭转以“帽子”为牵引建设人才队伍的不良影响

续表

内容分类	具体内容
管理	对支持期已结束的，原则上不使用相应人才称号，确需使用的要标准支持期，如未规定支持期需标注入选年度
引进	鼓励中西部、东部地区高校人才称号区获得者与学校签订长期服务合同，为实施国家和区域发展战略贡献力量
评价	不得将是否获得人才称号或人才称号获得者数量作为限制性条件或评价的重要内容，有关申报书中不设置填写人才称号相关栏目

表 3－17　2020 年《关于破除高校哲学社会科学研究评价中“唯论文”不良导向的若干意见》

内容分类	具体内容
严格要求	不得把 SSCI、CSSCI 等论文收录作为教师招聘、职务（职称）评聘、人才引进的前置条件和直接依据
综合评价	对高校哲学社会科学工作者从思想政治、师德师风、教育教学、科学研究、社会服务、专业发展等进行全方位评价，突出品德、能力、业绩和质量、贡献、影响
多元评价	对取得重大理论创新成果、在经济社会事业发展中作出重大贡献的，申报高级职称时论文可不作限制性要求

三、地方政府层面的主要人才政策

随着人才竞争激烈程度加剧，各地方政府都在纷纷出台相应人才政策，以下是部分地区的人才政策，见下表 3－18。

表 3－18　部分地区的人才政策

江西省	2023 年	江西省人力资源和社会保障厅出台《江西省高层次高技能领军人才培养工程人选服务管理办法》
	2024 年	《赣鄱英才计划实施办法》
	2024 年	江西省委人才工作领导小组发布《科技创新创业人才团队遴选支持办法》
	2023 年	中共江西省委人才《江西省关于进一步加强青年科技人才培养引进和使用的九条举措》

续表

江西省	2023 年	江西省出台《九条举措激励博士后工作创新发展》
	2022 年	江西省政府办公厅《九条措施金融支持人才创新创业的若干措施》
	2023 年	南昌市政府发布《南昌新“人才 10 条”》
	2024 年	江西省科学技术厅、江西省妇女联合会发布《江西省关于鼓励和支持女性科技人才更好发挥作用的若干措施》
浙江省	2017 年	浙江省委组织部等多部门联合发布了关于印发《浙江省高层次人才特殊支持计划》
	2023 年	人民政府办公厅发布《关于加强新时代高技能人才队伍建设的实施意见》
	2024 年	经济和信息化厅、中共浙江省委人才办、人力资源和社会保障厅等部门印发了《关于支持卓越工程师队伍建设的若干政策措施(试行)》的通知
	2024 年	中共浙江省委组织部等 6 部门印发了《进一步加强博士后工作培养高层次创新型青年人才意见的通知》
	2024 年	浙江省人力资源和社会保障厅《关于进一步加强高技能人才与专业技术人才职业发展贯通的实施办法》
广东省	2024 年	广东省人力资源和社会保障厅等八部门《关于实施广东省高技能领军人才培育计划的通知》
	2024 年	广东省第十四届人民代表大会常务委员会第十次会议通过《广东省技能人才发展条例》
	2024 年	《关于加快培养高素质技能人才助力制造强省建设的实施方案》
	2023 年	《关于加强新时代广东高技能人才队伍建设的实施意见》
	2018 年	《广东省人才优粤卡实施办法》
	2024 年	《广州开发区(黄埔区)促进人才高质量发展的政策措施》(简称“人才高质量发展 30 条”)
上海市	2020 年	《关于新时代上海实施人才引领发展战略的若干意见》
北京市	2024 年	北京市人力资源和社会保障局等部门发布《北京市加快数字人才培育支撑数字经济发展实施方案(2024—2026 年)》

续表

河北雄安新区	2023 年	中共河北雄安新区工作委员会、河北雄安新区管理委员会最新发布《关于打造创新高地和创业热土聚集新人才的若干措施》
湖南省	2024 年	《鼓励高层次人才服务企业十条支持措施》
山东青岛	2024 年	《关于支持重点产业领域企业专业人才发展的政策措施(试行)》
湖北省	2024 年	湖北省人民政府办公厅发布《统筹推进教育科技人才一体化发展的意见》
福建省	2024 年	省委、省人民政府发布《关于进一步促进企业家健康成长支持企业家干事创业的若干措施》
甘肃省	2024 年	出台《50 条人才发展"授权松绑"政策清单》
重庆市	2024 年	《百万高校毕业生等青年留渝来渝就业创业行动计划(2024—2027 年)》。
四川省	2022 年	《关于加快博士后工作创新发展的九条措施》

四、人才政策分类

(一)人才政策分类

人才政策主要分为三大类,一是以"引"和"留"为主的人才引进保障类政策;二是以育为主的人才培养发展类政策;三是以管理为主的人才管理和人才评价政策。

(二)人才政策类别占比

通过北大法宝政策数据库查询,我国地方人才政策约 3191 条,其中以人才培养和发展为主,其占人才政策的 82%①。人才引进与激励政策中,人才子女入学占 5%,人才住房占 53%,人才落户政策占 5%,人才激励政策占 6%。人才培养与发展政策中,人才计划占 8%,人才开发占 6%,人才发展占 11%,人才选拔占 9%,人才培养占 50%。人才管理与维护方面,人才数量占 3%,人才需求调查占 63%,人才管理占 18%,人才状况调查占 12%,人才基金占 3%。在人才评价与考核方面,人才考核占 11%,人才评价占 89%。

① 数据来源:北大法宝前瞻产业研究院整理。

五、不同地区的人才政策比较

从各省份人才“十四五”规划中可知，北京较重视人才培养，西藏和海南偏重干部人才队伍建设，安徽和河南则关注人才基金，宁夏、重庆和福建均较重视人才与产业融合。从整体来看，北京和上海偏向人才管理，而其他省份则以人才引进和培养为重心①。

(一)人才引进和保障政策数量比较

按照人才政策发布数量分等，将人才政策发布数量大于90条列为第一梯队；人才政策发布数量为40~90条列为第二梯队，人才政策发布数量为10~39条列为第三梯队；人才政策发布低于10条列为第四梯队。截至2021年4月底，福建和广东的人才引进和保障政策数量属于第一梯队，福建的共计99条，其次是广东的98条，江苏的45条属于第二梯队，北京、上海、山东、海南、新疆均属于第三梯队，其他地区属于第四梯队。②

(二)人才引进和保障政策的类型比较

从各个省份的不同人才引进和保障政策的类型来看，各省份均以人才引进为主，其中福建和广东在一定程度上也倾向于人才的引进政策。福建省虽然拥有数量最大的人才引进政策，但主要围绕《福建省2007年度紧缺急需人才引进指导目标需求表》展开，一方面说明福建省急缺人才，另一方面也说明福建省对人才政策的力度大。江苏、北京、山东、浙江也注重人才引进政策。江苏、福建、辽宁三省的人才落户政策相对较其他省份多。北京、山西、辽宁、黑龙江、上海、浙江、安徽、福建、山东、广东 、重庆、贵州的人才激励政策较其他地区多。一些地区出台了人才子女入学政策，比如浙江、福建、山东、河南、广东、海南、青海。而广东的人才子女入学政策最多。

---

① 数据来源：北大法宝前瞻产业研究院整理。

② 夏才艳. 中国31省市人才政策汇总 沿海地区重引进而中西部重人才管理. 前瞻企业研究院. 2021年.

第四章
新质人才与新质生产力的耦合协同发展研究

2023 年 9 月,习近平总书记在黑龙江考察期间首次提出“新质生产力”一词。[①] 2024 年,习近平总书记进一步强调:“要深化经济体制、科技体制等改革,着力打通束缚新质生产力发展的堵点卡点”[②]。要加快新质生产力发展,就必须寻找能够引领新质生产力加快发展的新动能,新质人才也就应运而生。

新质人才是新质生产力形成和发展关键,在引领、创新和推动新质生产力发展上具有决定性作用,两者之间是一种共生共荣的关系。加快形成新质生产力,就是要以全新的人才发展体系机制,促进人才效能的新“质”态,使新质人才融入具有新质量、高效率、新动力的新质生产力发展的全过程中,不断推动新质生产力的发展。尽管我国在人工智能、量子技术、生物科技等领域已拥有新质人才的良好基础和优势,但是,全球人才竞争给我国人才引培带来了新挑战,一方面,人才供给上面临结构矛盾突出、引才难、人才自主培育机制不完善、人才评价与激励机制不健全、人才保障力度不足、人

① 习近平:牢牢把握东北的重要使命 奋力谱写东北全面振兴新篇章[J]. 中国老区建设,2023,(10):4 - 5.

② 习近平:加快发展新质生产力 扎实推进高质量发展[J]. 领导科学,2024,(03):2.

才发展体制改革不畅、高水平人才培育能力缺乏等诸多难点和堵点。另一方面,在人才需求上,一些国家重点发展领域的高水平人才数量缺口大,据教育部、人力资源和社会保障部及工业和信息化部联合印发的《制造业人才发展规划指南》预测数据,到2025年,信息技术产业人才缺口950万人,高档数控机床和机器人方面人才缺口450万人,电力装备人才缺口909万人,新材料人才缺口400万人,节能与新能源汽车人才缺口103万人,航空航天装备人才缺口47.5万人①。领英公司《全球AI领域人才报告》表明,在人工智能领域,全球拥有190多万技术人才,其中,美国人工智能人才占44.7%,达85万人,而我国仅占2.6%,仅有5万人左右。关键技术人才缺口大,致使我国在关键核心技术方面受制于人,科技发展领域存在被"卡脖子"问题。新质生产力发展中的关键领域迫切需要汇聚大量新质人才来突破关键核心技术,通过重大原创成果驱动新质生产力发展。

学界当前对新质人才的研究呈现增长态势,总结起来,学界主要深入剖析新质人才的培养、新质素养及其对新质生产力的影响。已有的研究成果为理解新质人才及其对新质生产力发展的作用提供了多维视角。但从已有的研究来看,还未见有文献报道新质人才特质、新质人才与新质生产力的协同发展分析框架,本研究从宏观、中观、微观三个层面分析新质人才的特质,并构建新质人才与新质生产力协同发展之间的分析框架,本研究认为,要激励新质生产力发展潜力,迫切需要再创新新质人才管理机制。

第一节　新质人才理论内涵演变

新质人才是一个全新的概念,是继新质生产力后衍生出来的新概念。由于时代不同,社会对人才的界定标准和需求也有所差异,因此,理解新质人才的内涵,首先要从人才的社会历史性进行分析。回顾历史,可发现人才

① 李佐军.建设人才强国面临的挑战及其应对[J].中国党政干部论坛,2023,(1):74-77.

的内涵紧跟生产力发展与社会需求的变化而不断迭代深化。

从古至今,“人才”的内涵历经了从相对单一到逐渐多元的演变过程(如表4-1所示)。关于“人才”概念的起源,一是出自《易经》“三才之道”。有天道焉,有人道焉,有地道焉。在“天、地、人”这“三才”之中,“天才”即拥有天那般大的能力,“地才”即拥有地相当的能力,而“人才”即人中之龙,是人当中最有才能的。二是出自《诗经·小雅·菁菁者莪》,这里的“人才”是指能够使天下人民喜爱且有才华的人。在中国古代,国家与社会对人才的界定关键在“德”与“才”两个维度。春秋战国时期,以孔子为代表的儒家学派认为人才即贤才,墨子认为人才即道德、才智、方术兼优者,而韩非子认为人才即忠于君主、兼备才能与贤德之士。这一时期主要强调政治领域的人才,侧重于贤能的政治家,而人才的内涵在生产技术和工艺等领域并不凸显。在近代,逐渐形成了一种经世致用的人才观,并赋予了“人才”新的内涵。一方面主张“中体西用”,通过洋务运动来培养科学技术人才或“一才一艺”专才,冲破了传统人才观的束缚。另一方面主张培养政治人才,并倡导“体、智、德”三强人才,进一步丰富了人才的内涵。马克思主义认为,人才应该具备正确的世界观、人生观和价值观,具备扎实的理论基础和广泛的知识面,同时还应具备一定的实践能力和创新能力。①在现代,人才的内涵也越来越多元化。2003年,《中共中央、国务院关于进一步加强人才工作的决定》对人才赋予了新内涵,这里的人才是指“具有一定的知识或技能,能够进行创造性劳动,为推进社会主义物质文明、政治文明、精神文明建设,能够为建设中国特色社会主义伟大事业中作出积极贡献的人”。此外,《国家中长期人才发展规划纲要(2010—2020)》重新定义了人才内涵,认为人才是具有一定的专业知识或专项技能,进行创造性劳动并对社会作出贡献的人,是人力资源中能力和素质较高的劳动者。②

---

① 付春生.论马克思主义人才观与我国人才强国战略[J].学术论坛,2010,33(10):20-23.

② 李维平.对人才定义的理论思考[J].中国人才,2010,(23):64-66.

表 4-1　从传统人才到"新质人才"的演变过程

发展历程	人才内涵	特质	演变规律
人才概念起源	"人才"是指能够使天下人民喜爱且有才华的人	受人民喜爱、有才能	内涵趋于多元化;强调创新;突出贡献
古代人才内涵	国家与社会对人才的界定关键在"德"与"才"两个维度	德才兼备	
近代人才内涵	人才应该具备正确的世界观、人生观和价值观,具备扎实的理论基础和广泛广泛的知识面,同时还应具备一定的实践能力和创新能力	掌握科学技术,"体、智、德"并举	
现代人才内涵	人才是指具有一定专业知识或专项技能,进行创造性劳动并对社会作出贡献的人,是人力资源中能力和素质较高的劳动者	重视专业知识、专项技能;强调创造性劳动和积极社会贡献	
新质人才内涵	新质人才要具备前沿科技知识、"卡脖子"创新技术、高水平技能、能动性创新思维以及战略性眼光,而这些要素特征具有稀缺性	掌握前沿科技知识、"卡脖子"创新技术、高水平技能;具有能动性创新思维及战略性眼光	

资料来源:作者整理所得。

由表 4-1 可知,从古代"人才"内涵演变到现代新质人才,呈现以下特点:一是内涵趋于多元化。纵观古今,人才内涵从古代强调"德才兼备"演化成现代的强调具备现代化专业知识、专项技能;二是强调人才的劳动性与创造性,突出人才能够进行创造性劳动;三是强调人才贡献性,能够对社会作出积极贡献,推动经济社会发展;四是要掌握前沿科技和关键核心技术、具备创新思路和战略眼光。

新质人才是在新质生产力基础上衍生出来的。新质生产力是由技术革命性突破、生产要素创新性配置、产业深度转型升级而催生的先进生产力质态,①强调通过提高战略性新兴产业和未来产业等方面的科技创新能力来推

① 姜长云.新质生产力的内涵要义、发展要求和发展重点[J].西部论坛,2024,34(2):9-21.

动生产力的大发展、大繁荣。在此发展背景下,新质人才应运而生。本研究认为,新质人才即人才的新质态,是掌握前沿科技知识、关键核心技术,具有能动性创新思维及战略性眼光,能在新质生产力相关领域进行创造性劳动,对新质生产力发展作出积极贡献、引领创新驱动新质生产力发展的领军人才。

第二节　新质人才的多维特质

新质人才的主要特质凝练源于新质生产力的发展要求,本研究分别为意识层面、思维层面和实践层面凝练出新质人才的特质,具体包括意识层面的使命性意识、思维层面的能动性思维和实践层面的创造性输出。在三者的关系上,使命性意识既可以驱动能动性思维的发展,也可以引领个体创造性实践的方向,而能动性思维则能够为创造性实践提供较为清晰具体的行动指南,三者之间的逻辑关系见图 4－1 所示。

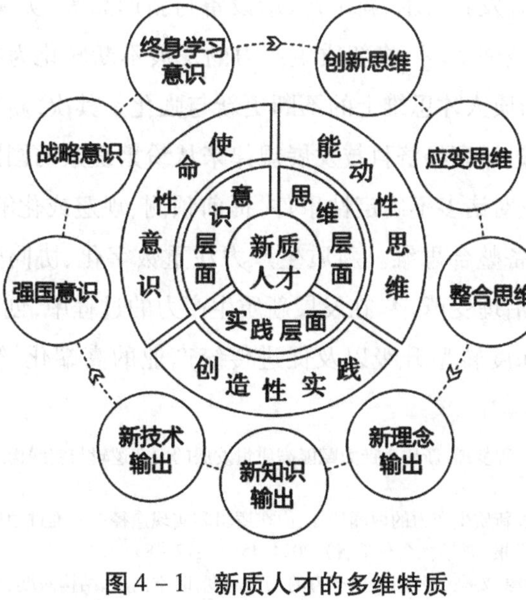

图 4－1　新质人才的多维特质

一是在意识层面上,新质人才应具备使命性意识。新质人才应具备强国意识、战略意识与终身学习意识。新质人才作为新质生产力发展的动力源泉,要立足于本国的战略发展目标,强调突出鲜明的强国意识,使意识引领自身的思维活动和实践活动,将自身的才学和技能充分运用到战略性新兴产业与未来产业的发展中,进而由个体力量逐渐汇聚成国家发展的强大动力,增强我国的国际竞争力。新质人才要具备战略意识要求,要以全局、长远、前瞻的眼光把握新质生产力的发展规律,能够在战略性新兴产业与未来产业的培育中进行积极地“谋篇布局”,促进产业联动式发展。新质人才还需要具备终身学习意识,怀揣“为中华之崛起而读书”的学习精神,主动学习先进的理论思想和科技知识,从而适应快节奏的现代科技社会发展。

二是在思维层面上,新质人才应具备能动性思维。新质人才应具备的能动性思维,具体包括创新思维、应变思维与整合思维。首先,创新思维是新质人才不可或缺的特质。创新在“创新、协调、绿色、开放、共享”五大新发展理念中处于首要地位,同时也在新质生产力发展中起着主导作用。① 释放新质生产力的关键在于探索未知领域的原始创新,即需要善于发现新事物、归纳新规律以及开发新技术、新工艺、新设备与新产品等,实现首创性、根本性和颠覆性的科技创新。② 将新质生产力的发展不断转化为我国经济增长的新动能,需要新质人才思维上的不断更新与强化。其次,新质人才需要具备应变思维。通过洞察经济科技发展规律来从纷繁复杂的国际形势中挖掘发展机遇,有效应对诸多不确定性事件,提前预测、规避或化解风险。最后,新质人才需要具备整合思维。新质生产力注重数字化、协同化、共享化、绿色化等的生产力治理变革。③ 在发展新质生产力的过程中,创新性配置生产要素、推动产业深度转型升级以及促进传统产业的高端化、智能化与绿色

---

① 徐政,郑霖豪,程梦瑶.新质生产力赋能高质量发展的内在逻辑与实践构想[J].当代经济研究,2023(11):51-58.

② 蒲清平,向往.新质生产力的内涵特征、内在逻辑和实现途径——推进中国式现代化的新动能[J].新疆师范大学学报(哲学社会科学版),2024,45(1):77-85.

③ 令小雄,谢何源,妥亮,等.新质生产力的三重向度:时空向度、结构向度、科技向度[J].新疆师范大学学报(哲学社会科学版),2024,45(1):67-76.

化,均要求新质人才具备整合思维。

三是在实践层面上,新质人才应具备创造性输出。在实践层面,新质人才能够进行创造性输出,具体包括新理念输出、新知识输出以及新技术输出。新质人才之所以成为新质生产力的第一资源,关键在于新质人才能够在不断学习的基础上创造新理念、新知识与新技术。首先,发展新质生产力,需要新理念的持续指引。新质生产力包括劳动能力、创新能力和科研转化能力等多种能力,既强调人在科技面前的主体地位,①也强调劳动生产的实践性和进步性。发展新质生产力,需要新理念的持续指引,需要新知识的积累与赋能,还需要新技术提供的动能来提高生产力的发展能效和发展质量。其次,发展新质生产力,需要新知识和新技术的输出。由于个体的思维结构与能力结构有所差异,因此,新质人才在创造性输出的实践中所输出的内容也有所不同。擅长理论构建者能够构建有关新质生产力的新理念,引领生产力与相关产业走向更有潜力和价值的新发展方向;擅长知识培育与研究者能够在观察、推理以及实践等过程中创造"新质知识";擅长技术研发与创新者能够在基础研究与应用研究的基础上开发关键性前沿技术;具有复合型的思维和能力者则能够进行新理念、新知识和新技术之间的多重输出。

第三节　新质人才与新质生产力的耦合逻辑分析框架

战略性新兴产业和未来产业、关键性核心技术、产业深度转型升级是推动新质生产力发展的三个关键要素;新知识体系、新技术体系、新制度体系是新质人才发展的三项重要内容。它们之间相互作用,彼此耦合,产生驱动新质生产力发展的耦合效应。新质人才通过新知识、新技术和新制度赋能

① 曾立,谢鹏俊.加快形成新质生产力的出场语境、功能定位与实践进路[J].经济纵横,2023(12):29-37.

新质生产力,为新质生产力创造强大的发展活力,而发展新质生产力也是新质人才发展的原动力,为培育新质人才提供方向引领、培育环境,并驱动我国人才发展体系的优化变革,它们在关键要素之间产生耦合作用,形成互动耦合效应,如图4-2所示。

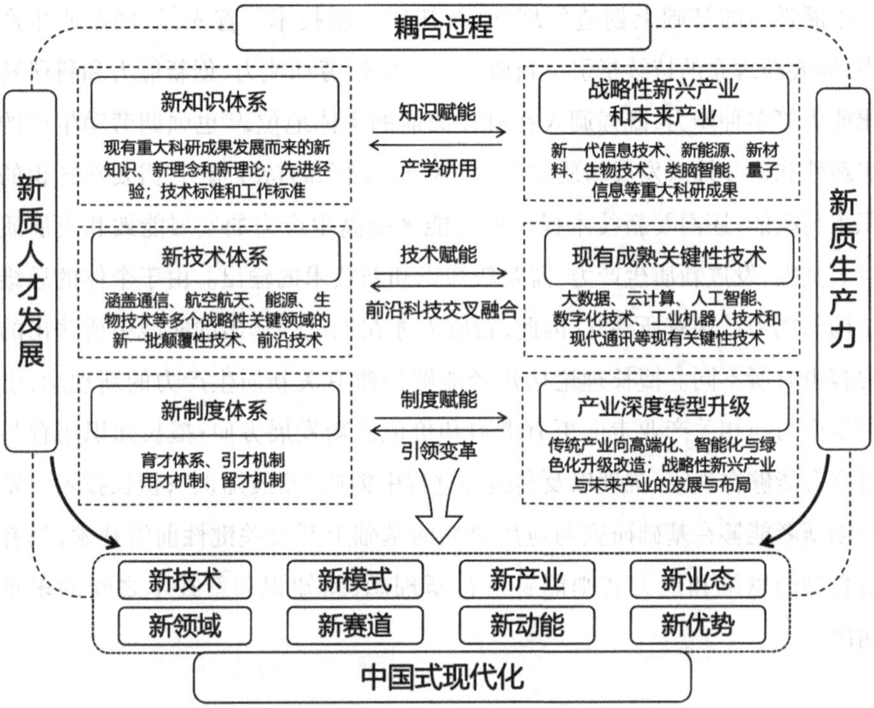

图4-2 新质人才发展与新质生产力的耦合逻辑分析框架

(一)新知识体系与战略性新兴产业及未来产业产生耦合

新质人才发展中的新知识体系是加快新质生产力培育的内在驱动力,也是新质生产力发展的理论根基,两者相互作用,形成耦合效应。这里的"新知识体系"主要包括新质生产力相关新技术背后的理论知识(技术原理)以及实际的技术操作知识、标准等,而在具体的类型划分上又可将其划分为三个主要类型。其一,新知识体系首要包含了新质人才所创造的新知识、新理念。在来源上,这些新知识主要源自前期的基础性研究、应用型研究以及开发型研究的成果,它们能够为未来的技术研发过程提供稳固的理论基础和正确的行动方向。其二,新知识体系也涵盖了新质人才在技术研发和新兴技术产业化过程中所凝结的先进经验。一方面,战略性新兴产业与未来产业的培育与发展是一块宝贵的“试验田”,这一过程需要大量资金、高水平稀缺人才、新兴技术等诸多高标准生产要素的投入,其产出具有不稳定性,试错成本高,但成果具有创新性、颠覆性。另一方面,这些先进经验也涵盖了战略性新兴产业的新型管理模式和产业化经验,譬如,关键性突破技术产业化时该如何进行产业布局?如何打造产业基础?这对未来前沿技术和创新性产品向产业化方向发展具有宝贵的参考价值。其三,新知识体系还涵盖了新质人才所打造的新兴产业的技术标准、工作标准和管理模式。从现实来看,战略性新兴产业与未来产业有着一定的差异,未来产业需要在关键性技术突破、持续迭代的基础上经过孵化成熟方有可能形成具体的产业形态和发展模式,并最终形成新的战略性新兴产业。这一过程离不开新兴产业发展所形成的技术标准、工作标准以及新型管理模式。譬如,量子技术属于前沿技术,虽目前尚未形成产业化态势,但将它应用到通信产业、计算机产业,进而形成具有稳定产业形态的量子通信产业、量子计算机产业,这一过程方为前沿技术产业化。① 总之,新质人才的新知识体系通过知识赋能来促进新质生产力的发展。

然而,我们不能一味地强调单向度培养新质人才来赋能新质生产力,还应充分挖掘现有的新质生产力基础和条件来赋能新质人才培养,持续壮大新质人才队伍,为创造更多颠覆性的科研创新成果和相关新知识持续发力。从科技创新到未来产业再到战略性新兴产业是一个连续的过程。② 因此,相关新知识的创造过程并非断层的,而是在原有的理论和前沿知识基础上进行持续的研究和创新。如何才能有效发展、扩大新质人才的新知识体系?这并不能脱离现有战略性新兴产业和未来产业的产业基础。现有战略性新兴产业和未来产业以掌握重大科研创新成果、前沿的知识和技术而形成竞

① 曾芮明杰. 前沿技术、未来产业与产业主体——对未来产业几个关键问题的加快发展新质生产力 扎实推进高质量发展理解[J]. 上海经济,2023,(4):1-9.

② 李晓华. 新质生产力的主要特征与形成机制[J]. 人民论坛,2023,(21):15-17.

争性发展优势为导向,这意味着这些前沿的成果具有一定的"知识壁垒"。为避免"闭门造车"的困境,加强新兴产业与前沿产业之间的人才交流、创新成果交流以及技术交流,推动新质人才在产学研方面的合作,有利于促进产业间的交叉融合创新,丰富新质人才在培育新质生产力的探索中创造更多新知识新理念、积累更多先进经验、打造更系统全面的技术标准与工作标准,从而不断壮大新质人才的新知识体系。

(二)新技术体系与关键性技术产生耦合

新质人才的新技术体系是加快新质生产力培育的外在驱动力,也是新质生产力发展的"加速器",两者相互作用,形成耦合效应。"新技术体系"是指由新质人才的最新科技成果转化而来的最前沿科技或未来一段时期内有望成功开发出来的前沿技术体系,涵盖通信、航空航天、材料、能源、生物工程等多个战略性关键领域。新兴产业与未来产业在发展上呈现出前沿科技交叉融合的特点。① 新质人才所研发出来的前沿技术并非完全能够独立发展、自成产业,而是要与新兴产业成熟的关键共性技术、现代工程技术等进行融合发展,才能得以有效转化为新的产品或服务,最终由未来产业逐渐发展为新兴产业,形成新的增长动能。从更广阔的视野上看,新一代信息技术、量子技术、芯片技术、新材料、新能源以及生物工程等一批新技术能够显著带动我国生产制造、生命健康、民生安全、环境优化等多个方面的经济发展,形成新质生产力。总之,新技术体系能够通过技术赋能来引领现有关键性技术的发展,助力营造良性的科技创新生态体系。

党的十九届四中全会提出,要构建我国的关键核心技术融合创新攻关体系,统筹国家战略科技力量,充分整合创新资源,逐步协同攻克我国重大科技难题。② 一项具有突破性的前沿技术的诞生并不是完全单独创造、一蹴而就的,而往往是由多种新兴技术、关键技术的交叉融合创新,经过层层技

① 石建勋,徐玲.加快形成新质生产力的重大战略意义及实现路径研究[J].财经问题研究,2024(1):3-12.

② 余江,管开轩,李哲,等.聚焦关键核心技术攻关强化国家科技创新体系化能力[J].中国科学院院刊,2020,35(8):1018-1023.

术试错所形成。前沿技术研发投入大、研发周期长,蕴藏丰富的缄默知识,应用生态有限且有待深入开发。因此,新质人才在最前沿技术的研发与突破上,离不开现有成熟关键性技术和现有重点产业资源的推动,如大数据、云计算、人工智能、数字化技术、工业机器人技术和现代通信等现有关键性技术。另外,现有关键技术的加持能够有效降低前沿技术前期的不稳定性,提高成功研发的可靠性,缩短整体的科研成果转化周期,迅速激发经济潜能,形成新质生产力。

(三)新制度体系与产业深度转型升级产生耦合

构建新质人才发展的新制度体系是加快我国产业转型升级、培育新质生产力的现实要求,两者相互作用,形成耦合效应。一方面,新质生产力的发展对知识型、技能型和创新型劳动者的需求庞大,①加之我国加快产业转型升级对高水平人才的迫切需求,将高水平人才发展工作提升到了前所未有的高度。另一方面,我国高水平人才总量不足、结构分布不均、评价体系僵化等诸多现实问题目前还难以突破,这些短板将会成为掣肘我国产业转型升级的最大阻力。对此,破除各类障碍,补足发展短板,提升产业发展与人才发展的融合度,做好新质人才培育制度建设是关键。构建新质人才培育的新制度体系,在制度上赋能产业转型升级,需涵盖"引才、育才、用才和留才"全方位的协同发展,通过创新"引才"和"育才"机制来不断壮大新质人才队伍,完善新质人才结构。同时,通过创新"用才"和"留才"机制来激发新质人才创新潜能,为产业转型升级持续带来新的活力和竞争力。首先,产业深度转型升级带来新需求,未来新质人才大有可为。产业深度转型升级是催生新质生产力的关键因素之一,这一过程既包括了推动传统产业向高端化、智能化与绿色化方向发展,也包括了加快发展战略性新兴产业与未来产业这一重要任务。在产业内部,要求推动产业技术革新和管理优化;在产业外部,要求加强相关产业之间的协同发展与跨界融合。其次,我国在传统

① 赵峰,季雷.新质生产力的科学内涵、构成要素和制度保障机制[J].学习与探索,2024(1):92-101+175.

产业的升级改造和战略性新兴产业与未来产业的布局上各有侧重，对新质人才的需求也各有差异。传统产业的升级改造主要涉及制造业领域，重在生产设备更新、制造工艺升级、数字赋能以及管理创新等方面，因此技术型人才最为稀缺，研发型和管理型人才次之；而战略性新兴产业与未来产业主要涉及高端制造、科技发明创新等领域，重在颠覆性技术突破与尖端制造等方面，因此研发型和技能型人才最为稀缺，而管理型人才次之。综合来看，推动我国产业结构调整与转型升级无不需要大量高水平的研发型、技能型和管理型人才。尽管产业转型升级对新质人才在数量需求上大，但在质量要求上高，因此不能漫无目的地发展新质人才。作为需求“靶标”，产业转型升级要充分做好人才发展的导向工作，推动产业链与人才链之间的动态匹配，对接顺畅。

第四节 新质人才催生新质生产力潜能的机制创新

（一）“慧眼识珠”：创新新质态选才机制

选才是人才管理的首要环节，创新选才机制，实质是通过人才制度为新质生产力赋能。推动新质生产力发展，要建立以能力为导向的人才选拔机制，建立起一个更加公平、全面的评价体系。一是要制定能力素质标准，通过对组织的战略理解、资料分析以及深度访谈等多种方法科学地构建人才的能力素质标准与任务管理风格指标。二是要采用多元化选拔方法，全面考查候选人的各项能力，同时，可以通过 KSAO 模型（Knowledge、Skill、Ability、Other）来量化评估候选人的能力。三是要建立市场化的人才选聘及配置机制，优化队伍结构，为企业发展引入所需人才。四是要在选拔过程中，应打破传统的“唯学历论”，更加注重候选人的实际能力和潜力。

（二）“筑巢引凤”：创新新质态引才机制

“栽下梧桐树，引得凤凰来。”在创新人才引进机制上，关键是要构建一个包容性、灵活性和激励性相结合的人才发展环境。包容性方面，需要打破传统的人才引进壁垒，强化新质生产力的需求导向，以开放的心态引进顶尖人才和高层次人才，通过简化签证政策、提供更加包容的工作环境以及提供适当的社会保障福利等来吸引全球范围内的顶尖人才。灵活性方面，需要加强人才引进的规划和整体布局，确立一套灵活的人才引进政策，“因地制宜”“广开门路”。不同层次、不同需求的人才可以根据所属领域选择不同的引进方式，如专家顾问、全职研究员、项目合作等。激励性方面，需要建立双轨制晋升机制，让不同特质的人才都有成长空间。另外，还要建立差异化激励体系。

（三）“深渊育龙”：创新新质态育才机制

习近平总书记强调，要“高度重视产学研结合和实体经济发展”，深化产教融合，这是国家发展的重要战略。教育能够为尖端科技研发与转化提供人才支撑，其实质是通过知识对新质生产力发展赋能。① 要推动产学研用相结合，充分发挥企业、政府、高校三方作用，加强三方融合，推动企业人才、科技人才与高校、科研院所联合开展项目攻关，开发新产品、新技术、新成果，实现产学研用一体合作，推动新质生产力发展。地方企业要加强与大专院校和科研院所的联系，建立密切的技术依托单位关系，并依靠这些科研院所的人才优势，发展地方产业，推进地方产业优势和大学专业优势“强强联合”，实现教育链、人才链与产业链、创新链的有机衔接，培养支持经济产业发展的高素质应用型、复合型、创新型人才，这是推动新质生产力发展的重要路径。创新育才机制，要注意以下方面：

一是创新“企业 + 政府 + 高校”多方合作的产教融合模式，建立产业学院。企业方面，企业负责承担产业学院的硬件设施投入，包括校区征地、基本建设、办公设施、教学与实验设备等，提供各项基础设施，负责打造优美办学环境，确保满足办学需求。政府方面，完善人才治理体系，建立优化相关人才政策。企业负责承担产业学院新引进高层次人才的一次性人才引进经

① 姜朝晖，金紫薇. 教育赋能新质生产力：理论逻辑与实践路径[J]. 重庆高教研究，2024，12(1)：108－117.

费，政府提供高层次人才的属地事业编制，用于产业学院解决新引进硕士研究生管理服务人员、学工队伍、实验人员等所需编制，学院所有引进人才皆按相关政策享受人才待遇。高校方面，运营由高校主导。高校负责成立办学团队，负责对产业学院进行办学管理，履行办学主体职责。积极探索“校企联合”“校园联合”等多种合作办学模式，增强产业学院自我发展能力，实现产业学院可持续、内涵式创新发展，筑牢“凤栖巢”。

二是创新人才培养模式，实现教育链、人才链和产业链、创新链的有机衔接。坚持服务产业为要，做好不同产业发展需求的主动对接，人才培养模式的积极创新，促进教育链、人才链、产业链和创新链的有机衔接。在办学模式上，以本科和研究生学历教育为主，大数据技能认证和行政企事业单位短期培训等为补充，积极开展企业、政府、高校多方合作的应用课题攻关及技术创新研究；在专业设置上，立足产业发展需求，重点设置计算机科学与技术、网络安全、人工智能、物联网、动画等与产业紧密相关的应用型学科专业，推动专业集群式发展；在培养特色上，学生培养实行双导师制，与企业开展产学研合作，拓宽学生实习实践平台，提高学生实操能力，为地方企业定向培养，服务地方经济。

三是注重实践，深化产教融合。产教融合是连接人才供给侧与需求侧的纽带。① 围绕地方产业应用转化、技术研究重难点，发挥师资力量、领域成果、产业潜力、市场需求等资源优势，不断拓宽校企合作深度、广度。一方面，让学校教师走出去，学校通过企业看市场、看应用、看前沿，不断优化学科专业；另一方面，把企业导师引进来，让企业深度参与学校实践性教学环节设计，让学生感受最前沿的信息技术和应用案例，推进理论与实践深度融合，努力培养出更多的实用型、技能型、专业型人才。

（四）“举贤任能”：创新新质态激励机制

新质生产力发展背景下，各地区应根据地区特点，创新用才机制显得尤

---

① 李玉倩. 新质生产力视角下行业产教融合共同体建设逻辑与路径[J]. 南京社会科学，2023(12)：122－129.

其重要。比如,在农村地区,可建立“博士村长”制度、积极探索“名誉村主任”模式等。在经济强村探索聘请“名誉董事长”,文明新村可探索聘请“先锋队队长”,治理强村可探索聘请“乡贤大村长”,宜居美村可探索聘请“乡村规划师”等新质态用才机制。同时,也要注重创新人才激励机制,比如,构建特殊的薪酬体系和激励机制,为高水平人才提供具有竞争力的薪酬待遇和丰富多样的职业发展机会,以“服务”留人才,做好人才服务工作,激发他们的工作激情和创新动力。此外,还可设立特殊奖励制度,对在新质生产力重点领域做出突出贡献的人才进行重点奖励和表彰,进一步增强高水平人才的归属感和荣誉感。

(五)“稷下学宫”:创新新质态留才机制

推动新质生产力的发展,平台是重要载体。因此,搭建新质人才科技创新发展平台是“留才”的重要内容。一方面,要依托高校及研究院所的科技人才和技术优势,借助民营企业的市场运作与企业管理经验,共同设立专注于关键技术领域前沿、关键和核心技术研究、成果转化以及产业化推广的科技研发实体。另一方面,要搭建新质人才科技创新发展平台,加强科技人才平台服务建设,以平台形成人才“虹吸效应”。围绕技术培训、技术示范、品牌建设、信息服务和产业处理,加强产业整个服务网络平台建设,建立产业信息网。在抓好硬件设施建设的同时,突出相关软件系统的协调发展,以服务留才,从产业的产前、产中、产后各个层面提升公共服务水平,让科技人才能够在一个大的平台上实现信息资源共享,以实现简便、快捷、高效的服务。

第五章
科技人才流动的多维影响因素及引导策略研究

20 世纪以来,科技进步极大地推动了社会经济的发展,对科技日渐强化的依赖,也使得各国之间由自然资源和资本资源的争夺转为了人力资源的争夺,尤其是科技人才。人才作为第一资源,就需要合理地配置和充分地流动,只有这样才能提高人才的配置效率,促进科技知识的转移扩散和创新发展。对科技人才流动的多维动因研究,本书主要以江西省为例,针对江西省科技人才展开调研。

第一节　科技人才流动意愿调查

一、研究设计与数据收集

(一)调研对象

本次选择江西省科技人才为调查对象,对江西省的各地区科技人员展开调研,以了解江西省的科技人才的意愿。

(二)调研样本

本次收集问卷 659 份,通过对问卷的筛选,剔除一些填写时间过短、前后矛盾或填写不完整的问卷，共筛选出有效问卷576份，问卷有效回收率为87.4%。

（三）问卷设计

在设计调查问卷之前，通过查阅关于科技人才流动影响因素的文献，并深入分析了文献中的问卷，综合分析各个不同问卷量表的异同项，最后凝练出本研究的调查问卷。问卷中所设的题项是来自已有的文献，并在实践中证实这些问题是具有信度和效度的。在初步设计好问卷后，随机选取了一些科技人员进行预调查，并根据他们的反馈结果对问卷进行了修改，最终形成了正式的调查问卷。

问卷一共分为三个部分，第一部分是个人基本情况，包含人口统计学上的性别、年龄、文化水平、婚姻状况等个人基本特征。第二部分是人才流动意愿及满意度调查，包含科技人才的流动意愿和个人、组织、社会三个层面的满意度情况，第三部分是政策评价情况，调查科技人才对江西省人才政策的看法。

（四）问卷发放与数据收集

为了保证问卷结果的真实性和有效性，调查采用熟人引荐的方式，并通过滚雪球的抽样方法扩大样本量。通过联络熟人，尽可能将问卷覆盖全省各个市区，从结果来看，江西省赣州市、南昌市接受调查的人数较多，其他市区较少，但也有所涉及。

（五）问项编码

为后面进一步分析，我们对影响科技人才流动意愿的个人特征因素进行编码，见表5-1。

表5-1 影响科技人才流动意愿的个人特征因素编码

个人特征因素	A1	性别
	A2	年龄
	A3	婚姻状况
	A4	文化水平
	A5	职务级别
	A6	技术等级

同时,我们对科技人才工作满意度因素进行归类和编码,见表5-2。

表5-2 影响科技人才工作满意度因素的归类和编码

个人因素	B601	收入和福利待遇
	B602	职业发展前景
	B603	工作中个人才能发挥
	B604	工作所带来的成就感/荣誉感
	B605	照顾家庭或解决问题的情况
组织因素	B606	工作环境情况
	B607	同事人际关系
	B608	领导管理风格
	B609	公司管理条例与规章制度
	B610	公司绩效考评与激励制度
	B611	企业文化情况
	B612	企业发展前景
社会因素	B613	区域经济发展
	B614	政府服务情况
	B615	户籍制度情况
	B616	人才政策情况
	B617	住房保障情况
	B618	社会保障制度
	B619	城市文化环境

二、江西省科技人才流动意愿分析

(一)个人特征的描述性分析

从调查样本的情况来看,男性样本量比女性样本量要多,样本的年龄集中在39岁及以下,50岁及以上的样本量较少;从婚姻状况来看,大多数是已婚人员;在文化水平方面,以本科和大专为主;而职位等级和技术等级方面,以中层、基层为主。整体上来说，比较符合江西省科技人才的总体状况，详见表5－3。

表5－3 样本的基本情况

基本情况		频率	百分比	累计百分比
性别	男	343	59.5%	59.5%
	女	233	40.5%	100.0%
年龄	30岁以下	198	34.4%	34.4%
	30～39岁	226	39.2%	73.6%
	40～49岁	117	20.3%	93.9%
	50岁及以上	35	6.1%	100.0%
婚姻状况	未婚	205	35.6%	35.6%
	已婚	371	64.4%	100.0%
文化水平	大专以下	46	8.0%	8.0%
	大专	192	33.3%	41.3%
	本科	208	36.1%	77.4%
	硕士	95	16.5%	93.9%
	博士	35	6.1%	100.0%
职位级别	基层	217	37.7%	37.7%
	中层	318	55.2%	92.9%
	高层	35	6.1%	99.0%
	其他	6	1.0%	100.0%
技术等级	基层	153	26.6%	26.6%
	中层	330	57.3%	83.95%
	高层	87	15.1%	99.0%
	其他	6	1.0%	100.0%

（二）流动情况及流动意愿情况

1. 工作单位更换情况

从参加工作后的流动情况来看，绝大多数人参加工作后都更换过工作单位，见图5－1。从样本统计情况来看，其中有54.3%的人更换次数为1～2次，40.1%的人更换次数为3～4次，有5.6%的人更换次数在5次及以上，见图5－2。可见，科技人才由于自身的特点，流动还是较为频繁的。

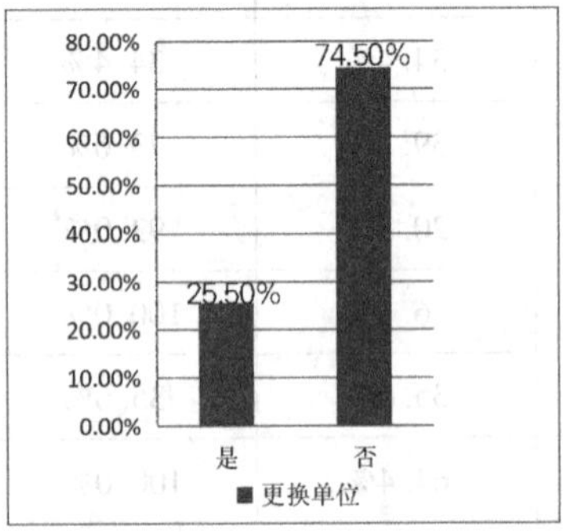

图5－1 更换单位情况

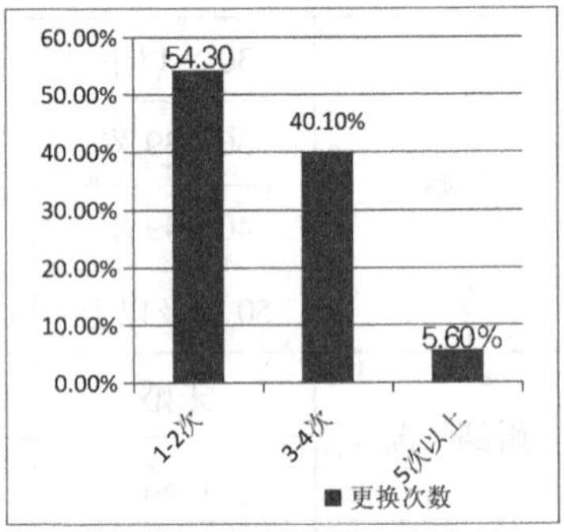

图5－2 更换次数情况

2. 科技人才流动意愿强度及原因

从流动意愿的调查情况来看，目前在江西省工作的科技人才流动意愿比较强烈，就数量来说，有424人表示目前有流动意愿，其中有377人，占总人数88.9%的人员意向流动地区是省外发达地区，只有47人意向在江西省内地区流动。通过对流动原因的调查发现，工作压力大、收入待遇低、家庭有困难是科技人才流动的三大主要原因，见图5－3。

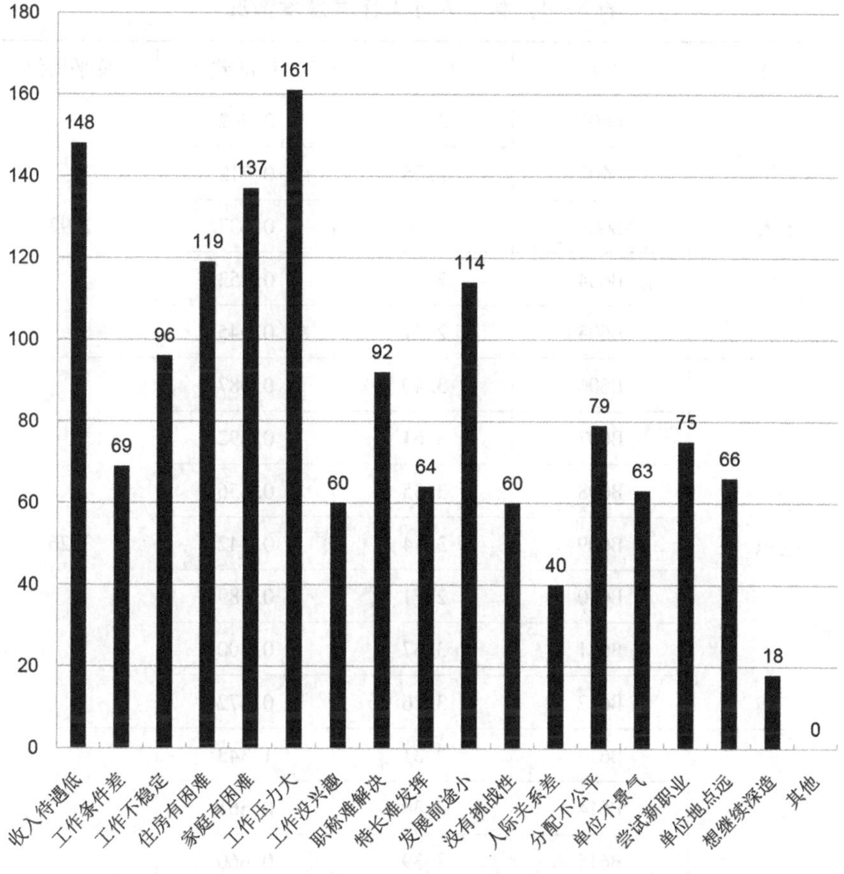

图 5－3 流动原因频率

3. 科技人才对工作的满意度

通过数据分析可知，从科技人才对目前工作各方面的满意度情况来看，在个人、组织、社会三个维度中，江西省科技人才对组织维度的满意度最高，其次是社会维度，最后是个人维度，见表 5－4。

表5-4 科技人才工作满意度情况

维度	项目	平均值	标准差	总平均值
个人	B601	2.73	0.942	2.92
	B602	3.05	0.712	
	B603	3.26	0.637	
	B604	2.83	0.853	
	B605	2.71	0.945	
组织	B606	3.40	0.687	3.26
	B607	3.61	0.692	
	B608	3.35	0.656	
	B609	3.14	0.742	
	B610	2.71	0.889	
	B611	3.37	0.600	
	B612	3.26	0.672	
社会	B613	2.31	1.343	3.22
	B614	3.30	0.661	
	B615	3.39	0.660	
	B616	3.27	0.788	
	B617	3.30	0.742	
	B618	3.33	0.710	
	B619	3.63	0.708	

总的来看,目前在江西省工作的科技人才在三个维度的满意度评价接近“一般”,这说明江西省科技人才对现在工作的各个方面都不是特别满意。从单项来看,江西省科技人才满意度最低的是区域经济发展情况,其次是照顾家庭情况、组织绩效考核制度和薪酬福利待遇情况;最满意的是城市文化环境情况和组织间的人际关系情况。

(四)流动意愿的交叉分析与政策评价

为进一步探究江西省科技人才流动意愿的情况，将江西省科技人才的流动意愿与性别等做交叉分析，详见表5－5。从性别来看，样本男性共有343人，女性共有233人，其中有流动意愿的男性人数为261人，女性为163人。从年龄段来看，样本量最多的是30～39岁，总人数有226人，其中有流动意愿的为210人，占比92.92%；其次是30岁以下的人，样本量为198人，其中121人流动意愿强烈。从婚姻状况来看，已婚的科技人才明显比未婚的人员流动意愿强烈，已婚人员中有291人表示有比较强烈的流动意愿，而未婚人员中也有133人表示愿意流动。

从文化水平上看，大专和本科的人数最多，流动人数也最多，其中流动意愿强的大专学历的科技人员达168人，本科学历的有149人。硕士和博士研究生人数少，因而有流动意愿的人数从绝对量来看也比较少。从职务等级和技术等级来看，中层、基层人员的流动意愿是最强烈的，而在职务等级和技术等级上处于高层的科技人才流动意愿较弱，选择不流动的人数多于选择流动的人数。

表5－5　流动意愿与个人特征的交叉分析

特征及类别		流动意愿		总计
		否	是	
性别	男	82	261	343
	女	70	163	233
年龄	30岁以下	77	121	198
	30～39岁	16	210	226
	40～49岁	24	93	117
	50岁及以上	35	0	35
婚姻状况	未婚	72	133	205
	已婚	80	291	371

续表

特征及类别		流动意愿		总计
		否	是	
最高学历	大专以下	12	34	46
	大专	24	168	192
	本科	59	149	208
	硕士研究生	45	50	95
	博士研究生	12	23	35
职务等级	基层	66	151	217
	中层	63	255	318
	高层	23	12	35
	其他	0	6	6
技术等级	基层	48	105	153
	中层	46	284	330
	高层	58	29	81
	其他	0	6	6

根据对江西省人才政策与人才流动看法的调查结果可知,绝大多数的科技人才都认为目前江西省科技人才流动状况不太合理,科技人才流动的频率较高,并认为江西省目前实施的人才政策对科技人才的吸引力一般。在挽留人才方面,大多数组织采用的方式都是待遇留人,而情感留人和事业留人的方式使用得非常少,也有许多组织不会对科技人才进行挽留。在促进科技人才发展方面,绝大多数的科技人才认为应该改变科技人员的评价机制、重用青年科技人才、支持科技人员创业,并在科研经费使用方面赋予科技人员更多的自主权。

第二节 科技人才流动多维动因的实证研究

一、科技人才流动的影响变量选取

结合人才流动的理论和国内外关于人才流动的研究，本研究从个人层面、组织层面、社会层面三个方面选择科技人才流动影响因素变量。这些因素包含了影响科技人才流动的各个潜在原因，其中，个人层面包含性别、年龄、婚姻状况、职务和技术等级等个人特征情况，也包括个人价值实现与家庭利益等因素；组织层面包含工作环境和条件、规章制度、领导风格、人际关系等因素；社会层面包括区域经济发展、人才政策、社会保障、城市文化等政治、经济、文化因素。

二、量表的信度与效度检验

（一）信度检验

运用 SPSS 软件对流动影响因素的量表进行分析，根据结果可知，问卷量表的 α 系数为 0.943，大于 0.7 的标准，且删除任何一个题项后的 α 系数都小于或等于 0.943，不会增加量表的整体系数，可见问卷具有良好的内部一致性，问卷具有良好的信度，见表 5－6。

表 5－6　信度分析结果

项目	相关系数	项已删除的 α 系数	克隆巴赫系数
B601	0.492	0.943	0.943
B602	0.762	0.938	
B603	0.714	0.939	
B604	0.724	0.938	
B605	0.683	0.939	
B606	0.675	0.940	
B607	0.658	0.940	

续表

项目	相关系数	项已删除的 α 系数	克隆巴赫系数
B608	0.606	0.941	0.943
B609	0.698	0.939	
B610	0.786	0.937	
B611	0.637	0.940	
B612	0.700	0.939	
B613	0.791	0.939	
B614	0.656	0.940	
B615	0.664	0.940	
B616	0.723	0.939	
B617	0.651	0.940	
B618	0.680	0.939	
B619	0.504	0.942	

(二)效度检验

根据 SPSS 的分析结果,KMO 系数值为 0.896,大于 0.7 的标准,可知数据具有较强的相关性,适合进行下一步实证分析。另外,巴特利特球形检验的卡方值为 9165.056,P 值小于 0.05,数据分析具有意义,见表 5-7。

表 5-7 KMO 与 Bartlett 球度检验

KMO 抽样适度性测定值		0.896
Bartlett 球形检验	近似卡方值	9165.056
	df	0.171
	P 值	0.000

三、流动意愿影响因素模型分析

(一)因素相关性分析

为探究变量之间的相关性程度,利用SPSS软件做Pearson相关性分析,剔除与流动意愿不强或者无显著相关关系的变量。结果显示,在0.01的显著性水平下,除性别、年龄、职务等级三个变量外,其他变量都与流动意愿存在着线性关系,见表5-8。

表5-8 各影响因素的相关性分析

题项	相关性	数值
A1	皮尔逊相关系数	-0.068
	Sig. (2-tailed)	0.101
A2	皮尔逊相关系数	-0.088*
	Sig. (2-tailed)	0.034
A3	皮尔逊相关系数	0.147**
	Sig. (2-tailed)	0.000
A4	皮尔逊相关系数	-0.205**
	Sig. (2-tailed)	0.000
A5	皮尔逊相关系数	-0.012
	Sig. (2-tailed)	0.779
A6	皮尔逊相关系数	-0.142**
	Sig. (2-tailed)	0.001
B601	皮尔逊相关系数	-0.495**
	Sig. (2-tailed)	0.000
B602	皮尔逊相关系数	-0.569**
	Sig. (2-tailed)	0.000

续表

题项	相关性	数值
B603	皮尔逊相关系数	-0.484
	Sig.（2-tailed）	0.000
B604	皮尔逊相关系数	-0.718**
	Sig.（2-tailed）	0.000
B605	皮尔逊相关系数	-0.674**
	Sig.（2-tailed）	0.000
B606	皮尔逊相关系数	-0.418**
	Sig.（2-tailed）	0.000
B607	皮尔逊相关系数	-0.367**
	Sig.（2-tailed）	0.000
B608	皮尔逊相关系数	-0.417**
	Sig.（2-tailed）	0.000
B609	皮尔逊相关系数	-0.573**
	Sig.（2-tailed）	0.000
B610	皮尔逊相关系数	-0.687**
	Sig.（2-tailed）	0.000
B611	皮尔逊相关系数	-0.436**
	Sig.（2-tailed）	0.000
B612	皮尔逊相关系数	-0.482**
	Sig.（2-tailed）	0.000
B613	皮尔逊相关系数	-0.651**
	Sig.（2-tailed）	0.000
B614	皮尔逊相关系数	-0.390**
	Sig.（2-tailed）	0.000

续表

题项	相关性	数值
B615	皮尔逊相关系数	-0.383**
	Sig. (2-tailed)	0.000
B616	皮尔逊相关系数	-0.467**
	Sig. (2-tailed)	0.000
B617	皮尔逊相关系数	-0.439**
	Sig. (2-tailed)	0.000
B618	皮尔逊相关系数	-0.529**
	Sig. (2-tailed)	0.000
B619	皮尔逊相关系数	-0.280**
	Sig. (2-tailed)	0.000

*:相关性在0.05水平上显著(双侧)。

**:相关性在0.01水平上显著(双侧)。

2. 影响因素分析过程

基于信效度分析和相关性分析,已经了解到哪些因素会对科技人才流动意愿产生影响,但是根据以上分析,并不能准确地反映各个自变量对流动意愿的影响强弱程度,为进一步探究其关系,现运用多元线性回归方法变量进行更精确地分析。利用SPSS软件对各个变量采用步进回归分析法,将自变量逐个引入方程,并对引入的自变量进行检验,直至再无新的变量引入或剔除。本次回归各个自变量进入的次序如表5-9:

表5-9 输入/进去的变量[a]

模型	变量输入	变量删除	模型
1	B604	.	步骤(标准:F发生爆炸的概率≤0.050,F发生移动的概率≥0.100)
2	B609	.	
3	A3	.	

续表

模型	变量输入	变量删除	模型
4	B605	.	步骤(标准:F 发生爆炸的概率≤0.050,F 发生移动的概率≥0.100)
5	A6	.	
6	B613	.	
7	B618	.	
8	A4	.	

a:独立变量:流动意愿。

根据逐步回归模型的运作策略,一共经过了 8 步完成了变量的引入或剔除。如表 5-10 的模型摘要所示,随着自变量的不断引入,R^2 值和调整后的 R^2 值在不断地增加,模型能够解释的概率不断增加。到第 8 步后,调整后的 R^2 值为 0.655,说明模型的解释度较高。

表 5-10　模型摘要

模型	R	R 方	调整后 R 方	标准估算的误差
1	0.718	0.515	0.515	0.307
2	0.750	0.563	0.561	0.292
3	0.771	0.595	0.592	0.282
4	0.792	0.628	0.625	0.270
5	0.804	0.646	0.643	0.264
6	0.808	0.653	0.650	0.261
7	0.810	0.657	0.653	0.260
8	0.812	0.660	0.655	0.259

在模型的显著性方面,如表 5-11 所示,根据 SPSS 的分析结果可知,在显著性水平 $\alpha=0.05$ 的情况下,回归方程显著性检验的 P 值均小于 0.05,说明因变量与自变量之间存在着明显的线性关系,建立回归方程有意义。

表 5 - 11 模型检验(ANOVA)

模型		平方和	自由度 df	均方值	F	显著性 Sig.
1	回归	57.677	1	57.677	610.682	0.000
	残差	54.212	574	0.094		
	总计	111.889	575			
2	回归	62.986	2	31.493	369.013	0.000
	残差	48.902	573	0.085		
	总计	111.889	575			
3	回归	66.520	3	22.173	279.558	0.000
	残差	45.369	572	0.079		
	总计	111.889	575			
4	回归	70.243	4	17.561	240.774	0.000
	残差	41.646	571	0.073		
	总计	111.889	575			
5	回归	72.246	5	14.449	207.757	0.000
	残差	39.643	570	0.070		
	总计	111.889	575			
6	回归	73.090	6	12.182	178.652	0.000
	残差	38.798	569	0.068		
	总计	111.889	575			
7	回归	73.489	7	10.498	155.293	0.000
	残差	38.399	568	0.068		
	总计	111.889	575			
8	回归	73.837	8	9.230	137.530	0.000
	残差	38.052	567	0.067		
	总计	11.889	575			

经过前面的分析，最终得到了江西省科技人才流动意愿影响因素的线性回归分析结果，如表5－12所示。在显著性水平 $\alpha=0.05$ 的情况下，线性回归方程的P均小于0.05，因此进入模型的自变量与因变量之间有很强的相关性，并且能够很好地解释因变量的变化。

表5－12 流动意愿影响因素分析结果

模型		非标准化系数		标准化系数	t	显著性 Sig.
		B	标准差	Beta		
1	（常数）	1.785	0.044		40.260	0.000
	B604	－0.371	0.015	－0.718	－24.712	0.000
2	（常数）	2.063	0.055		37.551	0.251
	B604	－0.298	0.017	－0.577	－17.539	0.000
	B609	－0.154	0.020	－0.259	－7.888	0.000
3	（常数）	2.477	0.081		30.091	0.000
	B604	－0.350	0.018	－0.677	－19.303	0.000
	B609	－0.143	0.019	－0.241	－7.569	0.000
	A3	－0.184	0.028	－0.200	－6.675	0.000
4	（常数）	2.517	0.078		32.123	0.000
	B604	－0.260	0.021	－0.503	－12.103	0.000
	B609	－0.113	0.019	－0.190	－6.043	0.000
	A3	－0.204	0.027	－0.221	－7.669	0.000
	B605	－0.132	0.019	－0.283	－7.145	0.000
5	（常数）	2.575	0.073		33.323	0.000
	B604	－0.275	0.021	－0.532	－13.008	0.000
	B609	－0.108	0.017	－0.182	－5.945	0.000
	A3	－0.303	0.018	－0.329	－9.510	0.000
	B605	－0.185	0.032	－0.343	－8.522	0.000
	A6	－0.160	0.019	0.169	5.367	0.000

续表

模型		非标准化系数		标准化系数	t	显著性 Sig.
		B	标准差	Beta		
6	（常数）	2. 541	0. 077		32. 953	0. 000
	B604	-0. 238	0. 023	-0. 461	-10. 179	0. 000
	B609	-0. 092	0. 019	-0. 154	-4. 909	0. 000
	A3	-0. 330	0. 033	-0. 359	-10. 166	0. 000
	B605	-0. 140	0. 020	-0. 300	-7. 164	0. 000
	A6	0. 107	0. 021	0. 163	5. 214	0. 000
	B613	-0. 054	0. 015	-0. 166	-3. 519	0. 000
7	（常数）	2. 598	0. 080		32. 364	0. 000
	B604	-0. 235	0. 023	-0. 454	-10. 042	0. 000
	B609	-0. 087	0. 019	-0. 147	-4. 685	0. 000
	A3	-0. 308	0. 034	-0. 335	-9. 148	0. 000
	B605	-0. 135	0. 020	-0. 289	-6. 889	0. 000
	A6	0. 108	0. 020	0. 164	5. 261	0. 000
	B613	-0. 042	0. 016	-0. 128	-2. 597	0. 010
	B618	-0. 048	0. 020	-0. 078	-2. 429	0. 015
8	（常数）	2. 524	0. 086		29. 269	0. 000
	B604	-0. 230	0. 023	-0. 446	-9. 865	0. 000
	B609	-0. 084	0. 019	-0. 141	-4. 485	0. 000
	A3	-0. 290	0. 034	-0. 315	-8. 418	0. 000
	B605	-0. 141	0. 020	-0. 303	-7. 173	0. 000
	A6	0. 096	0. 021	0. 146	4. 561	0. 000
	B613	-0. 047	0. 016	-0. 142	-2. 860	0. 004
	B618	-0. 051	0. 020	-0. 082	-2. 570	0. 010
	A4	0. 029	0. 013	0. 065	2. 227	0. 023

根据以上分析结果，可知江西省科技人才流动意愿与工作所带来的成就感和荣誉感、组织管理条例和规章制度、婚姻状况、家庭利益、个人技术等级、区域经济发展、社会保障、学历有关，设这些因素分别为 X_1、X_2、X_3、X_4、X_5、X_6、X_7、X_8，流动意愿为 Y，则根据表中自变量的回归系数和常量可以得到江西省科技人才流动意愿的回归预测方程：

$$Y = 2.524 - 0.23X_1 - 0.084X_2 - 0.29X_3 - 0.141X_4 + 0.096X_5 - 0.047X_6 - 0.051X_7 + 0.029X_8$$

对上述方程进行标准化处理，得标准化回归预测方程：

$$Y = -0.446X_1 - 0.141X_2 - 0.315X_3 - 0.303X_4 + 0.146X_5 - 0.142X_6 - 0.082X_7 + 0.065X_8$$

三、研究结论与分析

（一）个人层面

江西省科技人才的流动意愿受个人层面的影响因素较大。在八个主要影响因素中，其中五个都是个人层面的影响因素。从结果来看，可得出以下结论：

科技人才更加注重工作所带来的成就感和荣誉感。对于具有高知识的科技人才，工作更多的是为了获得一种成就感。从回归的系数结果来看，工作所带来的成就感和荣誉感系数为 -0.23，这说明科技人才对工作的成就感和荣誉感越不满意，科技人才的流动意愿就越强。结合前面的满意度分析，发现江西省科技人才这一方面的满意度为 2.83，这表明目前江西省科技人才在工作时的成就感不强。

回归分析结果与交叉分析结果在婚姻对科技人员流动意愿影响方面出现了一致性。可能的原因是回归分析中婚姻变量受其他因素影响。从回归结果来看，婚姻状况和照顾家庭的系数分别是 -0.29 和 -0.141，未婚的科技人才由于不需要着重考虑解决自身家庭问题，因而他们更趋向于寻找到适合自己的工作。而已婚的科技人才由于考虑到家庭因素，更趋向于一个稳定状态，流动意愿较弱。当然，如果工作不能很好地照顾到家庭利益，人才还是会产生流动。就目前结果来看，江西省科技人才在工作为家庭解决困难方面仍然不够满意。

具有高学历和高技能的人才流动概率大。根据结果可知，学历和个人技术等级的回归系数是 0.029 和 0.096,这说明随着学历的增加,人才的流动概率也会增加,这符合文化水平越高,流动意愿也越大的说法。个人技术等级同样如此,科技人才的专业技能越高,在劳动力市场上的稀缺程度也越高,其选择机会也越多,流动意愿也越强。对于江西省而言,高学历高技能人才是江西省人才计划的重点引才对象,也是推动江西省经济社会发展的核心人才队伍,必须给予足够重视,努力做好江西省的人才储备工作。

(二)组织层面

从结果来看,公司管理条例与规章制度的回归系数为 -0.084,公司管理条例和规章制度的不合理会引起科技人才对组织的不满,从而促使他们产生流动的念头。对于科技人才来说,科技产出和贡献应该是评价其工作的主要标准,在规章制度方面,过多的束缚不利于工作的展开。由于科技人才自身的特点,在规章制度方面,可以有一定的弹性。

(三)社会层面

区域经济发展会影响科技人才的流动意愿,对一个地区的经济发展越不满意,人才流动意愿越强。虽然在追求价值多元化的今天,经济收入不再是科技人才工作唯一的追求目标,但是经济收入也确实是科技人才工作价值的一个体现。一个地区的经济发展情况与个人收入息息相关,经济发展情况好,对人才的吸引力也越大。就结果来看,区域经济发展的系数为 -0.047,科技人才流动意愿与区域经济发展满意度成反比。就现实情况而言,江西省的经济发展情况长期处于中下游水平,对科技人才的吸引力自然不如发达地区。

社会保障服务与科技人才流动意愿有关。一个地区的社会保障服务做得越好,人才越不愿意流动。对于科技人才而言,除了在工作中体现价值,对地区社会保障服务的追求也是他们产生流动意愿的主要原因之一。回归结果显示,社会保障服务系数为 -0.051,即对社会保障服务越不满意,科技人才流动意愿越强。在各地争夺人才的时刻,要想留住人才,就要为人才提供更好的社会保障服务。

第三节　科技人才回流的引导策略

一、政府层面

(一)打造特色产业,促进经济发展

区域经济发展是影响科技人才流动的主要因素之一。江西省的经济发展水平增速快,但经济总量长期处于全国的“洼地”,严重制约人才的引进与发展。因此必须坚决贯彻落实中部崛起发展战略,以建设内陆型开放经济试验区为契机,加大招商引资的步伐,通过引进国内外资本搞活区域经济,将江西省的资源优势和区位优势转化为经济优势,缩小与经济发达地区的经济差距。经济的发展依赖于产业的蓬勃发展,在各地推动产业结构转型的过程中,江西要发挥自身的优势,准确把握自身的特色,大力发展具有创新性和前瞻性的产业,在产业发展上实现弯道超车。以业引才,以才助业,人才的引进与产业的发展调整是相互作用的,要通过引进人才实现技术进步,推动产业的升级优化,促进江西经济又好又快发展,为科技人才的引进创造一个良好的经济环境。

(二)实施多元引才,构建区域联盟

从各省出台的人才政策中发现,各地区吸引人才的措施不外乎户口、房子、金钱、荣誉等,措施和方法都比较雷同。同时由于区域经济发展不平衡的长期存在,在相同条件下,经济发达地区的户口和房子显然更具含金量,长此以往,必然陷入人才争夺的马太效应,即经济发达地区的科技人才越来越多,经济欠发达地区的科技人才反而越来越少,江西省作为经济欠发达地区,可以尝试改变引才思路,推行多元引才计划,除了常规引才措施外,还可以考虑建立区域间的人才联盟。从区位来看,作为“吴头楚尾,粤户闽庭”的江西省优势明显,而且环江西省份的科技人才数量众多,可以考虑与长三角或珠三角寻求建立人才联盟,或者与湖北、湖南等省份成立区域人才联盟,这样能在不改变科技人才所属地区的情况下,借助其他省份人才的力量,放大科技人才效应,推动各省发展。

（三）加大政策优惠,营造良好环境

科技人才在追求经济报酬和工作成就感等价值的同时,舒适的生活环境和良好的社会服务也是他们在流动时着重考虑的因素。要想在激烈的人才争夺中吸引并留住科技人才,那么政府政策制定就应该以人为本,符合科技人才的实际需求。为科技人才营造一个良好的生活软环境。根据调查结果来看,许多科技人才对江西省目前的人才政策和社会保障服务的满意度有待提升,在比较安徽省政策后,我们发现江西省的人才政策优惠偏向于对项目的资助,而对中低层次的人才个人优惠力度不够,在社会保障、住房保障、子女教育、配偶工作等方面没有很明确的规定,未来需要在这些方面给予更多的关注和重视。

（四）优化人才结构,激发人才活力

一方面要注重层次结构,科技人才队伍建设除了需要高层次领军人才,还需要许多的中、低层次的科技人才在项目落地实施中发挥作用。从江西省目前的科技人才现状来看,江西省科技人才队伍是一种金字塔形结构,即高、中层次的科技人才较少,人才结构不太合理。而人才政策更多地关注高层次人才,对中层次的科技人才重视不够,但中层次人才往往是推动科技进步发展的主要力量之一,因此在重视高层次人才引进的同时也要注重其他层次的人才。另一方面要注重年龄结构,江西省目前许多高级职称的科技人才年龄较大,组织人才机构整体呈现老化状态,因此政府在引进人才的时候要更多地关注一些具有潜力的青年科技人才,给予他们施展才华的机会和平台,激发江西省科技人才的活力。

（五）注重人才培养,提高人才素质

通过对江西省科技人才队伍现状的研究发现目前江西省高学历的科技人才还比较少,人才的整体素质还有待加强。所以政府应从人才培养的角度出发,探索建立起由高校、科研院所、企业等联合培养人才的机制,加强各个组织之间的合作和交流,相互借鉴,提高科技人才的综合素质。在培养对象上,除了加强对外来人才的培养,本土人才的培育也是一个非常重要的方面。本土科技人才对本地比较熟悉,也对故土有着深厚的感情,他们更了解实际,更愿意为本地的发展付出精力,更能够提出一些适合本地实际的办法。在注重引进外来科技人才为江西省注入新鲜血液的同时,也应出台措施大力培育本地的科技人才,塑造本地科技人才的资源优势。

(六)创新评价机制,加强监督考核

虽然人社部等五个部门早在2018年就出台政策要清理"唯论文、唯职称、唯学历、唯奖项"的"四唯"现象,江西省人社厅也有相关文件对此进行规定,但不可否认的是,在对科技人才实际的考核评价中,常常还是会用到这些指标进行量化,而忽视了对专项技术的关注,这不利于科技人才的成长。一方面,科技人才的评价机制应该根据科技人才的特点和人才成长的规律,以人才的整体性开发为目的,建立以知识、技能、能力、业绩、品德等核心要素构成的科技人才评价体系。另一方面,科技人才接受资助的项目通常金额较大,政府作为资助方,在资金使用方面应该加强监督,确保资金用于项目研究上,提高资金的利用率。此外,在项目的验收方面应该从严从实,加大考核力度,促使科技人才高标准严要求地完成预期任务,提高项目产出率。

二、组织层面

(一)优化管理条例,完善规章制度

根据江西省科技人才流动意愿影响因素回归结果来看,组织的规章制度和管理条例是科技人才流动意愿的主要影响因素之一。科技人才最重要的是创新创造能力的发挥,不合理的管理条例或者僵化的规章制度无疑会对科技人才产生限制,从而引起科技人才对组织和工作的不满,容易引起人才流失。因此,组织可以根据科技人才成长特点和项目特点,在管理方式上设置一定的弹性,比如,在工作时间上,科技人才的工作可以不用固定上班时间,而是采用弹性工作时间,只要以项目产出为导向,具体的工作时间可以不作过多的限制。此外,传统的组织结构在科技人才申请项目、资金审批等方面也有着诸多限制,为了提高科技人才工作中的满意度,应该完善组织规章制度,优化组织的管理条例,为科技人才提供更好的服务和便利。

（二）优化用人机制，增强人才成就感

工作成就感是流动意愿影响因素回归结果的首要因素，对于科技人才而言，成就感是个人追求的价值之一。对于组织而言，要想让员工获得成就感，最重要的原则就是把正确的人放到合适的岗位去做正确的事情。首先，应该根据科技人才的特点、能力、兴趣进行人岗匹配，并随时根据工作进度与人才进行协商和沟通；其次，应该给予科技人才一个足够广阔的发展空间，在任务上面，可以给予具有一定挑战性的项目，这样能够给予员工更多的成就感。最后，不可否认的是物质待遇仍然是科技人才的追求价值之一，组织在科技人才的薪酬激励上，既要注重不同层次科技人才待遇的差异性，也应该注意薪酬的公平性，避免因为分配不公导致不满意情绪的产生。

（三）完善留人机制，降低人才流失率

根据调查研究的结果，我们发现江西省科技人才工作的组织或单位留人方式比较单一，待遇留人是组织的主要措施，也有许多的组织对科技人才的流动不做任何挽留，导致人才流失率比较高。对于组织而言，应该改变留人观念，在科技人才出现流动意愿苗头的时候，组织的管理者应该与人才进行沟通交流，了解清楚产生离职流动的原因，不能采用一刀切的方式，而应该对症下药。除了提升待遇这种利益留人方式外，还可以通过事业留人、感情留人、文化留人等措施来留住人才，面对不同层次不同需求的科技人才，应该结合实际情况来采取不同的留人方式，尽可能地留住人才，减少组织科技人才的流失率。

（四）营造组织文化，增强人才荣誉感

组织文化是一个组织精神风貌的体现，良好的组织文化不仅能够为企业提供持续健康发展的精神动力，还可以增加科技人才的工作满意度和荣誉感。科技人才是组织创新创造的活力源泉，积极向上、团结合作、开放包容的组织文化有利于科技人才更快更好地融入组织，增加科技人才对组织的归属感和荣誉感。一方面，和谐的人际关系和人文关怀能够减少人才之间的摩擦矛盾，缓解工作压力，提高工作效率，增强人才之间的凝聚力。另一方面，在组织内形成尊重人才、爱护人才的文化氛围，能够提高科技人才的积极性和创造性,既能够实现人才的价值,组织也能够获得效益,实现组织与科技人才的双赢,因此组织在激烈竞争中要加强组织文化建设。

附录1:调查问卷

科技人才流动意愿及影响因素调查

尊敬的女士/先生:

您好!非常感谢您在百忙之中协助我们完成问卷调查工作。本问卷是为了解科技人才的流动意愿及流动影响因素,并根据调查结果有针对性地提出意见,从而改善科技人才的工作环境。问卷为不记名填写,每个问题的选项没有对错之分,请按您的实际情况和真实想法放心填答。再次感谢您的配合与协作!

一、个人基本情况

A1. 您的性别

A. 男　B. 女

A2. 您的年龄

A. 30岁以下　B. 30~39岁　C. 40~49岁　D. 50岁及以上

A3. 您的婚姻状况

A. 未婚　B. 已婚

A4. 您的最高学历

A. 本科以下　B. 本科　C. 硕士研究生　D. 博士研究生　E. 其他____

A5. 您目前的职务

A. 基层　B. 中层　C. 高层　D. 其他____

A6. 您目前的专业技术等级

A. 初级　B. 中级　C. 高级　D. 其他____

二、流动意愿及影响因素

B1. 从您开始参加工作起,您是否更换过工作单位

A. 是　B. 否(跳转至 B3 题)

B2. 您更换的次数

A. 1 ~ 2 次　B. 3 ~ 4 次　C. 5 ~ 6 次　D. 6 次以上

B3. 您目前的流动意愿强度________【0,100】

B4. 您流动的主要原因是(限选三项)

A. 收入低　B. 工作条件差/工作辛苦　C. 工作不稳定

D. 不能解决住房困难　E. 不能解决家庭其他困难

F. 工作紧张/压力大　G. 对从事工作不感兴趣

H. 不能解决职称/职务问题　I. 不能发挥专业特长

J. 发展空间小/没有发展前途

K. 已经没有挑战和激励的潜力/缺乏成就感和荣耀感

L. 与领导/同事关系不好

M. 公司分配不公/管理混乱　N. 单位不景气

O. 希望尝试不同

P. 工作单位地点偏远/想换一个地区或城市

Q. 继续深造　R. 其他_____

B5. 您流动的意愿地区

A. 省内其他地区　B. 省外发达地区　C. 省外欠发达地区

B6. 请您对您目前所从事的工作的状况进行打分

	非常满意	比较满意	一般	不满意	非常不满意
收入和福利待遇	5	4	3	2	1
职业发展前景	5	4	3	2	1
工作中个人才能发挥	5	4	3	2	1
工作所带来的成就感/荣誉感	5	4	3	2	1

续表

	非常满意	比较满意	一般	不满意	非常不满意
照顾家庭或解决问题的情况	5	4	3	2	1
工作环境情况	5	4	3	2	1
同事人际关系	5	4	3	2	1
领导管理风格	5	4	3	2	1
公司管理条例与规章制度	5	4	3	2	1
公司绩效考评与激励制度	5	4	3	2	1
企业文化情况	5	4	3	2	1
企业发展前景	5	4	3	2	1
区域经济发展	5	4	3	2	1
政府服务情况	5	4	3	2	1
户籍制度情况	5	4	3	2	1
人才政策情况	5	4	3	2	1
住房保障情况	5	4	3	2	1
社会保障制度	5	4	3	2	1
城市文化环境	5	4	3	2	1

三、政策评价

C1. 您认为目前科技人才的流动状况总体上是否合理？

A. 很不合理　B. 不太合理　C. 一般　D. 比较合理　E. 很合理

C2. 您认为目前科技人才的流动频次总体来说是多还是少？

A. 太多　B. 较多　C. 适中　D. 比较少　E. 太少

C3. 总的来说，您认为科技人才的流动对个人发展的影响如何？

A. 非常不利　B. 比较不利　C. 无所谓　D. 比较有利　E. 非常有利

C4. 您认为科技人才的流动对社会的影响是？

A. 利大于弊　B.　弊大于利

C5. 您认为科技人才政策对科技人才的吸引力如何?

A. 非常大 B. 比较大 C. 一般 D. 比较小 E. 非常小

C6. 您所在单位主要通过什么方式防止科技人才外流?

A. 情感留人 B. 待遇留人 C. 事业留人 D. 个人自由、单位不作挽留 E. 其他____

C7. 为更好促进科技人才发展,您认为政府需提供哪些方面的政策? [限选三项]

A. 大力改善科研设施条件 B. 大力惩处学术腐败

C. 改进科技人员评价机制 D. 大力支持科技人才创业

E. 增加科研经费使用的自主权 F. 重用优秀青年科技人员

G. 消除流动障碍,促进人才通畅流动 H. 大力惩处科研项目审批腐败

I. 提高农村和艰苦边远地区科技人员待遇 J. 促进科技人才国际化

K. 大力培育科学精神和创新文化 L. 大力引进海外优秀人才

M. 加强对科研管理部门的监督 N. 其他______

第六章
农村青年人才返乡发展的多维影响因素及引导策略研究

第一节 农村青年人才返乡发展的机遇与挑战

一、青年人才返乡发展的机遇

(一)政策红利的利用

近年,中共中央不断出台相关政策鼓励青年返乡。2014 年,时任国务院总理李克强提出"要借改革创新的'东风',推动中国经济科学发展,在 960 万平方公里土地上掀起'大众创业'、'草根创业'的新浪潮,形成'万众创新'、'人人创新'的新态势"。[①] 由此,全国各地出现了"返乡潮",上有科技部农村中心积极推进农民工返乡创业,下有"宁夏:'保姆式'服务助农民工返乡创就业"[②]以及"重庆地方政府扶持小微企业返乡农民创业致富"等,充

① 大众创业、万众创新全记录(2013—2015 年),2014 年 12 月 29 日,http://www.gov.cn/xinwen/2014-12/29/content_2798382.htm.

② 宁夏:"保姆式"服务助农民工返乡创就业,2015 年 2 月 9 日,http://www.gov.cn/xinwen/2015-02/09/content_2816589.htm.

分体现出国家对于农村青年返乡的重视程度。

2015 年,新华社发布《中共中央关于制定国民经济和社会发展第十三个五年规划的建议》①,建议中提到实现创新驱动,首先需要人力资本,也就是人才,特别强调人的全面发展、人力资本的积累、劳动力素质的提高,支持大学生村官、"三支一扶"人员和大学生返乡开展网络创业创新,提高贫困地区群众就业创业能力。同年,国务院常务会议在京召开,会议指出,支持农民工、大学生和退役士兵等返乡创业,通过大众创业、万众创新使广袤乡镇百业兴旺,可以促就业、增收入,打开工业化和农业现代化、城镇化和新农村建设协同发展新局面。②

2021 年,中共中央办公厅、国务院办公厅印发的《关于加快推进乡村人才振兴的意见》中提出通过各项举措鼓励各类返乡人员参与社区服务③。在《乡村振兴责任制实施办法》中第八条提到要大力培养本土人才,引导返乡回乡下乡就业创业人员参与乡村振兴,推动乡村振兴各领域人才规模不断壮大④。在《关于做好 2023 年全面推进乡村振兴重点工作的意见》中,再次强调青年返乡创业就业,该意见指出,允许符合一定条件的返乡回乡下乡就业创业、人员在原籍地或就业创业地落户。

为响应中央号召,全国数以百计的城市先后出台新政吸引青年返乡,这些返乡创业政策,为青年发展提供了有力支持。例如,《支持大学生回乡自主创业奋斗"百千万工程"的实施意见》从完善大学生回乡创业平台载体建设、提供资金补贴政策支持、提升服务配套、营造创业氛围等四个维度,提出了十条意见措施。包括全面优化回乡创业人才待遇、构建创业人才综合服

---

① 中共中央关于制定国民经济和社会发展第十三个五年规划的建议,2015 年 11 月 3 日,http://www.gov.cn/xinwen/2015-11/03/content_5004093.htm.

② 鼓励创业一视同仁 发挥最大边际效益——国务院常务会议确定支持农民工等人员返乡创业政策,2015 年 6 月 10 日,http://www.gov.cn/zhengce/2015-06/10/content_2877757.htm.

③ 中共中央办公厅 国务院办公厅,《关于加快推进乡村人才振兴的意见》,[EB/OL]. 2021 年 2 月 23 日,http://www.gov.cn/zhengce/2021-02/23/content_5588496.htm.

④ 中共中央办公厅 国务院办公厅,《乡村振兴责任制实施办法》,[EB/OL]. 2022 年 11 月 28 日,http://www.gov.cn/zhengce/2022-12/14/content_5731828.htm.

务平台、实施大学生创业“雁归行动”等。这些政策在资金奖补、人才房、人才驿站、人才子女入学等方面给予优待,创新实施“乡村新秀”举荐制度,同等条件下优先支持大学生创业项目。这些政策为青年返乡创业提供了真金白银的支持,降低了创业成本。如山西省右玉县出台《关于支持返乡青年投身乡村振兴的实施意见》重点围绕政治支持、生活保障、资金支持和用地用电支持4个方面,提出了21项措施积极扶持广大青年返乡干事创业。① 湖北省人社厅联合省发展改革委、省财政厅等十部门共同印发《关于深入实施“我兴楚乡·创在湖北”返乡创业行动计划的通知》,围绕返乡人员创业提出“新十条”政策措施,力争在“十四五”期间,全省新增各类返乡创业人员25万人,带动就业80万人以上。②

(二)产业整合的机遇

一是农业产业升级为青年返乡发展提供了机遇。随着国家对农业现代化的大力推进,农业产业升级已成为必然趋势。返乡创业者可以依托丰富的农业资源,发展特色农业、生态农业等新兴产业,实现农业产业链的延伸和升级。这为乡村青年返乡创新提供了机遇。

二是乡村土特产与乡村旅游的结合,为青年返乡创业带来了新机遇。我国地域辽阔,各地拥有丰富的土特产资源,如柞水木耳、茂名荔枝、中益黄精等。青年创业者可以充分挖掘当地土特产的特色,打造特色品牌,提高土特产附加值。同时,将土特产与乡村旅游相结合,通过文创店、伴手礼、乡村市集等方式,将土特产有效嵌入农文旅融合发展浪潮,开发消费新场景,带动消费新体验。例如,祁门县新安镇聚焦农村“土”品牌、“土”产业,积极探索打造“文创美食”的发展新模式,将美食赋予文化内涵,推动农户美食产业发展,形成了一批新安肉丝糕、麻饼、字豆糖等品牌,助力新安“土”产

① 新华社:《山西右玉以21项硬核措施支持返乡青年投身乡村振兴》,[EB/OL]. 2021年9月18日,http://www.youyuzf.gov.cn/zwyw/zwyw_11262/202109/t20210918_356029.html.

② 咸宁市人社局:《关于深入实施“我兴楚乡·创在湖北”返乡创业行动计划的通知》,咸人社发〔2022〕3号,[EB/OL]. 2022年7月27日,http://rsj.xianning.gov.cn/xxgk/zc/wjzl/202207/t20220727_2739141.shtml.

业发展。此外,还可以通过旅游赋能、历史赋能、科技赋能等方式,凸显土特产的独特属性,打造独一份的品牌形象。

(三)数字经济发展带来新机遇

电商平台发展为青年人才返乡发展创造了新机遇。随着互联网技术的普及和电商平台的发展,农村电商已成为推动农村经济发展的新动力。返乡创业者可以利用电商平台,将当地的特色农产品、手工艺品等销往全国各地,甚至走向世界。通过电商平台的助力,可以突破地域限制,拓宽销售渠道,实现产品的规模化经营和品牌化发展。

二、青年人才返乡发展面临的挑战

(一)资金短缺

青年返乡人才在创业过程中常常面临资金短缺的问题。由于创业周期长、项目成本高,银行贷款难度较大,缺乏抵押物和担保人,资金需求难以满足,直接影响到返乡创业发展。

(二)市场前瞻性技术缺乏

在竞争激烈的市场环境中,创新思维是创业成功的关键。返乡创业者应该时刻保持敏锐的洞察力和前瞻性思维,不断探索新的商业模式、新的产品服务和新的营销方式。只有不断创新,才能在竞争中脱颖而出,实现可持续发展。但事实上,很多青年人才返乡,由于缺乏市场前瞻性技术,创业失败。以养猪和种中药为例,在养猪行业,市场价格波动较大,如果创业者缺乏市场前瞻性,容易在价格高点进入市场,而在价格低点面临亏损。同时,养猪行业也需要一定的技术支持,如疫病防控、饲料配方等。如果创业者缺乏相关技术,容易导致猪群发病,影响养殖效益。在中药材种植方面,需要考虑土壤、气候、海拔等因素,如果创业者缺乏相关技术,容易导致中药材质量不高,影响销售价格。此外,中药材的市场需求也存在不确定性,如果创业者缺乏市场前瞻性,容易在种植后发现市场需求不足,导致产品滞销。这些问题凸显了青年返乡创业中缺乏市场前瞻性和技术的问题。

(三)行业指引不足

青年创业者在返乡创业过程中,往往面临着行业指引不足的问题。由于缺乏行业指引,创业者不知道该选择哪个行业进行创业,也不知道该如何进行市场定位和产品推广。在技术方面,创业者也难以获得相关的技术支持和培训,影响了企业的发展。

(四)市场竞争激烈

首先,农村市场的规模相对较小,市场需求和消费能力相对有限,导致市场竞争的激烈程度加大。农村市场所面临的消费者群体相对有限,由于农村地区的经济水平相对较低,消费能力也相对较弱,这就意味着市场竞争的激烈程度加大,市场份额争夺更加激烈。其次,农村市场竞争环境相对较落后,缺乏现代化市场营销手段和先进的管理经验。在农村地区,许多企业和创业者仍然采用传统的营销方式和管理模式,缺乏创新和差异化,这导致市场竞争的激烈程度更高。最后,农村市场的生存环境相对更加艰苦,市场经济化程度相对较低,存在许多限制和困难。例如,农村地区交通、物流、信息等基础设施相对较差,经济环境相对不够完善,这些都会给农村大学生创业带来更大的挑战和压力。

第二节　农村青年人才返乡发展的多维影响因素实证分析

一、调查样本

为避免研究结果的片面性,本研究采用网络随机抽样的方法,研究样本包含来自全国28个省、自治区、直辖市(河南、广东、浙江、湖南、上海、湖北、江苏、福建、山东、江西、河北、四川、山西、广西、辽宁、云南、陕西、黑龙江、北京、安徽、天津、重庆、吉林、甘肃、贵州、内蒙古、海南、新疆),户籍所在地为城市或者农村的学生、企业职员、务工青年、创业青年和自由职业者共300人。

二、问卷设计与研究方法

(一)问卷设计

本研究问卷共分两部分,第一部分为调查样本基本情况,调查内容以样本性别、年龄、婚姻状况、文化程度、职业等为主。通过第一部分中各地区对样本年龄为18～35岁以及样本户籍为农村的筛查,筛选出有效样本进入问卷的第二部分。第二部分主要调查农村青年返乡的影响因素,结合理论采用李克特五级量表从4个维度出发,分别是政治层面、经济层面、社会层面以及科技层面,每个维度各设计5项因素,以确保问卷的全面性与完整性。本次调查发放调查问卷共计300份,其中有效问卷280份,有效率达93%。

(二)研究变量

本研究从宏观方面对影响新时代农村青年返乡的因素进行研究,把影响农村青年返乡的因素分为四大类:政治、经济、社会以及科技。(见附件A)

1. 政治因素:(1)政府①是否出台农业农村发展的相关政策;(2)政府对于青年返乡政策的宣传与执行力度;(3)政府为农村青年就业创业提供的制度保障;(4)政府为农村青年就业创业提供的基础设施;(5)基层村民对农村青年返乡政策的认可程度。

2. 经济因素:(1)经济发展程度;(2)生活消费水平;(3)就业需求多少;(4)工作薪酬水平;(5)政府给予乡村青年就业创业的补贴。

3. 社会因素:(1)生活居住环境;(2)社会保障水平;(3)基础设施建设;(4)城镇化的程度;(5)教育、医疗体系的完善程度。

4. 科技因素:(1)互联网的发展程度;(2)政府对于农业科学技术研究的经费;(3)政府是否组织农村青年进行职业技术培训;(4)新兴科技(如扫码支付等)的普及程度;(5)新型农业科学技术的发明以及应用程度。

(三)研究工具

本研究首先对问卷进行信度和效度检验确保数据的有效性和合理性,随后对数据进行描述性分析和差异性分析,所有分析过程通过SPSS21.0软件完成。

三、问卷的信度和效度分析

(一)信度检验

为避免问卷数据的无效性,在处理数据前,本研究利用SPSS21.0对问卷

① 本研究中的政府是指广义上的政府,包含国家的立法机关、行政机关和司法机关等公共机关的总称,代表着社会公共权力。

进行了 Cronbach 信度系数检验，Cronbach's Alpha 系数信度检验是评估问卷内部稳定性指标的最佳选择。如果信度系数在 0.7 以上则证明问卷信度良好。检验结果如 6－1 所示。

表 6－1 Cronbach 信度系数检验

维度	Cronbach's α 系数
返乡意愿	0.849
政治因素	0.889
经济因素	0.863
社会因素	0.842
科技因素	0.867

由上表可知各维度间 Cronbach's α 系数均大于 0.8 说明数据可信度很高，适合用于进一步分析。

（二）效度检验

问卷数据通过信度检验后，又利用 KMO 和 Bartlett 球形检验对其进行效度检验，如表 6－2 表所示。

表 6－2 KMO 和 Bartlett 的检验

KMO 值		0.931
Bartlett 球形度检验	近似卡方	5157.813
	df	300
	p 值	0.000

从上表可以看出：KMO＝0.931，高于 0.6，满足因子分析的前提要求，表明数据能够进一步进行因子分析研究。同时，数据通过 Bartlett 球形度检验（$p<0.05$），说明研究数据适合进行因子分析。

四、数据分析

（一）描述性分析

1. 样本描述性分析

本研究主要的调查对象为年龄在 18～35 岁（含 18 岁、35 岁）且户籍为农村的青年,如表6－3所示,样本总量中男性人数为124人,占41.5%,女性人数为176人,占58.5%;年龄范围在18～35岁的人数为296人;约3/4的调查对象处于未婚状态;近八成人的文化程度在专科及以上,这也从侧面印证了当代返乡青年的素质普遍较高;户籍地为农村的青年为280人,同时也是本研究的有效样本量。

表6－3 样本基本情况统计

名称	选项	频数	百分比(%)
性别	男	124	41.500
	女	176	58.500
年龄	18岁以下	4	1.330
	18～25岁	209	69.670
	26～35岁	87	29.000
婚姻状况	未婚	222	76.570
	已婚	68	23.430
文化程度	小学	1	0.270
	初中	11	3.810
	高中	24	8.170
	专科	78	26.980
	本科及以上	176	60.770
您的职业	学生	96	32.970
	企业职员	111	38.420
	务工青年	32	11.170
	创业青年	15	5.180
	自由职业	36	12.260
您目前的工作地(或学习地)	外省	104	35.970
	外市	49	16.890

续表

名称	选项	频数	百分比(%)
您目前的工作地(或学习地)	市里	111	38.420
	县里	16	5.450
	镇里	10	3.270
您的家乡(具体行政范围为乡、民族乡或者镇)是乡村吗?	是	280	96.550
	否	10	3.450

2. 影响因素描述性统计分析

对问卷中农村青年返乡意愿的影响因素进行描述性分析,得到表6-4所示的统计量。根据表中的数据,返乡意愿均值相对来说较高,达到3.954,说明新时代农村青年返乡意愿较强。政治因素均值最高,达到4.119,说明政治因素对农村青年返乡意愿的影响最大,即新时代的农村青年越来越受政策驱使而选择返乡。社会因素均值最低,为3.720,说明我国考虑到了社会保障等方面对于吸引农村青年返乡能够产生作用,但在这方面仍旧存在些许不足。经济因素均值仅次于政治因素,为4.007,说明大部分农村青年返乡发展依旧是受经济因素驱动。科技因素均值为3.896,居于社会因素之上,体现了新时代的农村青年返乡发展的侧重点开始向新兴产业倾斜。

表6-4 影响因素描述性分析

名称	平均值	标准差
返乡意愿	3.954	0.835
政治因素	4.119	0.833
经济因素	4.007	0.800
社会因素	3.720	1.040
科技因素	3.896	0.904

(二)方差分析

对问卷数据进行因子分析,结果如表6-5所示,因子分析共提取出5个因子,特征根值均大于1。方差解释率越大说明因子包含的原数据信息越多,此5个因子旋转后的方差解释率分别是14.133%,13.142%,12.860%,12.689%,12.448%,信息提取量分布相对来说较为均匀。在因子分析中,主要关注旋转后的数据部分,旋转后累积方差解释率为65.273%,说明提取出来的5个因子可以提取出总共25项中65.273%的信息量,符合预期,综合说明本次因子分析结果良好。

表6-5 方差解释率表格

因子编号	特征根			旋转前方差解释率			旋转后方差解释率		
	特征根	方差解释率%	累积%	特征根	方差解释率%	累积%	特征根	方差解释率%	累积%
1	9.013	36.053	36.053	9.013	36.053	36.053	3.533	14.133	14.133
2	2.898	11.593	47.646	2.898	11.593	47.646	3.286	13.142	27.275
3	1.806	7.223	54.869	1.806	7.223	54.869	3.215	12.860	40.135
4	1.348	5.391	60.260	1.348	5.391	60.260	3.172	12.689	52.825
5	1.253	5.013	65.273	1.253	5.013	65.273	3.112	12.448	65.273
6	0.691	2.763	68.036	—	—	—	—	—	—
7	0.644	2.577	70.613	—	—	—	—	—	—
8	0.615	2.460	73.073	—	—	—	—	—	—
9	0.585	2.341	75.413	—	—	—	—	—	—
10	0.543	2.172	77.586	—	—	—	—	—	—
11	0.495	1.981	79.567	—	—	—	—	—	—
12	0.490	1.961	81.528	—	—	—	—	—	—
13	0.475	1.900	83.428	—	—	—	—	—	—
14	0.443	1.774	85.202	—	—	—	—	—	—
15	0.432	1.728	86.929	—	—	—	—	—	—
16	0.409	1.637	88.566	—	—	—	—	—	—
17	0.395	1.580	90.146	—	—	—	—	—	—
18	0.379	1.515	91.661	—	—	—	—	—	—

续表

因子编号	特征根			旋转前方差解释率			旋转后方差解释率		
	特征根	方差解释率%	累积%	特征根	方差解释率%	累积%	特征根	方差解释率%	累积%
19	0.357	1.427	93.088	—	—	—	—	—	—
20	0.332	1.329	94.418	—	—	—	—	—	—
21	0.324	1.297	95.714	—	—	—	—	—	—
22	0.303	1.211	96.926	—	—	—	—	—	—
23	0.291	1.164	98.090	—	—	—	—	—	—
24	0.261	1.044	99.133	—	—	—	—	—	—
25	0.217	0.867	100.000	—	—	—	—	—	—

由表6-6可知:所有研究项对应的共同度值均高于0.4,表明研究项和因子之间有着较强的关联性,因子可以有效地提取出信息。

表6-6 因子载荷系数分析

名称		因子载荷系数				
		因子1	因子2	因子3	因子4	因子5
返乡意愿	1.您愿意返乡陪伴父母				0.771	
	2.您愿意返乡在本地寻找工作机会				0.610	
	3.您愿意留在家乡寻找收入突破口				0.779	
	4.相比外地您更喜欢家乡的环境与氛围				0.739	
	5.相比外地待在家乡能让您感到更舒适				0.759	
政治因素	1.政府是否出台农业农村发展的相关政策对您返乡发展的影响程度	0.841				
	2.政府对于青年返乡政策的宣传与执行力度对您返乡发展的影响程度	0.800				
	3.政府为农村青年就业创业提供的制度保障对您返乡发展的影响程度	0.814				
	4.政府为农村青年就业创业提供的基础设施对您返乡发展的影响程度	0.787				

续表

名称		因子载荷系数				
		因子1	因子2	因子3	因子4	因子5
政治因素	5. 基层村民对农村青年返乡政策的认可程度对您返乡发展的影响程度	0.819				
经济因素	1. 您家乡当地的经济发展程度对您返乡发展的影响程度			0.718		
	2. 您家乡当地的生活消费水平对您返乡发展的影响程度			0.676		
	3. 您家乡当地的就业需求多少对您返乡发展的影响程度			0.658		
	4. 您家乡当地的工作薪酬水平对您返乡发展的影响程度			0.728		
	5. 您家乡政府给予乡村青年就业创业的补贴对您返乡发展的影响程度			0.761		
社会因素	1. 您家乡当地的生活居住环境对您返乡发展的影响程度					0.649
	2. 您家乡当地的社会保障水平对您返乡发展的影响程度					0.677
	3. 您家乡当地的基础设施建设对您返乡发展的影响程度					0.725
	4. 您家乡当地的城镇化的程度对您返乡发展的影响程度					0.723
	5. 您家乡当地的教育、医疗体系的完善程度对您返乡发展的影响程度					0.732
科技因素	1. 您家乡当地互联网的发展程度对您返乡发展的影响程度		0.687			
	2. 政府对于农业科学技术研究的经费支持对您返乡发展的影响程度		0.598			

续表

<table>
<tr><td colspan="2" rowspan="2">名称</td><td colspan="5">因子载荷系数</td></tr>
<tr><td>因子 1</td><td>因子 2</td><td>因子 3</td><td>因子 4</td><td>因子 5</td></tr>
<tr><td rowspan="3">科技因素</td><td>3. 政府是否组织农村青年进行职业技术培训对您返乡发展的影响程度</td><td></td><td>0.726</td><td></td><td></td><td></td></tr>
<tr><td>4. 您家乡当地新兴科技(如扫码支付等)的普及程度对您返乡发展的影响程度</td><td></td><td>0.824</td><td></td><td></td><td></td></tr>
<tr><td>5. 您家乡对于新型农业科学技术的发明以及应用程度对您返乡发展的影响程度</td><td></td><td>0.785</td><td></td><td></td><td></td></tr>
</table>

(三)相关性分析

通过对政治因素、经济因素、社会因素、科技因素与新时代农村青年返乡意愿做相关性分析,从而衡量各因素对乡村青年返乡意愿的相关密切程度,具体结果如表 6-7 所示。从表中数据可以发现,政治因素、经济因素、社会因素、科技因素与新时代农村青年返乡意愿之间的相关系数值分别为 0.291,0.492,0.468,0.499 各维度间均呈显著性相关,且呈现出 0.01 水平的显著性,因而说明政治因素、经济因素、社会因素、科技因素和新时代农村青年返乡之间有着显著的正相关关系。

表 6-7 Pearson 相关性分析

<table>
<tr><td rowspan="2">影响因素</td><td colspan="2">新时代农村青年返乡意愿</td></tr>
<tr><td>N</td><td>相关性</td></tr>
<tr><td>政治因素</td><td>280</td><td>0.291**</td></tr>
<tr><td>经济因素</td><td>280</td><td>0.492**</td></tr>
<tr><td>社会因素</td><td>280</td><td>0.468**</td></tr>
<tr><td>科技因素</td><td>280</td><td>0.499**</td></tr>
</table>

*: $p<0.05$; **: $p<0.01$。

(四)回归性分析

通过对数据进行回归分析,分析结果如表 6-8 所示,模型公式为:返乡意愿=1.208+0.117*政治因素+0.212*经济因素+0.121*社会因素+0.247*科技因素，模型R方值为0.338，意味着政治因素、经济因素、社会因素、科技因素可以解释新时代农村青年返乡的33.8%变化原因。对模型进行F检验时发现模型通过F检验（F=50.403，p=0.000<0.05），也即说明政治因素、经济因素、社会因素、科技因素中至少一项会对新时代农村青年返乡产生影响关系，另外，针对模型的多重共线性进行检验发现，模型中VIF值全部均小于5，意味着不存在着共线性问题。最终具体分析可知：

政治因素的回归系数值为0.117（t=2.636，p=0.009<0.01），表明政治因素会对新时代农村青年返乡产生显著的正向影响关系。

经济因素的回归系数值为0.212（t=3.601，p=0.000<0.01），表明经济因素会对新时代农村青年返乡产生显著的正向影响关系。

社会因素的回归系数值为0.121（t=2.701，p=0.007<0.01），表明社会因素会对新时代农村青年返乡产生显著的正向影响关系。

科技因素的回归系数值为0.247（t=4.959，p=0.000<0.01），表明科技因素会对新时代农村青年返乡产生显著的正向影响关系。

表6-8 线性回归分析结果

	非标准化系数		标准化系数	*t*	*p*	VIF
	B	标准误	*Beta*			
常数	1.208	0.218	—	5.540	0.000**	—
政治因素	0.117	0.044	0.116	2.636	0.009**	1.165
经济因素	0.212	0.059	0.203	3.601	0.000**	1.902
社会因素	0.121	0.045	0.151	2.701	0.007**	1.859
科技因素	0.247	0.050	0.268	4.959	0.000**	1.739
R^2	0.338					
调整 R^2	0.331					
F	$F(4395)=50.403, p=0.000$					

因变量：返乡意愿。

*：$p<0.05$；**：$p<0.01$。

第三节　农村青年人才返乡发展的引导策略

前文所做分析均证明新时代农村青年返乡会受到政治、经济、社会以及科技等因素的影响，本节也将从以上四个维度展开，具体讨论在多种因素的耦合作用下农村青年返乡后的发展路径，助力返乡农村青年成为《国家中长期人才发展规划纲要（2010—2020）》中所提到的，具有一定的专业知识或专门技能，能够为乡村振兴提供创造性劳动并为之作出贡献的人才，具体的人才发展路径主要参考《关于加快推进乡村人才振兴的意见》中对于乡村人才的分类，具体如图 6 –1 所示。

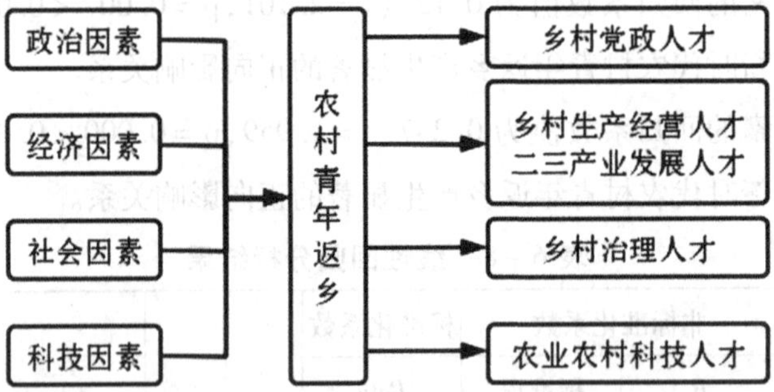

图 6 –1　多因素耦合作用下返乡农村青年发展路径

一、政治发展路径：乡村党政人才

乡村党政人才是乡村发展的带头人，培养返乡农村青年成为乡村党政人才能够提高基层乡村决策的科学性、合理性，促进乡村经济社会的可持续发展。在农村地区，乡村党政人才是非常重要的力量。他们在村委会、党组织等不同层级担任不同职务，通过专业化、规范化和科学化的管理方式，为农村地区提供有效的公共服务和社会管理，为农村经济和社会可持续发展提供保障。同时，也能够极大促进返乡农村青年的个人发展。将返乡农村青年培养成为乡村党政人才，主要包括村党组织带头人、乡镇党政人才、大学生村官以及乡村储备干部等。

(一) 村党组织带头人

村党组织带头人是指在村党组织中具有领导作用的基层干部,承担着领导和协调村居民、维护社会和谐稳定、推动村庄经济发展的重要职责。返乡农村青年向党组织带头人的转变,对于提高农村地区的治理水平和效率具有重要的推动作用。

1. 加强对返乡青年的引导和培养

在引导返乡农村青年加入村党组织之前,要深入了解他们的背景、兴趣爱好和能力。针对不同的情况,进行差异化培养,鼓励他们发挥自己的优势和特长,提高自己的素质和能力。同时,也要加强对返乡农村青年的思想引导和教育,让他们了解村党组织的重要性和作用,强化"为民服务、为乡村发展,为建设美好家园"的意识。

2. 提供更多的机会和平台

村党组织应该积极为返乡农村青年提供更多的机会和平台,让他们有更多的宣传、交流和合作的机会。例如,可以组织返乡农村青年参与乡村文化建设、农业科技创新、青年文化活动等各类活动。同时,也要鼓励返乡农村青年参加村委会、村企业的运营和管理,让他们在实践中得到锻炼和提升。

3. 注重形成良好的工作环境

村党组织应该注重构建良好的工作环境,从组织建设、工作制度、思想作风等多方面入手,为返乡农村青年提供舒适的工作环境。同时,也要注重和谐的人际关系,营造一种让每个人都能参与、自由表达和自我实现的空间,让返乡青年感受到浓厚的集体归属感和归乡感情。

总之,要促使返乡农村青年向村党组织带头人转变,需要从多个方面入手,提高村党组织的服务能力和吸引力,引导和培养返乡青年,提供更多的机会和平台,注重构建良好的工作环境。只有这样,在适当的时候,返乡青年才能更自觉地融入村党组织,成为村党组织的有力骨干,共同推进农村经济的发展和社会进步。

(二)乡镇党政人才

如今,乡村振兴已经成为中国经济社会发展的重点,乡村社会和经济需要大量的有较高能力和素质的乡村人才作为支持和推动力,而返乡农村青年就是迅速培养乡镇党政人才的重要力量之一。如何将返乡农村青年培养成为乡村党政人才,可以从以下三个方面着手:

1. 加强组织建设

在培养返乡农村青年成为乡村党政人才方面,基层党组织起着关键性作用。因此,对于基层党组织的建设以及党组织服务能力的提升都应当提到战略性高度上。例如,在党组织中注重培养年轻干部,让他们承担一些工作任务,培养他们的基层工作能力和领导能力,为发展乡村经济和社会事业作出贡献[53]。

2. 形成培养机制

为了形成好的培养机制,政府应该制定出相应的政策,多渠道地提供扶持和帮助。例如,可以建立乡村党政人才评价制度,将评价结果作为决定工作晋升的重要参考。同时,也可以加强与高校和科研机构的交流和合作,促进新技术、新思路、新模式的引进和推广,推动农村经济持续快速发展。

3. 搭建沟通平台

政府、社会组织和乡村团体应该积极搭建沟通交流平台,为乡村青年提供更好的社会服务。政府可以组织论坛会议、网络互动等多种形式的沟通交流,摸清和满足乡村青年的实际需求和期望。政府和社会组织也可以加强对乡村青年的关注和支持,发挥组织作用,帮助返乡农村青年更好地融入家乡的发展,逐渐成为乡村的后起之秀。

总之,政府要加强对返乡农村青年的培养和帮助,让他们在家乡板块快速成长。各种创新、赋能、涵养的政策和机制的建立,能够进一步激发他们的潜力,激发他们更大的发展动力,成就乡村振兴和全国繁荣发展的支柱之才。

(三)大学生村官

现今,返乡农村青年成为大学生村官已经成为中国推进农村振兴的重要力量之一。大学生村官既是一种资源储备,也是一种便捷的扶贫举措,对于提升基层治理水平、促进农村文化体系建设、推进农村经济发展、带动基层村民致富、推进乡村振兴具有深远意义。如何使返乡农村青年成为更加优秀的大学生村官,也就成为一项重要任务。可以从以下三个方面进行培养:

1. 提高政治素养,确定职业方向

政治素养是大学生村官的重要素质之一。大学生村官介入乡村治理,需要对农村的经济、政治、文化等方面做足功课。政府要提供相关的培训,例如理论培训、实际操作等等,并引导返乡农村青年确定自己的职业发展方向,使之与整个乡村发展的方向相适应。政府可以组织对大学生村官的政策讲座或主题培训,让他们了解具体的政策及相关的行业趋势[54]。此外还要注重职后考核,让大学生村官更加专注于乡村发展和服务民生。

2. 提供资源岗位,鼓励创新创业

需要为大学生村官提供适合的岗位和就业资源,方便其在基层岗位上大展身手。政府可以发放一定的补贴,提供适合特殊性的项目,拓宽大学生村官的发展途径,用人单位可以划分任务,将大学生村官培训成为乡村发展需要的人才。同时,可以从政策方面加强对大学生村官的扶持力度,促进农村经济发展。可以为其提供场地,支持其开展有益的活动,帮助其更好地宣传自己,拓展本地的知名度。

3. 加强服务能力,提升服务水平

大学生村官具有很好的专业和知识背景,需要在服务能力方面进行提高和改进,增加服务深度和广度,提高大学生村官的综合服务水平。政府可以利用各种公开课、论坛、植入式全员培训等途径,进一步提升大学生村官的服务能力。除了提高服务能力外,还应该注重培养大学生村官的组织能力和领导力,让他们具备更多的实践经验,让他们成为可持续发展的动力[55]。

总之,政府应该鼓励更多的返乡农村青年成为大学生村官,并提供必要的培养支持,让他们发挥出他们的专业性和创新性的长处,提高农村治理和服务水平,发挥他们的作用,在推动和实现乡村振兴的进程中发挥重要的促进作用。

(四)乡村储备干部

返乡农村青年是农村地区的宝贵资源,他们熟悉农村社会、了解乡村文化,具有发展乡村经济、推动乡村发展的优势。因此,培养返乡农村青年成为乡村储备干部,是加强乡村建设和乡村振兴的有效途径。以下是培养返乡农村青年成为乡村储备干部的三个方面:

1. 提供多元化的培训和教育

返乡农村青年具有城市化的教育和文化素养,但仍需了解和掌握农村的政策法规、村委会管理机制、社会服务等方面的知识。因此,应该通过多种方式,如定期组织培训班、开展实地考察和见习等形式,对返乡农村青年进行全面的职业素质教育。同时,还可以通过与专家、学者交流,了解最新的农村发展趋势和政策,培养他们成为乡村管理和服务方面的专业人才。

2. 营造适宜的工作环境

为返乡农村青年营造适宜的工作环境,鼓励他们担任乡村管理、科技创新、扶贫帮困、公益事业等重要岗位,并提供相应的工作机会和发展空间。在人才管理方面,可以建立健全的人才引进和培养机制,提高职业晋升、工作待遇、社会保障等方面的福利待遇。在推行新型农民合作社,共同创业,担任企业管理等方面发挥带头作用,提高返乡农村青年的竞争力和主导能力[56]。同时,还需要加强对工作环境的优化和建设,提高村部的硬件设备和信息化水平,如互联网覆盖、信息共享平台等,提高乡亲们获取信息和知识的途径,并为青年提供发展平台。

3. 鼓励他们参与村庄建设

分内和兼职权责相结合,进一步鼓励返乡农村青年积极参与村庄建设和发展,积极承担和推进农村事务。在农村经济发展方面,可以鼓励返乡农村青年利用自己的专业技能,推动农业农村产业科技化、水平化和规模化,提高农民经济效益和收入。在乡村社会治理方面,可以鼓励返乡农村青年发挥组织和力量作用,积极参与入党、换届选举、社区活动和社会矛盾调解等社会管理和决策方面的活动。在文化建设方面,可以引导他们关注乡村文化的传承和发展,参与文化顶层设计和文化活动的策划和实施。通过这些途径和方式,返乡农村青年可以逐渐融入乡土文化和生活,为乡村建设的稳步发展贡献力量。

综上所述,培养返乡农村青年成为乡村储备干部,需要教育培训、工作环境和鼓励参与乡村建设等多方面的推进。依靠他们自身的能力和整个乡村社区的支持,返乡农村青年可以为建设新时代的美丽乡村贡献自己的一份力量,同时也促使自己在这个过程中得到进一步的发展[57]。

二、经济发展路径:农业生产经营及二三产业人才

培养返乡农村青年成为农业生产经营及二三产业人才,可以促进农村经济的发展,提高农民的收入水平。通过提升返乡农村青年的专业化、技能化和创新能力,可以带动农村产业的发展,增加农民的收入来源,提高农民的生活水平。与此同时,还可以促进返乡农村青年的人才发展,为农村人才振兴可持续发展提供支持。

(一)高素质农民队伍

农民是农业生产和农村社会发展的主要力量,培养高素质农民队伍对于返乡农村青年的人才发展和乡村振兴的进度推进具有着相当重要的意义。返乡农村青年要发展成为高素质农民要从以下三个方面进行探讨:

1. 营造良好的农村文化环境

构建高素质农民队伍前提是农村文化环境的建设,要营造浓郁的乡土氛围和特色文化。要加强对返乡农村青年的教育和职业培训,提高返乡农村青年的文化素养和职业素质[58]。组织返乡农村青年参与文化活动,加强农村基层文体建设,持续推进城乡文化消费融合推进计划,打造宜居宜业宜游的乡村生活环境。

2. 建立健全的服务机制

建立健全的服务机制,是打造高素质农民队伍的重要保障。政府和社会组织要加大对于返乡农村青年训练和培养的投入,以推动其对新生产技术和温馨的文化融入。服务机制旨在帮助返乡农村青年,促进他们的自我发展和成长。相关部门应适应社会发展的需求和预期,开展培训机制和知识普及活动,如就业培训、职业技能培训、实习就业等,提升返乡农村青年就业、创业和发展能力,使他们具备成为创新创业者的基本素养。

3. 推进科技创新,促进农业现代化

目前,农业已逐步进入到以新技术生产为特征的时代。要打造高素质农民队伍,必须推进科技革新,加快农业现代化。科技的进步可以帮助返乡农村青年获得更好的生产效益和财产增值效果,同时在实施应对灾害和环保技术时,他们也将更有主动性和自信心。返乡农村青年通过学习新技能和掌握新工具,不仅让农业生产更加丰富,甚至可扩大到其他商业领域[59]。

综上所述,打造高素质农民队伍是一个长期过程,要从多个方面加以考虑和推进。要利用科技创新,构建良好的服务机制,营造浓郁的农村文化环境并实施农村土地制度改革,推进家庭农场建设等措施,促进返乡农村青年成为高素质农民队伍的领头人。

(二)家庭农场经营者、农民合作社带头人

随着现代农业的发展和农村经济的繁荣,越来越多的家庭农场和农民合作社涌现出来,这些基层组织成为乡村振兴的重要力量。然而,要想让这些组织成为一个稳定、健康、高效的机构,需要有经验丰富、管理能力强、业务水平高的家庭农场经营者和农民合作社带头人的领导和支持,返乡农村青年正是家庭农场经营者和农民合作社带头人的后备力量。返乡农村青年想要发展成为家庭农场经营者和农民合作社带头人要从以下几个方面展开:

1. 加强基层岗位培训

家庭农场经营者和农民合作社带头人在基层一线工作,需要具备专业技能和实践经验,才能更好地为基层组织作出贡献[60]。因此,要加强对返乡农村青年的基层岗位培训,为其提供系统、全面的培训,使他们能够具备扎实的理论基础和实际操作能力,掌握先进的农业技术和管理经验。

2. 鼓励家庭农场经营者和农民合作社带头人自主学习

家庭农场经营者和农民合作社带头人要不断学习、不断进步,才能为基层组织带来更多的收益和效益。因此,要通过各种渠道,鼓励返乡农村青年自主学习,在保持工作稳定的前提下,与时俱进,不断提升自己的素质和能力。

3. 搭建交流平台

交流是学习的重要途径,也是家庭农场经营者和农民合作社带头人们提高水平的重要途径。因此,要建立各种交流平台,如专业论坛、座谈会、工作坊等,让返乡农村青年可以互相分享、交流各自的经验和教训,共同提升自己和基层组织的能力和水平。

总之,要培养家庭农场经营者和农民合作社带头人,需要我们从多个角度入手,如加强基层岗位培训、鼓励自主学习、搭建交流平台等,才能让家庭农场和农民合作社发展壮大,让返乡农村青年快速成长和发展成为乡村振兴的重要力量。

(三)农村创业创新带头人

当前,大力发展农村创业创新已成为全面推进乡村振兴、促进农民增收的重要举措。然而,农村创业创新领域的人才短缺和不足一直是影响乡村振兴的瓶颈之一。为了解决这一问题,需要从以下几个方面来培养返乡农村青年成为农村创业创新带头人。

1. 提高返乡农村青年的创新意识

创新意识是创业创新成功的前提之一。提高返乡农村青年的创新意识,需要加强对返乡农村青年的创新教育,培养返乡农村青年的创造力和创新精神。同时,还应该充分发挥社区、家庭、网络等多方面的作用,加强创新教育,鼓励返乡农村青年尝试创新和创业。

2. 加强培训和实践机会

培养创业创新带头人需要有全面的知识和技能支持。因此,需要加强对返乡农村青年的培训和实践机会。可以在各种行业、企业中组织返乡农村青年实习,培养其实践能力。此外,还可以利用网络、培训班等途径,为返乡农村青年提供技术和市场等方面的培训,以提升他们的创业能力。

3. 建立创业创新平台

创业创新平台有利于把返乡农村青年的创新创业活动统一起来，形成更好的群体效应。可建立专门的创业创新平台，为返乡农村青年提供相应的服务和支持，如创业政策咨询、创业项目评估、创业场地提供、营销等方面的帮助[61]。

最后，要抓住当前互联网和信息技术的浪潮，利用现代科技手段，为返乡农村青年提供更多的创业平台，打造更多的创新案例，带动更多的农民参与到创新创业中来。这样才能培养更多的农村创业创新带头人，推动乡村振兴事业向更高维度迈进。

（四）乡村工匠

乡村工匠代表着传统技艺、文化传承和乡村文明的最底层。他们的存在不仅促进了当地经济的发展，同时还承载着当地的人文传统。然而，随着现代化进程的推进，乡村工匠的数量逐渐减少，培养返乡农村青年传承和保护乡村文化在一定程度上也能够促进其人才发展。

1. 加强传统技艺的保护和传承

传承是培育乡村工匠的前提和必要条件。因此，要加强对传统技艺的保护和传承。可以采取措施，比如设立传统技艺保护基金，资助传统工艺人对返乡农村青年进行技艺传承；开展各种传统技艺的展览、讲座等宣传教育活动；组织返乡农村青年参加传承学习班，将传统技艺传授给年轻的学员等等[62]。

2. 激发农村青年的兴趣和热情

培养乡村工匠的另一个关键点是，激发返乡农村青年的兴趣和热情。要鼓励和引导返乡农村青年全面、深入地了解乡土文化，发掘和传承传统手工艺，培养其乡土情结，激发对传统技艺的热情。学校可以把传统技艺课纳入课程，同时也可以开展传统技艺兴趣社团，免费提供材料和设备，营造乡村工匠创新创业的氛围。

3. 创新培养方式和模式

在培养乡村工匠的过程中，需要不断探索创新培养方式和模式。例如，通过科技手段，将传统手工艺的设计、生产、销售等环节与现代化管理相结合；对返乡农村青年开展多种形式的技能培训，如文化艺术、专业技能、管理知识等等；同时还可以借助大数据、云计算等科技手段，促进乡村工匠的数字化转型。

总之，乡村工匠是乡村文化的重要组成部分，是乡村振兴的重要力量。积极采取措施，在加强传统技艺保护和传承、激发返乡农村青年的兴趣和热情、提供充足政策支持以及创新培养方式和模式等方面下功夫，将有助于培养更多的乡村工匠，维护和振兴乡村文化，打造更加美好的乡村发展新格局[63]。

三、社会发展路径：乡村治理人才

培养返乡农村青年成为乡村治理人才，可以提高农村社会服务水平，实现乡村社会的和谐、稳定发展。乡村治理人才是农村事务的关键人物，他们可以通过组织活动、公益事业等多种方式推动社会发展。通过专业化、规范化的管理方式，提高农村地区的社会服务水平和效率，增强村民的获得感和安全感，为农村社会的和谐稳定发展提供有力保障。还能够让返乡农村青年在社会治理的过程中，激发其为乡村建设的动力，促进其进一步的发展。

（一）农村社会工作人才

随着农村社会的不断发展，现在越来越多的人开始关注农村社会工作，特别是农村社工的培养。因此，助力返乡农村青年成为农村社会工作人才已经是大势所趋。

1. 推广相关知识

当前，农村社会工作还处于起步阶段，很多返乡农村青年对农村社会工作并不了解。因此，首先要推广农村社会工作相关的知识，大力培育社会工作服务类社会组织，让更多的返乡农村青年了解农村社会工作的重要性和相关的知识，为其人才发展之路打好基础。

2. 扶持人才发展

要加大对返乡农村青年从事农村社会工作的扶持力度，包括政策指导、理论引领、发展机会、薪资待遇等，加快推动乡镇社会工作服务站建设，加大政府购买服务力度[64]，这样一来，可以有效吸引更多的农村青年返乡，能够加快推动农村社会工作人才的培养和发展。

3. 加大培养力度

要加大将返乡农村青年培养成为农村社会工作人才的力度，持续深入实施农村社会工作专业人才支持计划，鼓励大学生、退役军人和农民工等各类返乡农村青年积极参加与农村社会工作相关的职业技术培训和教育活动，引导其参与到农村社区服务的工作之中。

总之，要培养农村社会工作人才，需要从多方面入手，包括推广相关知识、扶持人才发展、培养人才的多元化等，只有这样才能够真正提高农村社会工作人才的数量和质量，进一步完善返乡农村青年的人才发展路径。

（二）农村经营管理人才

农村经营管理业正是蓬勃发展的中期，农村经营管理人才的需求逐渐增加，但是却存在着培养不足的状况。因此，在这样的背景下，想要提高农村经营管理的效率和质量，就必须重视农村经营管理人才的培养，吸引更多的返乡农村青年投身于此，激发他们的创造性和创新性，提高农村经营管理人才和产业的整体水平，推动返乡农村青年向农村经营管理人才方向发展。

1. 加强对农村管理与经营方面的教育

要培养农村经营管理人才，首先要从教育入手，加强对农村管理与经营方面的教育。可以通过开设相关专业课程、提供职业培训等方式，让广大返乡农村青年充满管理意识，掌握农村经营管理的基本技能，提高农村经营管理的质量。

2. 提供实践机会

实践是培养人才的重要环节。因此，农业部门可以为有志于从事农村经营管理的返乡农村青年提供实践机会，让返乡农村青年能够在实践中扎实掌握农村经营管理相关的实用技能，逐渐培养其成为合格的农村经营管理人才。

3. 加强与先进地区的交流合作

可以加强与先进地区的交流合作，借助先进地区的经验和资源，引进先进的经营管理理念和模式。实践证明,通过与先进地区的交流合作,可以促进农村经营管理人才的快速培养。同时,还可以从中学习到很多实践经验,为农村经营管理人才的培养提供有效的借鉴和帮助。

总之,农村经营管理人才的培养不仅仅是教育问题,也是一种全局性的策略,必须从加强实践机会,提供职业培训,加强人才的评鉴和激励机制建设等方面[65],不断提高农村经营管理人才的数量和质量。这样,既可以为农村经营管理的繁荣作出贡献,也可以促进返乡农村青年的人才发展。

(三)农村法律人才

农村法律人才建设是目前国内乃至全世界重要的发展战略之一,其意义不仅体现在农村法治建设,还体现在农村经济发展、文明进步以及社会稳定等方面。因此,增强农村法律人才建设,提高农村法治化水平,是当前非常重要的课题。

1. 加大人才培养力度

当今社会,法律制度的规范和实施越来越重要,而高素质的法律人才的培养则是需要加强的重点。因此,要想在农村增强法律人才建设,就需要加大农村法律人才的培养力度。主要可以从政府投入、高校培养、职业培训等方面加以实施。在资金方面,可以通过政府投入,设立专项经费用于返乡农村青年的培养和辅助[66]。在高校培养方面,应该加大对返乡农村青年的政策支持,创新培养模式,加快培养速度,同时为返乡农村青年提供良好的就业环境和待遇。在职业培训方面,要加强职业培训机构的建设和管理,不断提高培训质量和效果,确保返乡农村青年的素质和能力得到不断提高。

2. 加强管理和激励机制

除了加大人才投入以外,还需要加强人才队伍建设的管理和激励机制建设,以此激发法律人才的斗志和创造力。要建立一个合理的绩效考核体系,以更好地激励返乡农村青年在法律工作中发挥其特长和优势,提高返乡农村青年的工作积极性和主动性。同时,还需要建立完善的激励机制,通过制定多种形式的激励办法,如表彰和奖励等,鼓励和推荐优秀“法律人才”,促进农村法治建设和返乡农村青年人才快速发展。

3. 推行法治宣传和教育

农村法律人才建设的另一个环节就是宣传和教育。要想增强农村法律人才的建设,就必须充分意识到宣传和教育的重要性。要根据不同的返乡农村青年群体特点,采取不同的宣传和教育策略。让他们深刻了解和掌握法律知识,提高运用法律的能力和水平。

总之,增强农村法律人才的建设,是现阶段农村法治建设的重点工作之一,需要加大对返乡农村青年的培养力度,加强人才队伍管理和激励机制建设,同时推行法治宣传和教育工作,以期在农村实现法治化建设,促进农村经济、文明和社会的稳定发展,以及返乡农村青年长效人才发展。

(四)乡村规划建设人才

乡村规划是指通过对乡村地域的自然、人文、历史等多角度综合考量,制定出一系列关于乡村的规划、设计、建设和管理方案和行动计划的一项工作。随着乡村振兴进程的加速,乡村规划建设已成为重要的国策和民生工程。因此,培养返乡农村青年成为乡村规划建设人才是非常必要的。

1. 多方合作,加强国际交流

在培养乡村规划建设人才时,可以加强国际交流,与国际先进城市或规划机构、高校、研究机构进行合作与交流。与此同时,可以开展国际学者期刊、研讨会、专题讲座等活动,增进返乡农村青年的乡村规划建设能力和专业知识[67]。

2. 提高技术应用水平,实现乡村现代化

乡村规划建设人员需要掌握先进的技术和工具,如智能化地理信息系统、3D 打印、装配式建筑等,从而使乡村社区得到更好的发展和利用。应该让返乡农村青年掌握这些先进的技术和工具,提高乡村现代化及文化传承能力,实现乡村现代化的规划目标和返乡农村青年的人才发展。

3. 强化培训体系,提高服务能力

为了提高乡村规划建设人员的工作水平,有必要实施乡村本土建设人才培育工程,建立完备的培训体系。培训内容应涵盖规划理论、地理信息系统、建筑设计、土地利用、行政管理等方面,培育修路工、水利员、改厕专家、农村住房建设辅导员等专业人员，让返乡农村青年学会运用技术和传统技能来实现工作目标。此外，还可以组织返乡农村青年开展社会实践和实验教学，让返乡农村青年在实际案例中提升他们的服务能力以应对未来工作所需和走好人才发展之路。

综上所述，建设功能齐全、成体系的乡村规划人才培养机制，是乡村振兴的关键。在建设过程中，政府、教育学界、企业和社会组织应该加强合作，将返乡农村青年打造成一支不断进步的优秀乡村规划团队。

四、科技发展路径：农业农村科技人才

培养返乡农村青年成为农业农村科技人才，可以推进农村科技进步，提高农业生产效益。农村科技对农业增加值的提升、产业结构的调整、农民收入的提高等方面都具有重要作用。通过培养农业农村科技人才，可以提高农业生产的技术含量和科技化水平，增强农作物抗灾能力，保障农业生产的稳定性和增产效益，使农民从中受益。另外，返乡农村青年还可以在农业农村发展的发展中得到锻炼和成长，成为能够促进乡村现代化发展的人才。

（一）农业农村高科技领军人才

农业农村高科技领军人才的培养是农业农村高质量发展的必要条件，对于推进农村现代化建设，实现农业转型升级和返乡农村青年的人才发展具有重要意义。

1. 加强人才培养理念的转变

农业农村高科技领军人才的培养需要加强人才培养理念的转变，探索在服务于国家战略需求、发挥人才人文关怀、培育新时代接班人等方面的可行性方案。返乡农村青年仅仅满足手里或者自己的工作并不够，还更加需要牢固树立服务意识，拥有深入实践、守护经济大局的价值观念，全面提高尽职尽责的能力与素质。

2. 优化人才培养机制

农村是复杂而特殊的环境，与现代城市的人才培养存在许多不同之处。因此，需要进一步优化人才培养机制，使返乡农村青年适应农村的特殊要求[68]。如在人才招聘上，可以加强对地方的基层单位的引导和组织，以更好地发现、选拔和保留优秀的返乡农村青年；在培训过程中，可以针对农村的特殊环境设计相应的课程和实践环节，更好地适应农村青年的学习需求。

3. 加强企业与高校合作

加强企业与高校合作可以促进农业农村高科技领军人才的培养，更好地满足企业的需要。企业可以为实际应用提供经验，高等学府可以为专业标准和理论知识提供支撑。如开展农村实践课程、邀请企业专家授课、组织返乡农村青年到企业实践等，让返乡农村青年接触到实际的工作场景，更好地了解企业运营模式和工作流程，掌握企业需要的核心技能。

总之，农业农村高科技领军人才的培养需要打破对于人才培养的陈规，更多地考虑当下农业农村发展面临的环境和困境，依据不同的情况，提出符合实际情况的方案，实现学科交叉，逐渐壮大农业农村高科技产业界人才的影响力[69]。

(二)农业农村科技创新人才

随着全球范围内粮食需求的增长和农业生产的持续发展，农业农村科技创新人才的培养显得尤为重要，因此要加快返乡农村青年向农业农村科技创新人才发展。

1. 健全培养体系

加强农业农村科技创新人才培养，首先要健全人才培养体系，为返乡农村青年的培养方向指明道路。要依托现代农业科技体系和现代农业科研中心等新型平台，从人才的选用、考核以及培养入手，完善农业科技成果考核及激励体制、健全薪酬奖励机制等[70]。

2. 开展实践性学习

创新技术是贯穿于农业农村生产的，返乡农村青年在学习中不仅要学习到理论知识，更需要进行实践性学习。相关部门可以组织各类农业实践活动，让返乡农村青年能够参与到实地调查、农业技术创新和应用研究中来，充分了解农业科技实践的具体工作。

3. 统筹协调培养计划

农业农村科技创新人才的培养需要各个层面的协调和支持，只有相关部门和机构共同发挥作用，才能够更好地培养出农业农村科技创新人才。要建立一套合理的培养机制，由相关部门统筹协调，制定培训计划、提供资金支持、提供技术指导等，为人才创造更好的培养、学习和发展环境。同时，可以通过政策优惠等措施，增加对返乡农村青年相关人才的吸引力。

总之，要想培养出更多的高素质农业农村科技创新人才，需要各个层面的共同努力。加强教育、开展实践、统筹协调等措施相辅相成，共同推进着农业农村领域的科技创新。

（三）农业农村科技推广人才

农业农村科技推广人才的培养，是提高我国农业农村现代化水平的必经之路，是推进乡村振兴战略、实现农村现代化的关键。为此，需要从以下几个方面做好培养工作。

1. 建立科学的培养体系

要通过制定科学的培养计划，建立相应的培养体系，使返乡农村青年在学习中能够全面接触到农业农村科技推广的知识体系，以及现代农业发展的最新技术、理念，从而培养出既具有一定理论知识，又熟悉实际操作、能够适应市场需求的科技人才。

2. 强化创新能力培养

农业农村科技推广人才要在创新方面具备较高的能力，需要在实践中培养和锻炼返乡农村青年的创新能力，给予其适当的科研经费、技术支持，鼓励返乡农村青年进行科研创新，为农业农村科技推广提供强有力的技术支持。

3. 建立产学研合作机制

要建立产学研合作机制，让返乡农村青年能够和当地企业、农业科研院所等进行合作，促进农业科技成果的转化与产业化，在实践中将返乡农村青年培养成为农业农村科技人才，激发其创造性、实践能力和市场竞争力。在必要的时候，允许提供增值服务合理取酬。

综上所述，要想将返乡农村青年培养成为农业农村科技推广人才，需要建立科学的培养体系，强化创新能力培养，建立产学研合作机制。只有这样，才能满足我国农村现代化发展步伐的需要，促进中国农业现代化建设的进程，推进返乡农村青年的人才发展。

(四)科技特派员队伍

科技特派员是推动农村发展的重要力量之一，培养返乡农村青年成为科技特派员无疑是促进农村现代化发展的重要课题。可以从以下几个方面来探讨如何促进返乡农村青年向科技特派员队伍发展。

1. 政策支持

政府应该根据未来的农业发展趋势，出台更多趋利避害的政策支持，鼓励把创新创业的青年鼓励到农村发展，并且制定相应的产业支持计划[71]，扶持他们的创业发展。比如建立"青年科技特派员计划"，为青年提供更多的试错机会、良好的政策环境和补贴资金，制定完善的培训课程，提供更好的贷款、税收优惠等支持政策，让返乡农村青年能够在科技特派员队伍中发展。

2. 打造优质人才培训课程

针对返乡农村青年的知识和技能水平以及农业和农村发展的实际情况，应该打造优质的人才培训课程，包括农业产值提升、农村金融管理、乡村旅游、生态保护、电商营销等方面的培训，帮助他们掌握相关的实践技能，并且加强理论知识的传授，提高他们对于农业和科技的认知和综合素质，为返乡农村青年成为科技特派员提供基础。

3. 加强科技特派员服务的培训

针对返乡农村青年作为科技特派员队伍中的新成员所面临的问题，应该开展相应的培训和技能培养，加强他们农业、科技、工程等方面的专业技能培训，提高其具体的工作能力，增加其实践经验，让他们更好地理解和掌握科技特派员队伍的知识和技能，为农村发展做贡献。

总之，培养返乡农村青年成为科技特派员是推动乡村现代化的重要环节，需要从政策、人才培训、专业技能等多方面着手，不断打磨、加强返乡青年的专业素养和创新创业的能力，让他们更好地为乡村振兴和社会主义现代化作出积极的贡献[72]。

附录A

农村青年返乡发展意愿研究调查问卷

尊敬的先生/女士:

您好,我们正在研究影响农村青年返乡发展的因素,希望得到您的帮助与支持。此问卷没有对错之分且以不记名的方式进行,也不牵涉您个人隐私,请您根据真实情况认真填写。此次问卷仅做课题研究之用,不会泄露您的个人信息,谢谢您能在百忙之中完成此次问卷!

第一部分 基本信息

1. 性别

(1)男 (2)女

2. 年龄

(1)18岁以下 (2)18~25岁 (3)26~35岁

(若年龄为“18岁以下”“35岁以上”请终止答题,谢谢您的配合)

3. 文化程度

(1)小学 (2)初中 (3)高中 (4)专科

(5)本科及以上

4. 婚姻状况

(1)未婚 (2)已婚

5. 您的职业

(1)学生 (2)企业职员 (3)务工青年 (4)创业青年

(5)自由职业

6. 您目前的工作地(或学习地)

(1)外省 (2)外市 (3)市里 (4)县里

(5)镇里

7. 您的家乡(具体行政范围为乡、民族乡或者镇)是乡村吗?

(1)是　　　　(2)否

(若选择"否"请终止答题,谢谢您的配合)

第二部分　影响农村青年返乡发展的因素

1. 您返乡发展意愿的强弱,请依据您的实际情况或想法作答。

项目	很重要	重要	一般	不重要	很不重要
1. 您愿意返乡陪伴父母					
2. 您愿意返乡在本地寻找工作机会					
3. 您愿意留在家乡寻找收入突破口					
4. 相比外地您更喜欢家乡的环境与氛围					
5. 相比外地呆在家乡能让您感到更舒适					

2. 您认为政治层面各因素对您返乡发展的影响,请依据您的实际情况或想法作答。

项目	很重要	重要	一般	不重要	很不重要
1. 政府是否出台农业农村发展的相关政策对您返乡发展的影响程度					
2. 政府对于青年返乡政策的宣传与执行力度对您返乡发展的影响程度					
3. 政府为农村青年就业创业提供的制度保障对您返乡发展的影响程度					

续表

项目	很重要	重要	一般	不重要	很不重要
4. 政府为农村青年就业创业提供的基础设施对您返乡发展的影响程度					
5. 基层村民对农村青年返乡政策的认可程度对您返乡发展的影响程度					

3. 您认为经济层面各因素对您返乡发展的影响，请依据您的实际情况或想法作答。

项目	很重要	重要	一般	不重要	很不重要
1. 您家乡当地的经济发展程度对您返乡发展的影响程度					
2. 您家乡当地的生活消费水平对您返乡发展的影响程度					
4. 您家乡当地的就业需求多少对您返乡发展的影响程度					
5. 您家乡当地的工作薪酬水平对您返乡发展的影响程度					
6. 您家乡政府给予乡村青年就业创业的补贴对您返乡发展的影响程度					

4. 您认为社会层面各因素对您返乡发展的影响，请依据您的实际情况或想法作答。

项目	很重要	重要	一般	不重要	很不重要
1. 您家乡当地的生活居住环境对您返乡发展意愿的影响程度					
2. 您家乡当地的社会保障水平对您返乡发展意愿的影响程度					

续表

项目	很重要	重要	一般	不重要	很不重要
3. 您家乡当地的基础设施建设对您返乡发展意愿的影响程度					
4. 您家乡当地的城镇化的程度对您返乡发展意愿的影响程度					
5. 您家乡当地的教育、医疗体系的完善程度对您返乡发展的影响程度					

5. 您认为科技层面各因素对您返乡发展的影响，请依据您的实际情况或想法作答。

项目	很重要	重要	一般	不重要	很不重要
1. 您家乡当地互联网的发展程度对您返乡发展的影响程度					
2. 政府对于农业科学技术研究的经费支持对您返乡发展的影响程度					
3. 政府是否组织农村青年进行职业技术培训对您返乡发展的影响程度					
4. 您家乡当地新兴科技（如扫码支付等）的普及程度对您返乡发展的影响程度					
5. 您家乡对于新型农业科学技术的发明以及应用程度对您返乡发展的影响程度					

第七章
数字人才发展的区域性比较研究

近年来,我国高度重视数字人才队伍建设,相继出台了一系列政策举措,旨在加快数字人才培育,支撑数字经济发展。本研究以中部省份为例,研究数字人才发展的区域性特征,并进行中部地区数字人才发展的比较分析,提出发展策略,期待为中部地区数字人才发展政策的制定提供参考依据。

第一节 数字人才发展的政策背景

2024 年 4 月,人力资源社会保障部等九部门出台《加快数字人才培育支撑数字经济发展行动方案(2024—2026 年)》,明确提出要构建适应数字经济发展需求的数字人才教育体系,优化数字人才结构,提升数字人才素质,为数字经济的蓬勃发展提供坚实的人才保障。在国际范围内,数字人才的培养与应用已成为推动经济社会发展的重要力量。自 20 世纪 90 年代互联网的普及以来,数字化转型逐渐成为全球范围内的共识。发达国家如美国、英国、德国等,早已将数字人才的培养与储备纳入国家发展战略,通过教育改革、产业政策调整、创新生态系统建设等多维度措施,形成了较为完善的数字人才培养体系。数字人才也成为了学界的关注热点。一些研究者关注于数字技能的定义与分类,以期建立一个清晰、统一的数字技能框架。如,Davies 和 Fildes(2018)提出了一套基于欧盟数字技能框架的分类体系,将数字技能分为基础技能、高级技能和专业技能三个层次[1]。另一些研究者关注数字人才的培养与教育问题,尤其是如何通过教育体系来提升数字技能。如,Bennett 和 Sargent(2019)探讨了如何通过在线学习平台和项目制学习(Project – Based Learning)来提升学生的数字技能[2]。

还有研究者关注数字人才的市场需求与就业趋势,以期为政策制定者和教育机构提供参考。如,Friedman 和 Cappelli(2020)分析了数字经济时代下数字人才的市场需求变化,以及对就业市场的影响[3]。还有学者关注数字人才的区域分布不平等问题,探讨如何通过政策干预来缩小数字人才的区域差距。如,García 和 López(2021)探讨了欧洲地区数字人才的分布不平等现象,并提出了一系列政策建议[4]。加拿大政府推出了“技能加拿大计划”(Skills for Canada),旨在通过教育和培训来提升国民的数字技能。此外,Smith 和 Jones(2020)指出,数字人才的培养应该注重跨学科教育,以培养既懂技术又懂业务的复合型人才[5]。Lee 和 Park(2021)则强调了数字人才在促进社会经济发展方面的关键作用[6]。

随着大数据、人工智能、区块链等新兴技术的兴起,全球数字人才的培养与应用呈现出新的趋势。一方面,数字人才的培养越来越注重跨学科能力的培养,如数据科学与社会科学的结合,旨在培养既懂技术又懂业务的复合型人才[7];另一方面,数字人才的应用场景也日益多元化,从最初的 IT 行业扩展至金融、医疗、教育、制造业等多个领域,数字人才的培养与应用正成为推动全球经济创新与转型的关键力量[8]。

近年,数字人才研究取得了显著进展。一方面,我国学者对数字人才的特征、需求、培养模式等进行了深入探讨,形成了一系列具有中国特色的数字人才理论体系。例如,有学者提出“数字人才金字塔模型”,将数字人才分为基础型、专业型、复合型和领军型四个层次,为我国数字人才的分类与培养提供了理论依据。吴田(2024)将数字人才的概念认定的主流趋势分为三类，认为数字化转型正在重新定义人才以及人与技术的关系[68]。闫励等(2024)通过理论分析、文本研究等质性分析方法，阐述加强数字人才培养的重大意义[71]。另一方面，我国的数字人才实践也取得了一定的成果，通过"互联网+教育""数字人才培训计划"等项目，我国数字人才的数量与质量都有了显著提升。

从以上研究文献可知，尽管数字人才的重要性日益凸显，但学者对于数字人才的研究多聚焦于概念性以及理论层面的探讨，而从实践上涉及其地域性发展特征、存在问题及解决路径的研究仍显不足，特别是对于中部地区省份如江西省的数字人才发展研究更是亟待加强。本研究采用比较分析法，深入探讨江西省数字人才的发展特征、现状，并将其与中部其他省份进行系统比较，以揭示江西省在数字人才发展方面的差异与不足，同时进一步探讨江西省在数字人才发展上所面临的挑战与机遇，以期为政府数字化人才政策制定提供决策依据。

第二节　江西省数字人才发展特征

随着数字经济的蓬勃发展，江西省作为中部地区的重要省份，正积极抢抓数字经济发展机遇，通过一系列政策支持和人才培养措施，努力构建一支高素质、结构合理的数字人才队伍。具体来说，江西省数字人才发展的特征主要体现在以下方面：

(一)数字人才结构逐步优化

近年来，江西省在数字领域的专业人才学历结构有了明显优化，整体学历水平有所提升，高学历人才所占比重持续上升。随着江西省对数字经济的高度重视，以及一系列政策的出台和实施，吸引了大量高学历人才投身数字领域。

首先，江西省数字人才占比中中专及以上学历人才比例显著提升。依据第七次人口普查10%抽样调查的数据分析，江西省第三产业领域内，具备中专及以上教育程度的人才占比高达77%，此比例在中部六省市中位居榜首。尽管该数据并未直接针对数字人才群体进行统计，但鉴于数字经济已成为第三产业的核心构成部分，这一数据可间接折射出数字人才中高学历群体的占比态势。

其次，随着高等教育普及程度的深化以及教育质量的不断提升，江西省数字人才群体中，拥有本科及以上学位的人才比例实现了显著增长。省内多所知名高校，纷纷增设了数字经济、计算机科学与技术、软件工程等紧密关联数字领域的专业，为行业输送了大量兼具深厚理论功底与卓越实践能力的数字人才[14]。这些人才不仅学历层次较高，而且专业知识丰富，实践经验充足，构成了推动江西省数字经济发展的关键驱动力。

此外，近年来，江西省对高层次人才的需求持续攀升，促使更多拥有研究生及以上学位的人才选择留赣发展。这些高层次人才在数字技术研发、数字创新等多个维度展现出非凡的引领作用，对江西省数字经济的迅猛增长起到了强有力的推动作用。

（二）数字人才薪酬不断提升

在数字化浪潮席卷全球的今天，数字人才作为推动经济社会发展的重要力量，其薪酬水平不仅反映了人才市场的供需状况，也是衡量一个地区数字经济发展水平的重要指标。

1. 江西省数字人才薪酬整体呈增长趋势

由表7－1可以看出，江西省数字人才的薪酬水平在2014年至2022年期间呈现出稳步增长的趋势。以非私营单位为例，2014年江西省数字人才的人均工资为56721元，而到了2022年，这一数字已经增长至123902元，涨幅达到了近一倍。同样，私营单位的数字人才薪酬也呈现出类似的增长趋势，从2014年的28769元增长至2022年的73751元，涨幅同样显著。这一数据充分说明了江西省数字人才薪酬的整体提升情况。

表7-1　2014—2022年江西省数字人才人均工资

单位:元

年份		2014	2015	2016	2017	2018	2019	2020	2021	2022
薪酬	非私营单位	56721	60353	71535	73333	82800	88865	95779	104940	123902
	私营单位	28769	29601	33223	37192	48164	53049	57090	57568	73751

数据来源:国家统计局(中国统计年鉴)整理而得。

2. 省内主要城市总体薪酬水平持续攀升

根据表7-2的数据分析,江西省若干主要城市(涵盖南昌市、九江市、赣州市、新余市、上饶市等)在2013至2022年这一时间跨度内,数字领域从业人员的平均工资展现出了一种稳定且持续的增长趋势。以南昌市为具体例证,该城市在2013年的数字人才人均工资为56392元,而至2022年,这一数值已显著提升至109681元。同样值得关注的是,经济快速崛起的九江市、赣州市等其他城市,其数字人才的人均工资也均实现了大幅度增长,其中,上饶市的增长幅度尤为突出,达到了近112%(考虑到个别年份可能存在的波动,此数据为估算数)。这种全面性的薪酬提升现象,不仅深刻反映了江西省对数字人才价值的日益认可与肯定,也进一步预示着江西省数字人才市场的蓬勃发展及持续繁荣。

表7-2　2013—2022年江西省部分城市数字人才人均工资

单位:元

年份		2013	2014	2015	2016	2017	2018	2019	2020	2021	2022
薪酬	南昌市	56392	62566	67042	68907	71102	76151	78854	89481	104124	109681
	九江市	51945	52920	56727	59850	65566	82653	93703	96373	103586	106985
	赣州市	56950	66086	71976	93466	81419	102977	112527	104758	106170	114494
	上饶市	57362	71528	81723	91162	103473	99609	103372	106588	106320	121542

数据来源:各市统计局(统计年鉴)整理而得。

(三)数字人才培养步伐加快

1. 政策支持层面

首先,政策层面上的支持力度逐年加大。从江西省近年来发布的关于数字人才的相关政策文件来看,政策密度和力度都在不断加强。从省一级的政策指导文件到各地市具有地方特色的政策举措,不仅涵盖了数字人才的培养、引进、使用、评价等多个环节,还明确了具体的实施路径和保障措施,为数字人才的成长和发展提供了坚实的政策保障,见表 7 - 3。其次,政策内容的针对性越来越强。随着数字经济的不断发展,江西省的数字人才需求也日益多样化。为了满足这一需求,相关政策制定部门不断调整和完善政策内容,使其更加符合数字人才成长的规律和特点。例如,针对高端数字人才的需求,江西省出台了一系列引进和培育政策,通过提供优厚的待遇和良好的工作环境,吸引和留住了一批优秀的数字人才。最后,政策执行效果逐渐显现。随着政策支持体系的不断完善,江西省的数字人才队伍建设取得了显著成效:数字人才的数量不断增加,质量也在不断提高。根据国家统计局(中国统计年鉴)的数据,江西省数字人才的就业人员总数在近年来呈现出快速增长的趋势。例如,从 2019 年到 2022 年,江西省数字人才的就业人员总数从 9.3 万人增长到 11.7 万人,增长率达到了 25.8%。

表 7 - 3　江西省以及部分地市所出台的有关政策文件

主要政策文件	出台时间
《科技兴赣六大行动实施方案(2023—2025 年)》	2023 年
《江西省推进大数据产业发展三年行动计划(2023—2025 年)》	2023 年
《江西省"十四五"数字经济发展规划》	2022 年
《关于深入推进数字经济做优做强"一号发展工程"的意见》	2022 年
《关于加快推进数字经济创新发展的若干措施》	2020 年
《赣州市 2024 年加快发展数字经济行动方案》	2024 年
《南昌市数字经济促进条例》	2022 年
《九江市"十四五"数字经济发展规划》	2022 年

续表

主要政策文件	出台时间
《上饶市高层次人才引进培养办法(试行)》	2019 年
《上饶市大数据人才支持服务办法(试行)》	2018 年

数据来源:通过江西省级政府官网、地方政府官网整理而得。

2. 平台建设层面

江西省通过加强新型基础设施建设、打造数字产业平台等措施,为数字人才提供了广阔的发展舞台。新型基础设施建设新型基础设施是数字人才培养的基石。例如,南昌市提出了新基建"施工图",大力推进"南昌国家级互联网骨干直联点"和"双千兆"网络建设,扎实推进移动物联网建设提升、5G 网络建设提升等数字新基建工程。同时,上饶市也抢抓机遇,加快布局新基建,已建成并运营国际互联网数据专用通道,填补了江西省无国际通信专用通道的空白,并成功入选国家首批"千兆城市"[15]。这些新型基础设施的建设,为数字人才提供了先进的学习和实践环境,加速了数字人才的培养步伐。此外,江西省还积极打造数字产业平台,推动数字人才与产业的深度融合。例如,上饶市围绕打造"区域性大数据中心"目标,着力夯实以"新基建"为基础的数字经济产业平台,加快公共服务和基础设施建设,推动创新型企业和科技型企业聚集,构建高端要素聚集地。

3. 产教融合层面

产教融合是数字人才培养的重要途径。江西省鼓励技工院校、省属高校与龙头企业等合作共建数字经济产教融合联盟和人才培育基地。例如,南昌高新区加快推进江西数字营销人才实训基地、江西数字技术人才实训基地项目落地,计划建设全国一流的数字人才实训基地。同时,上饶市也积极落实《大数据人才支持服务办法》等人才政策,扎实推进数字经济人才的引进、培训及政策兑现等工作。数据显示,近年来上饶市已引进培养了 8600 名大数据专业人才,为数字经济发展提供了强有力的人才支撑。江西省还通过实施产教融合项目,推动数字人才培养与产业发展的紧密结合[16]。例如,共青城建设网易共青城联合创新中心,依托网易在云计算、大数据等领域的发展优势，计划培育数字人才。

(四)数字人才区域特色显著

江西省在数字人才培育领域展现出了鲜明的地域性特征，各地依据自身独特的优势与特色，构建起了多样化的数字人才发展范式，包括聚焦于革命老区红色文化资源数字化人才培养体系、城市区域创新中心构建以及城市主导产业推进等。本研究以南昌市和赣江新区在数字人才培养方面的独特策略为例。

首要的是，南昌市作为江西省的省会及数字人才培育的核心城市，凭借其优越的经济环境与坚实的产业根基，在数字人才培养上展现出高度的典型性。以红谷滩区和高新区为例，红谷滩区作为南昌市的新兴城区，拥有健全的产业架构与较高的经济发展水平。该区通过实施“人才强区”战略，构建区域创新高地，有效吸纳并培育了大量数字人才。此外，红谷滩区还通过表彰区域内各行业杰出人才，营造了浓厚的尊才爱才社会氛围。南昌高新区作为江西省数字经济领域的领跑者，强化了数字技术与人才的供给能力，致力于成为全省乃至中部地区数字技术研发与创新的标杆[17]。

此外，赣江新区作为中部地区基础扎实且发展潜力巨大的区域，在全省范围内率先出台了数字经济人才引育的十项专项政策，全面覆盖人才引进、培养、服务等多个环节，提供了强有力的支持与保障。通过强化人才评价机制、核心团队扶持、大学生引进、人才培养、创新引才模式及优化人才服务六大方面，赣江新区正致力于构建“雨林型”数字经济生态系统[18]。此外，新区还鼓励建设“人才飞地”，对认定为赣江新区“人才飞地”的平台给予200万元的一次性资金奖励，确保引入人才能够享受与新区本地人才同等的政策福利。

第三节　江西与中部其他地区的数字人才发展特征比较

(一)“量薪并重”：数字人才数量与薪酬水平的双维度考量

1. 数量维度：人才储备的广度较量

数字人才数量的多少，是衡量一个地区数字经济发展水平的重要指标之一。一个地区所拥有的数字人才数量，直接反映了该地区在数字经济领域的发展潜力和竞争力。

首先从人才基础数量上看，由表 7 - 4 可知，在 2013 年至 2022 年期间，河南省在多数年份中位列中部地区数字人才数量的第一位，特别是在 2020 年至 2022 年，其数字人才数量均超过 18 万人，遥遥领先于其他省份。湖北省在近年来也表现出强劲的增长势头，位居前列，特别是在 2019 年，其数字人才数量激增，达到 18.1 万人，仅次于河南省。而山西省在多数年份中位居末尾，其数字人才数量相对较少，且增长较为缓慢。江西省在中部地区数字人才数量上处于中等水平，虽然近年来也有所增长，但相较于河南省和湖北省等领先省份，其数字人才数量仍然较少。以 2022 年为例，江西省的数字人才数量为 11.7 万人，而河南省为 18.6 万人，约占河南省的 63%，两者之间的差距为 6.9 万人。而与湖北省相比，差距虽然略小，但仍然达到了 5 万人。

其次，从人才数量的增速上看，总体上，中部地区各省近十年的数字人才数量均呈现出逐年增长的趋势。其中，相较于 2013 年，河南省和安徽省的数字人才数量增速较高，达到了约 95.8% 和 88.7%，而山西省和湖南省的增速相对较低，仅为约 18.3% 和 21.9%，安徽省和江西省的增速则介于河南省和山西省之间，分别约为 88.7% 和 85.7%。因此，在中部地区中，江西省数字人才增速位居中等水平。以 2022 年为例，江西省数字人才就业人员总数达到了 11.7 万人，相较于 2013 年的 6.3 万人，实现了近一倍的增长。然而，与同样位于中部地区的安徽、河南等省份相比，江西省的数字人才数量仍显不足。

河南省作为中部地区人口大省，其数字人才数量连续多年位居中部六省之首，有望在近些年突破 20 万大关。湖北省虽然起步较晚，但近年来在数字人才引进和培养方面加大了力度，数字人才数量也实现了快速增长。值得注意的是，山西省、湖南省和安徽省在数字人才数量上虽然不及湖北和河南，但均呈现出稳步增长的态势。这些省份通过出台一系列政策措施，加强数字人才队伍建设，不断提升数字人才储备的广度和深度。

表7－4 2013—2022年中部地区数字人才数量比较

单位:万人

年份	省份					
	江西	湖南	湖北	安徽	河南	山西
2013	6.3	7.3	9.1	6.2	9.5	6.0
2014	7.2	7.6	10.5	7.4	9.7	5.5
2015	6.7	7.2	11.5	7.7	10.4	5.5
2016	7.6	7.4	12.3	8.0	12.2	5.0
2017	8.3	6.9	12.7	8.2	13.2	4.9
2018	8.5	6.8	13.5	9.3	12.8	4.9
2019	9.5	8.1	18.1	9.3	16.6	5.2
2020	10.5	8.5	16.4	9.7	18.3	6.2
2021	10.7	8.9	17.3	10.0	18.2	7.0
2022	11.7	8.9	16.7	11.7	18.6	7.1

数据来源:各省统计局(统计年鉴)整理而得。

(2)薪酬维度:人才吸引力的深度评估

薪酬水平是衡量一个地区对数字人才吸引力的重要指标。从表7－5来看,江西省数字人才的薪酬水平在近年来实现了显著提升,但与中部其他五省相比,仍存在一定的差距。

表7－5 2013—2022年中部地区数字人才薪酬(非私营单位)比较

单位:元

年份	省份					
	江西	湖南	湖北	安徽	河南	山西
2013	57867	54344	56175	53755	47671	49299
2014	56721	58884	64563	62501	52779	56094
2015	60353	68020	72380	67922	60671	60160

续表

年份	省份					
	江西	湖南	湖北	安徽	河南	山西
2016	71535	76123	86398	72390	62467	64686
2017	73333	81785	88774	77304	72373	77870
2018	82800	96561	105918	84265	79543	83095
2019	88865	95989	104540	91580	79992	84761
2020	95779	107317	114162	101715	83900	90594
2021	104940	117793	131663	129350	91501	99130
2022	123902	132496	143765	130388	96536	107195

数据来源：各省统计局（统计年鉴）整理而得。

首先，从薪酬数量上看，湖北省作为中部地区的经济强省，其数字人才人均工资水平连续多年位居中部六省之首，以 2022 年为例，湖北省的薪酬数量已经超过了 14 万元，湖南省和安徽省次之，分别为 132496 元和 130388 元，江西省和山西省紧随其后，分别为 123902 元和 107195 元，而河南省的薪酬数量则位居末尾，尚未超过 10 万元，薪酬最高的湖北（143765 元）与最低的河南（96536 元）之间相差 47229 元，差距较大。其次，从增速上看，由图 7－1可知，在 2013 年至 2022 年期间，中部地区各省的数字人才薪酬均有显著增长。其中，湖北省的薪酬增长额和增速（156%）均位居前列，显示出其数字人才市场的强劲发展势头。湖南省和安徽省的薪酬增长额和增速也相对较高，分别为 144% 和 143%，而河南省、山西省和江西省虽然薪酬增长额和增速稍逊一筹，但也呈现出稳步增长的态势。由图 7－1 可知，江西省数字人才的薪酬增长并非匀速，而是呈现出波动上升的趋势。例如，在 2013 年至 2015 年期间，薪酬增速相对较慢；而在 2017 年之后，增速则明显加快。特别是在 2019 年至 2022 年期间，薪酬增长尤为显著，这与江西省数字经济发展、政策扶持以及市场对数字人才的需求增加有着密切的关系。

综上所述，江西省数字人才的薪酬现状呈现出稳步增长、增速波动上升

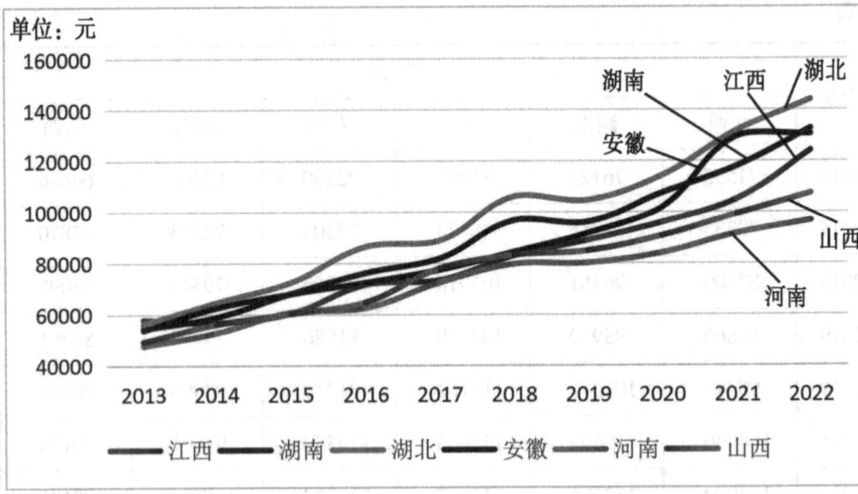

图 7－1 中部地区省份数字人才薪酬涨幅曲线图

的特点。虽然与部分省份相比仍存在一定的差距，但随着江西省数字经济的不断发展壮大和政策的持续扶持推动，预计未来江西省数字人才的薪酬水平将得到进一步提升。

(二)“构质相融”：数字人才结构布局与专业素质的深度剖析

1. 结构维度：人才分布的均衡性考量

以信息技术行业为例，近年来，江西省信息技术行业的数字人才数量持续增长，但仍面临总量不足和分布不均的问题。数据显示，虽然江西省数字人才就业总数从 2013 年的 6.3 万人增加到 2022 年的 11.7 万人，但相对于庞大的市场需求，人才供给仍然紧张。此外，江西省信息技术行业的数字人才主要集中在南昌、九江等城市，区域分布不均衡。与此同时，山西省在信息技术行业的数字人才布局上同样存在总量偏小和区域分布不均的问题，而河南省在信息技术行业的数字人才数量相对较多，但同样存在分布不均的问题。

相较而言，安徽、湖北和湖南三省依托于良好的经济基础以及近些年高新技术产业的飞速发展，其在信息技术行业的数字人才布局上相对均衡。以湖北省为例，作为全国重要的科教基地，其信息技术行业的数字人才数量和质量均位居中部六省前列。武汉、宜昌等城市凭借其丰富的科研资源和创新氛围,吸引了大量高端数字人才。

2. 质量维度:人才素质的比较剖析

在数字人才的质量维度上,中部六省呈现出不同的特点与趋势。江西省近年来在数字人才的整体素质上有所提升,然而,仍面临高端人才短缺、创新能力亟待增强的挑战,与安徽、湖北等省份相比存在一定的差距。

在中部六省中,湖北省的数字人才整体素质处于领先地位,这主要归功于该省丰富的科教资源和浓厚的创新氛围,并为孕育高端数字人才和创新团队提供了优越的环境。与此同时,安徽省和湖南省的数字人才也展现出较高的整体素质及一定的创新能力与竞争力。安徽省凭借近年来构建的强大创新体系和完善的人才政策,正持续推动数字人才创新能力的提升;湖南省同样致力于相关领域的建设,以期进一步增强数字人才的综合素养。

(三)"育培并驱":数字人才教育体系与培训机制的综合评估

1. 教育环境维度:人才培养的摇篮建设

在中部地区,江西数字人才教育环境有着独特的优势和不足。优势方面,江西积极推动数字经济发展,在政策上大力支持数字人才培养。例如,上饶市所出台的《上饶市高层次人才引进培养办法(试行)》等一系列政策文件,为数字人才培养提供了有力的政策保障。同时,江西积极推动高校与企业的合作,如华为云与江西多所高校的合作,为学生提供了实践机会和就业渠道。此外,江西还积极推动数字产业学院的建设,如江西师范大学数字产业学院的成立,为培养专业数字人才提供了优质平台。

然而,与中部其他省份相比,江西省在顶尖数字学科建设和高端科研平台建设方面仍有待加强。以安徽省和湖北省为例,首先安徽省在数字人才培养上展现出强劲实力,中国科学技术大学、合肥工业大学等知名高校在数字科学领域具有深厚底蕴,为安徽省输送了大量高质量数字人才。而湖南省在数字人才培养方面同样表现出色,中南大学、湖南大学等高校在数字学科领域具有较强实力。湖南省还注重与珠三角等经济发达地区的合作,引导高校和科研机构与企业共建研发平台,推动数字人才培养与产业需求的精准对接。

2. 培训环境维度:技能提升的加速器打造

江西省在数字人才培训方面,依托各类职业技能培训机构和在线学习平台,为在职人员提供了丰富的数字技能培训课程。同时,政府还积极推动“互联网+职业技能培训”模式,提高培训的针对性和实效性。然而,与中部其他省份相比,江西省在数字技能培训的覆盖面、专业性和实效性方面仍有提升空间。如河南省,在数字人才培训上注重发挥人口红利优势,通过大规模的职业技能培训行动,提升劳动者的数字技能水平。同时,河南省还积极推动职业培训与就业创业的有机结合,提高培训的就业导向性。

(四)“政激并施”:数字人才政策与激励机制的系统解析

江西省在数字人才政策与激励机制的构建上,既面临着与中部地区其他五省相似的挑战,也展现出独特的发展路径。

1. 政策激励维度:激发潜能的引擎设计

江西省在数字人才政策激励方面,注重顶层规划与具体措施的有机结合,旨在构建一套全面、高效、可持续的政策体系。与中部地区其他省份相比,江西省的政策激励呈现出以下特点:

一是江西省针对数字人才出台了多项专项政策,如《江西省“十四五”数字经济发展规划》《大数据人才支持服务办法》等,这些政策不仅明确了数字人才的发展目标和路径,还提出了一系列具体的激励措施,如税收减免、住房补贴、创业扶持等。相比之下,湖北、湖南等省也在积极推动数字人才政策,但更多地侧重于整体经济规划和产业发展,数字人才专项政策相对较少。二是江西省高度重视高层次数字人才的引进和培养,通过设立“赣鄱英才计划”“双千计划”等人才项目,吸引国内外顶尖数字人才来赣创新创业。在此方面,河南省通过实施“中原英才计划”也取得了显著成效。三是江西省不断优化数字人才的创新创业环境,通过建设数字产业园区、孵化器等平台,为数字人才提供广阔的发展空间和优质的创业服务。此外,江西省还积极举办数字人才创新创业大赛、论坛等活动,激发数字人才的创新活力。

2. 机制创新维度:制度保障的长效建设

在机制创新方面,江西省注重构建科学、合理、高效的数字人才激励机制,为数字人才的成长和发展提供坚实的制度保障。与中部地区其他省份相比,江西省的机制创新呈现出以下特点:

一是江西省在数字人才薪酬体系上进行了大胆创新,实行弹性薪酬制度,根据数字人才的贡献和绩效进行动态调整。同时,江西省还积极探索股权激励等长期激励方式,鼓励数字人才与企业共同成长。二是江西省在数字人才福利体系上注重多元化和人文关怀,不仅为数字人才提供丰富的福利待遇,如健康保险、退休金、带薪休假等,还关注数字人才的心理健康和职业发展需求。通过组织丰富多彩的文体活动、提供职业发展规划指导等,增强数字人才的归属感和忠诚度。三是江西省积极运用大数据、人工智能等先进技术,构建智能化的人才激励机制和服务平台。通过数据分析,精准识别数字人才的需求和偏好,提供个性化的激励方案和服务。

第四节 江西数字人才发展的瓶颈与挑战

基于上述比较分析可知,江西省在数字人才发展领域虽然取得了一定的成绩,如数字人才结构逐步优化、薪酬不断提升、培养步伐加快等,但在与中部其他地区的竞争中,仍暴露出一些不足。

(一)数字经济基础薄弱,难撑数字人才高飞

江西数字人才发展进程中最突出的问题之一就是其数字经济基础比较薄弱,这已成为阻碍其腾飞的重要原因。从表 7-6 可以看出,2023 年,江西省的数字经济规模占江西省 GDP 比重达 37%,这个比重虽然不是中部省份中最小的,但是和湖北省相比还是有很大差距。湖北省数字经济规模在湖北省 GDP 中所占比例达到 47%,表明其数字经济基础比较扎实。江西数字经济发展相对落后,在数字基础设施建设、数字产业规模以及数字创新能力上都有较大差距。上述缺陷,不但制约着数字化人才的成长,而且也制约着

江西对数字化人才的吸引。数字人才更愿意到数字经济发达、创新氛围浓厚的地方去寻找更好的发展机遇。为此,江西应直面数字基础薄弱这一现实瓶颈,加快数字人才的开发,有效地支持高素质人才高飞,使江西在"数字经济"时期实现跨越式发展。

表7-6 2023年各省数字经济规模占各省GDP规模比重对比

省份	数字经济规模占各省 GDP 比重
江西	37%
山西	25%
河南	31.5%
安徽	10%
湖北	47%
湖南	34%

数据来源:各省统计年鉴、经济发展报告等整理而得。

(二)总量有限质量参差,人才面临发展鸿沟

江西省数字人才发展存在着数量少、素质参差不齐等明显问题。本书选取"R&D 人员数量"这一参考指标来探讨江西省与中部其他省份在人才数量上所面临的差异。由图7-2所示,江西省在2023年的R&D人员全时当量占全国比重只有1.8%,远远落后于河南、湖北和湖南三个中部省份,也远远低于全国平均值。其中,与湖北省和湖南省相比,江西省的R&D人员数量差距更为显著。湖南省和湖北省的R&D人员全时当量占全国比重分别高达50%和51%,这进一步凸显了江西省在R&D人员数量上的不足,表明江西省在数字化人才方面存在着明显的短板。由于受教育资源、科研投入和行业发展等多种因素的制约,江西地区的数字人才在专业技能、创新能力和实际操作能力上都有很大的差别。这样的素质失衡,使江西省在数字化人才方面的弱势地位更加明显。江西省数字人才数量较少,且素质参差不齐。江西省数字人才在数量与质量上与其他中部地区都存在较大差距,这是一个不容忽视的问题。江西省在吸引、培养、留住数字化人才等问题上

面临着较大的挑战，这既制约着江西省数字经济的迅速发展，也制约着江西省在中部甚至全国的竞争实力。

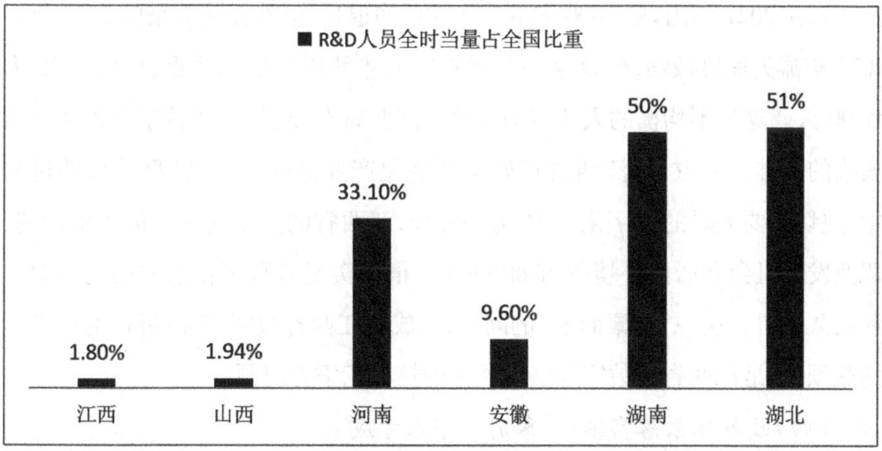

图 7－2　2023 年各省 R&D 人员全时当量占全国比重

数据来源：各省统计年鉴、经济发展报告等整理而得。

(三)集聚不易流失频现，深陷人才流动困局

江西省在汇聚及保留数字领域人才上遭遇了不少挑战。受限于其地理位置、经济成长程度以及产业根基，该省对于数字人才的吸引力度不足，难以产生显著的人才聚集效果。因为缺少有力的激励措施和人才保留策略，导致江西省的数字技术人才外流问题突出，众多杰出人才纷纷流向经济更为发达的地区以寻求更佳的职业发展。

表 7－7　江西省数字人才流动情况

单位：人

年份	流入人数	流出人数	净流失人数
2021	600	1000	-400
2022	195	300	-75
2023	210	330	-90

数据来源：各省统计年鉴、经济发展报告等整理而得。

通过表7-7,可以看出江西省数字人才流动问题的严重程度。近年来,进入江西省的互联网人才数量一直少于外来人口,造成了人口净外流的增长。江西省在2021年出现了400名数字人才的净退量,虽然在接下来的2022年和2023年流失速度放缓,但是这一时期数字人才的流失依旧严重,分别为75人和90人。这种不均衡的人才流动反映了江西省在吸引、留住数字化人才上所面临的困难。一方面,江西省正处于数字化产业高速发展、转型升级的过程中,迫切需要大量的数字化人才;另一方面,江西省的数字化人才因工资待遇、职业发展机会和居住环境等方面的原因,很难实现对数字化人才的高效聚集和长久保留。这一"难聚而散"的问题,已成为江西省数字产业持续、健康发展的瓶颈,也是江西省在数字经济发展中的核心竞争力问题。

(四)政策体系落实不足,掣肘数字人才成长

江西省在数字人才扶持机制上存在诸多不足,执行力度亦显不足,这一状况极大地限制了数字人才的成长。现阶段,江西省针对数字人才的扶持政策多集中于短期效益和临时应对,缺少长远规划和战略布局。因此,这些政策的效果和持久性均不佳,对数字人才的持续发展难以形成正面推动。此外,江西省在数字人才评估体系上也存在缺陷。现有的评估体系过分强调学历和职称等硬性条件,却忽略了实际技能和贡献等柔性因素的重要性。这种评估体系不仅不能真实反映数字人才的实际能力,还可能打击优秀人才的主动性和创新精神。

表7-8 江西省数字人才政策评价体系问题

问题类型	具体表现
硬性指标过重	过分依赖学历和职称,忽视实际能力和贡献
评价体系单一	缺乏多元化的评价标准和方法,无法全面反映人才水平
激励机制不足	缺乏有效的激励机制,难以激发人才的积极性和创造性
政策落实不到位	政策制定和执行之间存在较大差距,导致政策效果大打折扣

从表7-8可以看出,江西省在数字人才政策评价体系方面存在多个问题,这些问题严重制约了数字人才的成长和发展。如何完善政策体系并加

强落实,成为江西省数字人才发展面临的重要挑战。

(五)融合深度有待加强,数字技术效用受限

江西省在数字化技术与实体经济结合过程中,目前仍受到一定的条件限制,这一状况制约了数字技术的应用效果以及数字人才的发展潜力。现阶段,江西省的常规产业在向数字化转型过程中遭遇重重障碍,众多企业面临资金短缺、技术不足、人才匮乏等挑战[19]。另外,江西省的新兴产业,比如平台经济、共享经济等领域虽有发展,但规模有限且发展水平参差不齐,未能为数字人才的成长提供足够的支持。

表7-9 江西省数字技术与实体经济融合情况

产业类型	融合程度	主要问题
传统产业	较低	资金、技术、人才短缺,转型壁垒高
新兴产业	一般	体量小、发展不均衡,难以形成有效支撑
数字技术服务业	较高	与实体经济融合不深,技术应用受限

从表7-9可以看出,江西省在数字技术与实体经济融合方面存在较大问题,这不仅限制了数字技术的效用,也影响了数字人才的发挥和发展。

第五节 数字人才发展的对策与建议

(一)筑基数字经济,打造人才发展新高地

数字经济是数字人才发展的肥沃土壤,也是江西省实现高质量发展的重要引擎。为了打造数字人才发展的新高地,江西省需进一步落实《江西省"十四五"数字经济发展规划》等数字经济政策发展举措,筑基数字经济,为数字人才提供广阔的发展空间和良好的生态环境。江西省应继续加强数字基础设施建设,包括5G网络、大数据中心、云计算平台等,为数字人才提供高效、便捷的技术支持。同时,要提升数字技术基础研发能力,鼓励企业、高校和科研机构加大研发投入,推动数字技术的创新和应用。此外,应构建高

能式数字平台，吸引和集聚高端数字人才[20]。这些平台可以包括数字经济产业园区、数字创新中心、数字人才孵化器等，为数字人才提供创业、创新、交流、合作的空间和机会。通过高能式数字平台的构建，江西省可以形成数字人才集聚效应，推动数字经济的快速发展。

（二）优化人才结构，跨越发展鸿沟新领域

在数字经济时代，人才结构的优化是跨越发展鸿沟、实现持续创新的关键。江西省应针对数字人才领域的特点和需求，优化人才结构，提升数字人才的综合素质和创新能力。

一方面，加大对数字人才的培养力度，特别是高端数字人才的培养。通过设立数字人才专项基金、建设数字人才培训基地、开展数字人才国际交流等方式，培养一批具有国际视野、创新精神和实践能力的数字人才[21]。同时，要鼓励高校、职业院校开设数字技术专业，加强数字技术与传统学科的交叉融合，建立交叉学科发展引导机制，培养高水平复合型人才。

另一方面，应引导数字人才向新领域、新业态、新模式转移。随着数字技术的不断发展，新兴领域如人工智能、大数据、云计算、区块链等不断涌现，这些领域对数字人才的需求日益旺盛。江西省应鼓励数字人才积极参与新兴领域的创新和发展，推动数字经济与实体经济的深度融合。此外，江西省还应加强数字人才在不同行业、不同领域之间的流动和合作。通过搭建数字人才交流平台、举办数字人才创新创业大赛等方式，促进数字人才之间的交流与合作，推动数字技术在不同行业、不同领域之间的广泛应用和深度融合。

（三）破解流动难题，汇聚数字人才新力量

数字人才的流动是数字经济发展的重要保障。然而，当前江西省数字人才流动面临着一些难题，如户籍限制、社会保障不完善、职业发展机会有限等。为了破解这些难题，江西省应采取有效措施，汇聚数字人才新力量，主要包括以下方面：

一是应放宽户籍限制，降低数字人才落户门槛。通过实施更加灵活的户籍政策，吸引更多的数字人才来江西工作和生活。同时，要加强社会保障体系建设，完善数字人才在医疗、教育、住房等方面的保障措施，提高数字人才的获得感和幸福感。

二是应拓宽数字人才的职业发展渠道，提供更多的职业发展机会。通过设立数字人才职称评定体系、开展数字人才职业技能培训等方式，提升数字人才的职业素质和竞争力。同时，要鼓励企业、高校和科研机构设立数字人才岗位，为数字人才提供更多的就业机会和职业发展空间。

三是继续强化与长三角、粤港澳大湾区等地区的合作与交流。通过加强区域合作、推动人才共享等方式，拓宽数字人才的流动渠道。

（四）完善政策体系，营造人才成长新生态

政策体系是数字人才成长的重要基石。为了营造人才成长新生态，江西省应完善政策体系，为数字人才提供更多的政策支持和保障。

一方面，江西省应出台更加优惠的税收政策、财政补贴政策等，降低数字人才的创业和就业成本。同时，要加强知识产权保护力度，保障数字人才的创新成果得到充分的保护和利用。另一方面，应完善数字人才评价和激励机制，通过建立科学的数字人才评价体系和激励机制，激发数字人才的创新活力和工作热情。例如，可以通过设立数字人才奖励基金、开展数字人才评选活动等方式[22]，对在数字经济领域做出突出贡献的数字人才进行表彰和奖励。此外，还应加强政策宣传和解读力度。通过举办政策宣讲会、发布政策解读材料等方式，让更多的数字人才了解政策、享受政策，从而推动政策的有效落地和实施。

（五）深度“数实”融合，激发数字技术新动能

推动数字经济与实体经济的深度融合，构成了江西省数字经济发展策略的关键路径。江西省应当积极促进传统产业向数字化转型，通过引入先进的数字技术对传统产业实施改造与升级策略，驱动其转型升级与实现高质量发展。具体而言，可通过在智能制造、智慧农业[23]、智慧物流等领域的深入应用，显著提高传统产业的智能化水平，增强其市场竞争力。与此同时，江西省还需注重数字经济新业态与新模式的培育。通过激励数字技术与传统产业、新兴产业等多个维度进行深度融合与创新协同发展，有望孕育并发展出一系列具备高度竞争力的数字经济新业态与新商业模式。

第八章

人才政策的区域比较与创新方向

——基于对江西、安徽、湖北、湖南省人才政策的比较

我国中部地区是沿海和内陆之间对接的重要区域，是全国重要的对外开放支撑区、现代农业核心发展区和制造业中心，包含了湖北、湖南和江西等六个省份。随着中国经济不断发展，北上广深等特大城市的经济发展速度逐渐放缓，中部城市如武汉、长沙等新一线城市的经济发展增速不断超越一线城市。早在2006年，中央便出台了《中共中央、国务院关于促进中部地区崛起的若干意见》(中发〔2006〕10号)，正式提出了中部地区崛起的战略方针。如今，中部地区崛起战略已经进入高质量发展阶段，中部地区在经济发展中发挥着越来越重要的作用，习近平也强调要进一步促进中部地区的高效发展，推动中部地区的经济崛起。因此，中部各省为响应国家号召纷纷开始大力发展科技产业，而科技人才则是提高经济科技生产力的最大动力之一。中部地区政府开始积极制定科学合理的人才政策，抢人大战随着经济比拼的开始而形成一定规模。例如，在大学生人才吸引比拼中，武汉喊出"支持百万大学生留汉创业就业"的口号，长沙提出五年吸引100万大学生人才的目标，江西也颁发了"人才十条"新政。随着各项人才福利和发展政策的出台，中部地区的人才吸引成效突出。在《中国城市人才吸引力排名：2021》报告中，北京、杭州、上海、深圳、广州、南京、苏州、成都、宁波、长沙、武

汉位居前十一名，中部城市中，长沙、武汉、郑州、合肥分别是第10、11、19、25位①。在新的经济格局下，中部城市在大力打造区域经济和城市圈的过程中发挥着巨大的作用，因而对各类人才的吸引力也在不断增长。由此可见，研究中部地区为增强人才竞争力而提出的各项政策方针，总结对比其优劣从而为中部地区引才、培育人才提出发展性的建议，对中部崛起战略方针的实现有着重要意义。

第一节 人才政策样本特征及来源

一、样本特征

通过对各省的人才政策展开系统的梳理、分类、归纳和总结，下面从政策年度、政策适用对象、政策类别三个维度来概括所选取的样本特征。在政策年度上，本研究选取了各省份近几年（2017—2023）的政策文本，包含了所有以人才为标题和文本内容关键词的政策。在政策适用对象上，本研究涵盖了针对所有人才群体的普适型人才政策，也包括了针对某一类型人才群体的专门型人才政策。在政策类别上，本研究包含了从人才选拔、人才培养、人才使用、人才激励、人才评价到人才流动的全过程政策。

二、政策样本来源

本研究的样本采集渠道为各省人民政府官网，以及省人力资源和社会保障厅、省科技厅等省直属政府机构官网，见表8－1。

表8－1 人才政策来源

人才政策发文单位	人才政策发文单位
省人民政府办公厅	省科学技术厅
省人力资源和社会保障厅	省民政厅

① 数据来源：智联招聘官网。

续表

人才政策发文单位	人才政策发文单位
省财政厅	省农业农村厅
省工业和信息化厅	省委宣传部
省教育厅	省委组织部

第二节 人才政策的区域比较分析

一、江西省与安徽省人才政策对比分析

1. 样本选择与政策概述

过去，江西发展常以安徽作为参照对象。为探究江西省政策与其他中部省份政策的差异性，故选取同为中部地区且经济总量与江西比较接近的安徽省作为比较对象，对两省的人才政策进行对比研究。通过访问江西省人民政府和安徽省人民政府及其相关机构的门户网站，在其发布的文件库中输入“人才”等关键词搜索，并将关键词的搜索范围设置为“标题或全文”，将时间限定为2015年至2023年，在政策级别上，选取省级政策为研究对象。同时，为了提高检索结果的准确性，对搜索出的文件进行一一阅读，剔除与人才政策不相关或者相关度不高的文件，最后分别筛选出江西省人才政策74项，安徽省人才政策51项。

2. 政策发文数量与政策分类

从政策发文数量来看，2015—2023年，安徽省人才政策总发文量与江西省人才政策的总发文量基本持平。从发文数量的峰值来看，2017年，两省的人才政策发布量达到近几年的峰值，这与当年全国范围内的人才争夺大背景密切相关；2017年以后，两省的人才政策发文量都在减少。从数量对比来看，2018年至2020年，江西省的人才政策发文量都低于安徽省人才政策的发文量；但2021—2022年，江西省的人才政策发文量远高于安徽省。最后，

从近几年的幅度来看，江西省人才政策的发文数量变化起伏比较大，而安徽省的人才政策发文数量变动幅度相对小，详见图 8－1。

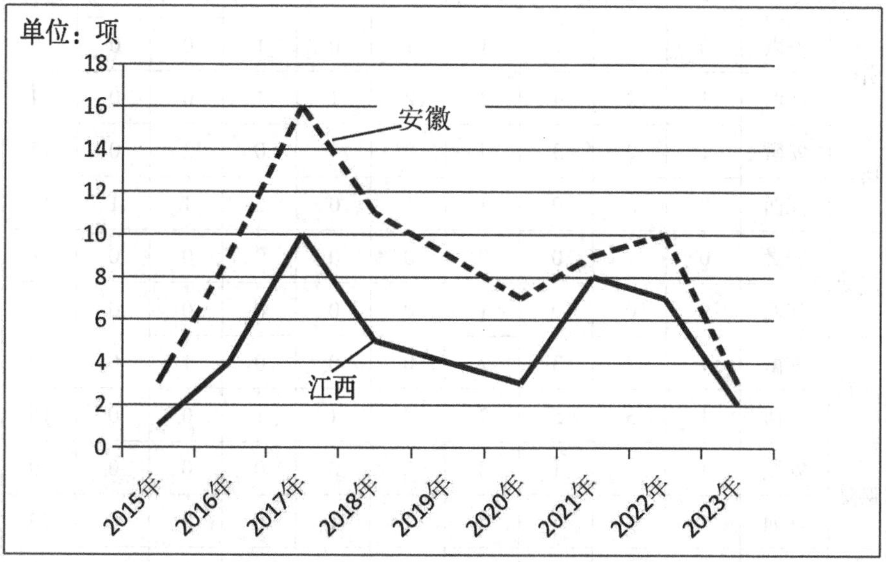

图 8－1　2015—2020 年安徽省、江西省人才政策发文数量

按照两省发布的政策内容和人才成长规律，从人才引进、培养、流动、激励、保障、服务、评价 7 个方面，对 2015—2023 年间江西省和安徽省人才政策类型的分布进行比较分析，见表 8－2。结果表明：两省人才政策具有明显差距。总体而言，2015—2023 年期间，江西人才政策发文量为 74 项，江西省人才政策偏向“人才引进”和“人才激励”，其中引进类占全省人才政策的 18.9%，激励类占总体的 20.2%，人才保障政策占 17.5%，人才评价政策占 14.8%，人才培养占 16.2%；安徽省人才政策发文总量为 51 项，人才政策偏向“人才服务”“人才培养”，其中服务类占总体的 23.5%，培养类占总体的 29.4%。在人才评价方面，安徽省政策数量占 19.6%，人才激励政策和人才保障政策各占 17.6%；在人才流动方面，两省的政策都比较少，江西省仅占总体的 1.35%，安徽省则为 1.96%。

表 8－2 2015—2023 年江西省、安徽省人才政策类型的频数分布

单位:项

政策类别		2015 年	2016 年	2017 年	2018 年	2019 年	2020 年	2021 年	2022 年	2023 年	总计
引进	安徽	0	1	1	1	1	0	1	0	0	5
	江西	1	2	4	3	2	1	1	0	0	14
培养	安徽	1	2	3	4	2	1	0	2	0	15
	江西	0	3	0	1	1	0	5	1	1	12
流动	安徽	0	1	0	0	0	0	0	0	0	1
	江西	0	0	0	1	0	0	0	0	0	1
激励	安徽	1	2	3	2	0	0	0	1	0	9
	江西	1	3	5	2	2	1	1	0	0	15
保障	安徽	1	2	1	3	2	0	0	0	0	9
	江西	1	1	6	1	1	1	0	2	0	13
服务	安徽	1	2	4	2	2	1	0	0	0	12
	江西	1	1	4	0	1	0	0	1	0	8
评价	安徽	0	0	3	2	1	3	0	0	1	10
	江西	0	1	3	0	2	0	1	3	1	11

3. 政策内容与政策效果分析

通过对政策文本及文献的研究可以发现两省的人才政策主要是通过本省正在实施的人才计划体现出来。研究发现,安徽省的人才计划比较多,而且是针对不同领域、不同职业进行专门设置。其中具有普遍性的人才计划分别是"江淮英才计划""特支计划"。江西省的人才计划虽少,但综合性较强,主要通过省"双千计划""双高计划""青年科学家计划"来实施人才引进。就人才计划针对的引进对象而言,两省大同小异,基本包含了国内外的杰出人才、各领域的领军人才以及"双高"人才;但安徽省的对象除了注重人才的个体引进外,还体现在其注重人才团队的引进。从政策优惠力度来说,安徽省的人才计划规定得比较详细,且注重对项目和个人同时进行扶持,而江西省资助是一个范围，幅度比较大，且注重对项目的支持，对人才个人的支持少。从资助的绝对金额来看，江西省对最顶尖杰出人才的项目资助要比安徽省规定的要高，但在较低层次人才的支持方面力度较安徽要小，详见表8－3。

表8－3　江西省、安徽省人才政策计划对比

省份	人才计划	政策对象	政策优惠（资金）
安徽省	江淮英才计划	顶尖人才 杰出人才 领军人才 基础研究人才 高水平创新团队 高级职务人员	1. 顶尖人才200万元生活补助/人；特殊贡献顶尖人才，200万元生活补助/人、500万元工作经费/人； 2. 国家重大人才计划人员100万元资助/人，短期项目人员为30万元资助/人； 3. 高层次科技人才团队分三类，A级为1000万元资助，B级为600万元资助，C级为300万元资助； 4. 其他人员按照有关规定给予相应补助或项目资助
	特支计划	高层次创新创业领军人才	每人50万元经费支持，专项用于领军人才自主选题研究、人才培养和团队建设
江西省	双千计划、双高计划	两院院士 国家重大人才计划 杰出青年人才 长江学者等 “双高”人才 外国人才	1. 两院院士，给予1000万/人的项目资助费用和300万/人的安家费用。 2. 国家重大人才计划，给予500万～1000万/人的项目资助。 3. 对杰出青年人才、长江学者、中国科学院“百人计划”A类人选，给予300万～500万/人的项目资助。 4. 对“两高”人才的优秀项目进行资助，获国家级奖励给予20万以下资助，省级奖励10万以下资助。 5. 外国人才，给予每人20万～300万的项目资助

政策实施效果的评价方法有很多，但在本研究中，两省的科技人才数量是政策实施效果的主要评价标准。就数量而言，安徽省的科技人才总量远大于江西省的科技人才总量。从每年的增量和增速来看，2017年以后，江西

省科技人才每年新增数量大于安徽省每年新增的科技人才数量,江西省科技人才数量的增长速度也快于安徽省科技人才数量的增长速度。因此,可以看出,2017 年以前,江西省与安徽省的科技人才数量的差额呈现一种增长趋势,见表 8 -4。而 2017 年后,江西省科技人才数量与安徽省科技人才数量之间的差额在缩小,由此可知江西省的人才政策取得了一定的效果,见图 8 -2。

表 8 -4 2015—2022 年江西省、安徽省研发人员数量

单位:人

年份	2015	2016	2017	2018	2019	2020	2021	2022
江西省	78771	94151	99643	122696	160329	180854	188413	194515
安徽省	204750	211053	228245	232730	262498	278822	350238	375002

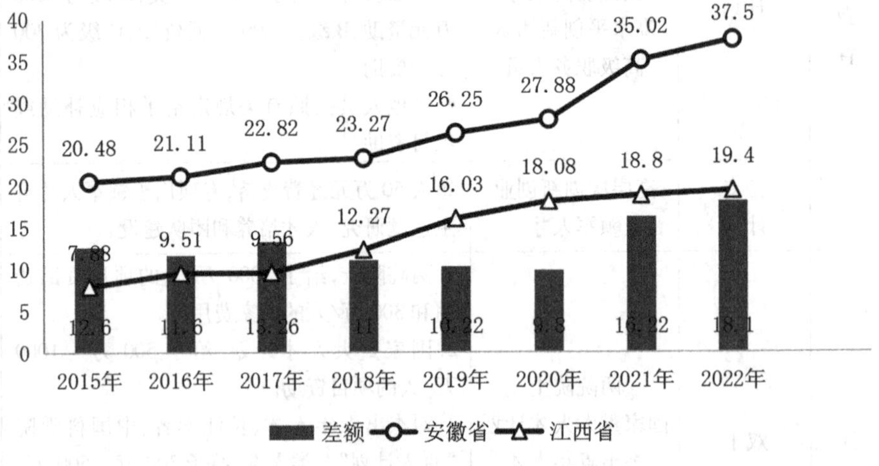

图 8 -2 江西省、安徽省科技人才数量及差距

二、江西与湖南、湖北省人才政策比较

通过政搜集各省的人才政策可知,省人民政府办公厅、省人力资源和社会保障厅是出台省级人才政策最多的政府部门。为保障政策文本的时效性,搜集的政策文本均为 2023 年 12 月 31 日之前的政府文件。为保障研究的有效性,以“人才”为标题和正文的关键词予以搜索,最终选取有效样本 140 份,本研究按照政策类型将 140 项人才政策按照省份分为了人才引进与

发展政策、人才培育与评价激励政策，以及人才管理服务与人才流动政策，见表8－5至8－7。研究选取的人才政策均为意见、通知、计划、细则等常见的政策文件，不包含转发国家人才政策的相关文件。

表8－5　截至2023年的人才引进与发展政策

省份	人才引进与发展
湖北省	《省人民政府关于做好当前和今后一段时期就业创业工作的实施意见》
	《省人民政府办公厅关于建设省级大众创业万众创新示范基地的实施意见》
	《全省农民工等人员返乡创业三年行动计划（2018—2020年）的通知》
	《省人民政府办公厅关于实施博士后人才倍增计划的意见》
	《省人民政府办公厅关于印发应对新冠肺炎疫情影响促进普通高校毕业生就业创业工作若干措施的通知》
	《省人民政府办公厅关于印发湖北省全民科学素质行动规划纲要实施方案（2021—2025年）的通知》
	《省人民政府办公厅印发关于实施“才聚荆楚”工程促进高校毕业生就业创业若干措施的通知》
	《省科技厅关于印发〈省科技厅关于加快建设高水平新型研发机构的若干意见〉的通知》 《关于实施“我选湖北”计划大力促进大学生在鄂就业创业的意见》 《湖北省人力资源和社会保障厅关于加强光谷科创大走廊人才建设发展的通知》 《关于加强中国（湖北）自由贸易试验区人才建设发展的通知》 《省人社厅 省发改委 省财政厅 省自然资源厅 省住建厅 省农业农村厅 省商务厅 省市场监管局 省地方金融监管局 省税务局 人行武汉分行 关于深入实施“我兴楚乡·创在湖北”返乡创业行动计划的通知》
	《关于实施“才聚荆楚”工程促进高校毕业生就业创业的若干措施》
	《省人民政府办公厅关于加快建设高质量人力资源市场体系的实施意见》
	《省人力资源和社会保障厅关于实施“湖北省博士后尖端人才引进计划”“湖北省博士后优秀人才跟踪支持计划”的通知》
	《湖北省人力资源和社会保障厅关于深入实施“才聚荆楚”工程推进2023年高校毕业生等青年就业创业十项行动的通知》
	《关于深入实施“我兴楚乡·创在湖北”返乡创业行动计划的通知》

续表

省份	人才引进与发展
湖南省	《中共长沙市委 长沙市人民政府关于印发〈长沙市建设创新创业人才高地的若干措施〉的通知》
	《湖南省科学技术厅关于印发〈湖南省引才引智示范基地管理办法〉的通知》
	《湖南省“十四五”人力资源和社会保障事业发展规划》 《湖南省工业和信息化厅关于印发〈湖南省制造业创新能力提升三年行动计划(2021—2023)〉的通知》 《湖南省人民政府关于推动创新创业高质量发展打造“双创”升级版的实施意见》
	《人力资源社会保障部关于加强企业招聘用工服务的通知》
	《人力资源社会保障部关于进一步加强高技能人才与专业技术人才职业发展贯通的实施意见》
	《人力资源社会保障部办公厅关于单独划定部分专业技术人员职业资格考试合格标准有关事项的通知》
	湖南省财政厅中共湖南省委组织部关于印发《湖南省省级人才发展专项资金管理办法》的通知
	《中共湖南省委人才工作领导小组办公室关于开展芙蓉计划湖湘青年英才项目申报工作的通知》
	《中共湖南省委人才工作领导小组 关于开展2021年湖南省财会金融人才支持计划遴选工作的通知》
	《关于开展2021年湖南省湖湘青年英才支持计划申报工作的通知》
	《中共湖南省委人才工作领导小组 关于开展2021年湖南省企业科技创新创业团队支持计划申报工作的通知》
江西省	《江西省人民政府关于印发江西省妇女发展纲要(2021—2030年)和江西省儿童发展纲要(2021—2030年)的通知》
	《江西省人民政府关于聘任李火坤等40名学者为江西省高等学校“井冈学者”特聘教授的决定》
	《江西省人民政府办公厅关于进一步促进高等学校科技成果落地江西的实施意见》

续表

省份	人才引进与发展
江西省	《江西省人民政府办公厅印发关于加快科技创新平台高质量发展十二条措施的通知》
	中共江西省委人才工作领导小组出台《关于深入学习贯彻习近平总书记考察江西重要讲话精神 加快推进科技创新升级 支撑中国式现代化江西建设的若干措施》 江西省博士后九条

表 8－6 截至 2023 年的人才培育与评价激励政策

省份	人才培育与评价激励
湖北省	《省人民政府办公厅关于深化医教协同进一步推进医学教育改革与发展的实施意见》
	《省人民政府办公厅关于改革完善全科医生培养与使用激励机制的实施意见》
	《省人民政府关于进一步推进职业教育发展的意见》
	《省人民政府办公厅关于印发湖北省职业技能提升行动实施方案（2019—2021 年）的通知》
	《省人民政府关于授予"湖北工匠""湖北省技能大师"和"湖北省技术能手"称号的决定》
	《省人民政府关于推行终身职业技能培训制度的实施意见》
	《省人民政府关于在中国（湖北）自由贸易试验区试行进一步激发人才创新创业活力措施的意见》
	《省人民政府办公厅关于完善科技成果评价机制的实施意见》
	《省人民政府办公厅关于印发加快全省医学教育创新发展实施方案的通知》
	《省人力资源和社会保障厅、省财政厅关于明确职业技能提升行动有关事项的通知》
	《省人力资源和社会保障厅、省财政厅关于做好职业技能提升行动线上培训等工作的通知》

续表

省份	人才培育与评价激励
湖北省	《省科技厅 省财政厅 省教育厅 省卫健委 关于持续开展减轻科研人员负担激发创新活力专项行动的通知》 《省人力资源和社会保障厅办公室关于开展技能人才评价专项整治工作的通知》 《省人社厅 省财政厅 省民政厅 省商务厅 省妇联关于实施康养技能人才培训计划打造“湖北护工”品牌的通知》 《实施“技兴荆楚”工程服务现代产业高质量发展若干措施》 《湖北省人力资源和社会保障厅关于深入推进高技能人才与专业技术人才职业发展贯通的实施意见》
	《湖北省岗位技能提升培训补贴管理办法(试行)》 《湖北省高端会计人才“十四五”培养计划》 《湖北省会计人员专业能力提升工程实施方案》 《湖北省科学技术奖励办法实施细则》 《湖北:强化“四个导向”让有真才实学的专家脱颖而出》
湖南省	《关于2021年度湖南省科技创新人才计划大学生科技创新创业项目立项的通知》
	《关于印发〈湖南省121创新人才培养工程实施办法〉的通知》
	《湖南省残疾人职业技能提升培训实施办法》
	《湖南省人民政府办公厅关于改革完善全科医生培养与使用激励机制的实施意见》
	《湖南省人民政府办公厅关于加强技能人才培养建设技工大省的意见》
	《湖南省人民政府关于推行终身职业技能培训制度的实施意见》
	《湖南省人民政府关于印发〈湖南省职业教育改革实施方案〉的通知》
	《湖南省人力资源和社会保障厅湖南省财政厅关于印发〈湖南省人力资源培养开发项目(专业技术类)管理办法〉的通知》 《关于印发〈湖南省高技能人才培训基地建设项目实施管理办法(修订)〉的通知》 《湖南省人力资源和社会保障厅关于印发〈湖南省“湘产专场”产业人才高级职称评审工作方案〉的通知》 《关于做好2022年湖南省专精特新中小企业领军人才培训工作的通知》

续表

省份	人才培育与评价激励
湖南省	《人力资源社会保障部 教育部关于深化高等学校教师职称制度改革的指导意见》 《人力资源社会保障部 工业和信息化部关于深化工艺美术专业人员职称制度改革的指导意见》 《国家新闻出版署等关于印发〈新闻专业技术人员继续教育暂行规定〉的通知》 关于印发《湖南省普通高等学校科技创新团队支持项目管理办法》的通知 《关于实施"楚怡工匠计划"试点工作的通知》 《关于进一步规范管理职业学校校企合作的通知》 科技部等十三部门印发《关于支持女性科技人才在科技创新中发挥更大作用的若干措施》的通知 《湖南省农业农村厅关于进一步对乡村产业振兴带头人"头雁"培育对象予以扶持的指导意见》
江西省	《江西省人民政府办公厅关于印发加快江西省医学教育创新发展实施方案的通知》
	《江西省人民政府关于整省推进职业教育综合改革提质创优的意见》
	《江西省人民政府办公厅关于加快技工教育发展加强技能人才队伍建设的若干意见》
	《江西省人民政府关于印发江西省职业教育改革实施方案的通知》
	《江西省人民政府办公厅关于印发江西省职业技能提升行动实施方案(2019—2021年)的通知》
	《江西省人民政府办公厅关于印发江西省深化科技奖励制度改革实施方案的通知》
	《江西省人民政府关于推行终身职业技能培训制度的实施意见》
	《江西省人民政府办公厅印发关于改革完善全科医生培养与使用激励机制实施方案的通知》
	《江西省人民政府办公厅关于大力推进老年教育事业发展的实施意见》
	《瑞昌市:开展农民培训 助力春耕备耕》
	《上高县:人才聚合力春耕展新景》

续表

省份	人才培育与评价激励
江西省	《关于印发〈江西省高校毕业生基层成长计划 实施方案〉的通知》
	《关于印发〈江西省优秀高技能人才评选表彰管理办法〉的通知》
	《关于印发江西省职业技能提升行动实施方案（2019—2021 年）的通知》
	《关于印发〈2016—2020 年江西省公务员培训纲要〉的通知》 《关于进一步加强百人远航工程的实施办法》 《关于加快技工教育发展加强技能人才队伍建设的若干意见》 《关于加强基层专业技术人才队伍建设的实施意见赣人社发〔2017〕4 号》 《技能人才薪酬分配指引》（2021 年） 《江西省高层次高技能领军人才培养工程实施方案》（2022 年） 《江西省有突出贡献人才高级职称评审办法》（2021 年） 《江西省 2021 年普通高校专升本考试招生实施方案》《江西省高等职业院校与本科高校联合培养本科层次技术技能型人才实施方案》 关于深入推进中高职一体化长学制培养技术技能人才工作的指导意见（赣教规字〔2021〕19 号） 文化和旅游部、教育部、人力资源社会保障部联合印发《中国非物质文化遗产传承人研修培训计划实施方案》（2018 年） 《关于加强新时代高技能人才队伍建设的实施意见》（2024 年） 《江西省重点实验室优化重组方案》（2023 年）

表 8－7　截至 2023 年的人才管理、服务与人才流动政策

省份	人才管理、服务与人才流动
湖北省	《省人民政府办公厅关于印发湖北省抓好赋予科研机构和人员更大自主权有关文件贯彻落实工作实施方案的通知》
	《省人民政府办公厅关于鼓励和支持多渠道灵活就业的实施意见》
	《中共湖北省委组织部 湖北省人力资源和社会保障厅印发〈关于创新县乡事业单位人事管理促进乡村振兴的若干措施〉的通知》
	《湖北省人力资源和社会保障厅、湖北省教育厅关于进一步深化我省高等学校教师职称制度改革的通知》 《湖北省人力资源和社会保障厅关于深入推进高技能人才与专业技术人才职业发展贯通的实施意见》

续表

省份	人才管理、服务与人才流动
湖北省	《湖北省人力资源和社会保障厅办公室关于做好2021届离校未就业高校毕业生就业创业服务工作的通知》 《省人民政府办公厅关于加快完善高校毕业生等青年就业创业工作体系的实施意见》 《湖北省事业单位科研人员创新创业工作指引》 《关于推进新时代湖北人力资源服务业高质量发展的实施意见》 《省人民政府办公厅关于进一步规范财务审计秩序促进全省注册会计师行业健康发展的实施意见》 《湖北省科技特派员管理办法》
湖南省	《湖南省人力资源和社会保障厅湖南省财政厅关于全面推行企业新型学徒制的实施意见》
	《高校毕业生就业创业政策服务指南》
	《湖南省人力资源和社会保障厅等八部门关于维护新就业形态劳动者劳动保障权益的实施意见》 《湖南省人民政府关于印发〈湖南省进一步促进就业工作二十条措施〉的通知》 《关于支持和鼓励事业单位专业技术人员创新创业的实施意见》 《关于印发〈湖南省技能大师工作室建设项目实施管理办法(修订)〉的通知》 《人力资源社会保障部 财政部 科技部 关于事业单位科研人员职务科技成果转化现金奖励纳入绩效工资管理有关问题的通知》 《科技部 财政部 教育部 中科院 自然科学基金委关于开展减轻青年科研人员负担专项行动的通知》
江西省	《江西省人民政府办公厅关于促进我省2020届高校毕业生就业创业若干政策措施的通知》
	《江西省人民政府办公厅关于印发深化产教融合实施方案的通知》
	《江西省人民政府办公厅关于印发江西省技术转移体系建设实施方案的通知》
	《江西省人民政府关于依托高校科研平台推动产学研用发展的意见》
	《关于进一步支持和鼓励事业单位科研人员创新创业的实施意见》
	《关于进一步加强企业专业技术人才职称工作的若干意见》

续表

省份	人才管理、服务与人才流动
江西省	《关于印发〈深化人才发展体制机制改革若干措施〉的通知》
	《关于做好2017年全省高校毕业生就业创业工作的通知》
	《关于进一步改进和优化省直事业单位人事管理服务的通知》 《关于在工程技术领域实现高技能人才与工程技术人才职业发展贯通的实施意见(试行)》 《关于引进的高层次和高技能人才办理职工养老保险有关问题的通知》 《关于维护新就业形态劳动者劳动保障权益的指导意见》 《江西省专业技术人才知识更新工程实施方案》 《江西省职称评审管理办法》 《江西省流动人员人事档案管理服务标准和流程规范》 《江西省职业技能等级认定工作管理办法》 《江西省人力资源管理专业人员高级职称申报条件》 《江西省高层次高技能领军人才培养工程人选服务管理办法》 《江西省省级人力资源服务行业领军企业、骨干企业和领军人才评定管理办法》

本研究从人才政策在政策对象、政策目标、人才工程、政策举措等方面,对三省的人才政策差异和相似之处进行比较,见表8-8。通过对三省人才政策进行横纵两个方向的比较分析,总结其人才政策文本内容的差异与共性。

表8-8 湖北、湖南、江西三省人才政策类型

一级指标	二级指标	三级指标
适用对象	普适人才	
	专门人才	各行业人才
		大学生人才
		海外人才
战略目标	人才发展环境	
	人才规模	
	人才结构	

续表

一级指标	二级指标	三级指标
战略目标	人才素质	
	人才效能	
人才工程	科研人才引进、培育计划	
	海外人才引进计划	
	高校毕业生引进、培育计划	
	专门人才引进、培育计划	
人才发展措施	人才平台搭建	
	人才保障措施	政策保障
		制度保障
	人才培养措施	资金保障
		组织保障
	体制机制创新	改革评价激励机制
		健全人才流动机制
		改革人才培养模式
		改进人才管理方式
		促进合作协同机制
		完善人才服务体系

(一)中部三省的人才政策发文总量比较

表 8－9 截止 2023 年底人才政策类型与总量比较

单位:项

省份	湖北	湖南	江西
引进与发展政策(项)	17	13	6
培育与激励政策(项)	21	19	26
人才管理、服务、流动政策(项)	11	8	19
合计	49	40	51

从发文总量来看，江西发文总量最多，达到51项，湖南比江西少11项。从政策类型来看，江西比较重视培育与激励政策，达到26项。湖北在各类发文量中，培育与激励政策最多，达到21项。同样，湖南与江西也是如此。江西在重视培育与激励人才外，还非常重视人才管理、服务和流动问题，发文量达到19项。而湖北省在培育与激励政策之后，政府比较重视人才引进与发展政策，发文量达到17项。

（二）中部三省的人才政策对象比较

根据政策适应群体，我们将人才政策对象分为普适性人才和专门人才。普适人才的是指三省出台的不分行业、人群的政策。专门人才的是指针对某一行业、某一类人群专门出台的政策。本研究通过搜集湖北、湖南、江西三省的2023年前的人才政策文件，并对其进行统计归类，详见表8－10。

表8－10　截至2023年底三省人才政策适用对象统计表

单位：项

省份	普适人才	专门人才		
		各行业人才	大学生人才	海外人才
湖南省	11	25	4	0
江西省	16	28	7	0
湖北省	13	28	8	0
总计	40	81	19	0

根据表8－10，中部三省专门人才和普适人才政策的数量相当，在注重颁布通用型人才政策的同时，注重满足各个领域的人才需求，以期实现门类齐全的人才政策体系，呈现全省人才的多样化发展。

从普适人才政策来看，中部三省的发文数量旗鼓相当。江西省的普适性人才政策数量最多，发文数量为16项。其次是湖北省，发文数量为13项。

从专门人才政策来看，三省均注重平衡各个领域的人才发展需求，就多个领域出台了相关的人才政策，同时也兼顾到了大学生尤其是应届毕业生的发展，但未见有专门针对海外人才的政策出台。根据表8－10可知，中部三省的行业人才政策发文量最多，江西省和湖北省分别达到28项，湖南省有25项。例如，在各行业人才政策上，湖南省就残疾人、全科医生、非物质文化传承人、社工人员制定了培训、激励、教育、评价等政策，促进各行业人才均衡发展，为其塑造良好的人才发展环境。湖北省就乡村振兴人才、科技人才、专技人才、会计人才、康养技能人才等出台了相关政策。江西省就新业态劳动者、教育行业人才、公务员管理人才、医生等出台了相关政策。

在大学生人才政策上，江西省分别在2017年、2020年出台了促进毕业生就业创业政策的通知，并相应实施了毕业生的基层成长计划，为南昌大学、江西财经大学等高校学子提供了政策、组织和制度上的便利。除此之外，江西省在2020年针对大学生和技能人才出台了著名的“人才十条”，即《关于支持大学毕业生和技能人才来昌留昌创业就业的实施意见》，为两大人才群体的落户、创业提供了资金保障、住房保障和便捷的服务措施。值得一提的是，与江西省大多将政策力度集中于经济补贴不同，湖北省在2018年针对高校毕业生出台的“我选湖北”政策却从“平台”和“制度”的层面进行了创新。大学生实训基地、巡回推介“高校行”制度、海外揽才行动、驻外人才工作站、创新创业超市、创业学院、全媒体平台等等，这些新政策字眼的出现都体现了湖北省在招揽高等院校学生上花费的心思和创意，也通过多种多样的方式扩大了宣传的范围、增强了引才的力度、拓展了服务的方式。

在海外人才上，专门针对其构建的人才政策比较缺乏。海外人才的引用留用，基本上是融入在普适性人才政策或行业人才政策中。比如，湖北省在“我选湖北”计划中列支了海外揽才行动、海外人才基地建设等多项吸引海外留学生的政策内容；武汉市在海外科技人才的引进上则通过专门的海外创业园建设、海外人才落户、人才评价和人才社会保障制度的完善来吸引境外人才留汉。这从某种程度可以认为对海外人才的引留重视程度有待加强。

通过对人才政策的发文情况可知，中部三省都高度重视科技人才政策。湖北省的科技人才政策数量已经处中部最高，且十分重视创新创业人才的培育。湖北省普适人才政策中，有11项为科技人才政策，分别为《省人民政府关于做好当前和今后一段时期就业创业工作的实施意见》《省人民政府办公厅关于建设省级大众创业万众创新示范基地的实施意见》《省科技厅关于印发〈省科技厅关于加快建设高水平新型研发机构的若干意见〉的通知》《省人民政府关于在中国(湖北)自由贸易试验区试行进一步激发人才创新创业活力措施的意见》《省人民政府办公厅关于完善科技成果评价机制的实施意见》《省科技厅 省财政厅 省教育厅 省卫健委 关于持续开展减轻科研人员负担 激发创新活力专项行动的通知》《省人民政府办公厅关于印发湖北省抓好赋予科研机构和人员更大自主权有关文件贯彻落实工作实施方案的通知》《湖北省人力资源和社会保障厅关于加强光谷科创大走廊人才建设发展的通知》《湖北省科学技术奖励办法实施细则》《湖北省员创新创业工作指引》《湖北省科技特派员管理办法》。内容涉及科技人才创业、科技人才基地创建、科技成果评价机制构建、科技人才减负放权、科技人才激励、科技人员管理等多种举措,极大推动着湖北省成为中部地区科技人才高地的定位。湖南省也紧随湖北省先进经验,将重心放在了科技人才和创新创业人才,在《湖南省中长期科技人才发展规划》中,湖南省提出培养出高层次创新科技人才队伍、青年骨干科技人才队伍以及科技创新创业人才队伍的目标,并为此制定了省121创新人才培养工程、"芙蓉学者奖励计划"、省杰出青年基金计划、企业科技特派专家行动等重大人才工程。而江西省则将注意力更多地放在了职业技能人才上,出台了普遍适用的技能人才教育、技能提升行动、职业培训制度、技能评选办法等多项政策,贯穿了人才培训、选用到评价的整个过程。

(三)中部三省的人才发展措施比较

根据前文搜集到的139项人才政策文件,本研究人才发展政策进行归类,分为人才发展平台的搭建、人才保障措施的制定、人才培养措施的制定以及相关管理体制机制的创新这四个大的方面,各省的具体政策类型见表8-11。

表8－11 三省人才发展措施统计表

单位：项

人才发展措施	湖南省	江西省	湖北省
人才平台搭建	2	1	4
人才保障措施	5	5	15
人才培养措施	19	23	23
体制机制创新	13	18	12

由表8－11可见，在总体点数分布上，三省绝大多数人才发展措施集中在人才培养措施和体制机制创新这两个方面，且江西省处于点数领先位置，在人才政策中体现了更多的人才发展举措。在人才平台搭建方面，三省的发文数量都比较少。湖北省在人才保障措施方面的发文量远超过江西省和湖南省。

三省人才发展措施的内容体现较大的一致性。人才平台的类型均涉及科技创新团队和双创平台、技能大师工作室、产教融合试验基地、博士后工作站等几类重点开发对象，并分别通过政府引导、社会参与为各类平台提供专业服务，实现平台资源共享、人才培养、技术攻关的作用，最终实现产业集群，带动经济发展。例如，湖北省著名的光谷创新大走廊，就是靠搭建创新平台每年吸引高新技术企业，构建了“51020”现代产业体系，培育了“光芯屏端网”产业集群。此外，在人才培养措施上，三省均以培训为主，且职业技能人才培训占据较大比例。“互联网＋职业技能培训”成为热门培训方式，此外各类职工培训中心、校企合作的培训体系、出境培训计划也随之建立起来，政府在人才培训中则发挥了制定政策、规范制度、保障补贴的作用。例如，江西省针对多个群体制定的能力素质提升计划，分别针对基层项目人员、基层高校毕业生、行业基层人员制定了培训方案，通过选拔大学生村官、认定校企合作培训基地和针对公务员、农村实用人才、全科医生的行业人才专项培训项目等举措推动方案实施。

（四）中部三省的人才工程比较

根据前文搜集到的139项人才政策文件，本研究对湖北、湖南、江西三省的人才工程进行分类研究,见表8-12。

表8-12　三省人才工程统计表

单位:项

人才工程	湖南省	江西省	湖北省
科研人才引进、培育计划	4	3	2
高校毕业生引进、培育计划	0	1	5
专门人才引进、培育计划	3	1	5

由表8-12可知,湖北省的人才工程最多,达到12项。湖南省有7项,江西省有5项。从人才工程类别来看,湖北省比较重视高校毕业生的引培计划和专门人才的引培计划。而江西省和湖南省更重视科研人才的引培计划。在科研人才工程上,湖南省主打“121创新人才培养工程”通过学术交流、项目倾斜、构建导师制等方案培养一批中青年科学家、科技领军人才和学术带头人。江西省针对青年科技人才打造了“百人远航工程”“青年拔尖人才培养计划”,选拔科技人才出国留学、参与国际科研项目等举措为江西省培养了一批后备科技人才。同时还出台了针对团队打造的“创新人才团队扶持计划”、创新驱动“5511”工程等重大人才工程,通过搭建人才团队和各大科研平台为科技工作者提供了发展的载体,为江西省起到人才培养和引进的双重作用。湖北省坚持服务全省的大局规划,围绕促进中部城市崛起的战略支点,为构建武汉城市圈出台了“5151武当人才支持计划”“国有企业1315计划”“新世纪高层次人才工程”等项目,取得科研成果数千项,创造经济收益百亿元,成功为武汉经济发展提供了人才保障和有力支撑。

总体而言,三省人才工程数目繁多、种类齐全、涵盖人才类型广泛,且大多侧重于高科技人才和高级技能人才等稀缺人才的培养。但湖南省针对其发展特点出台了重点人才工程,江西省采取大规模培育和吸引人才的方式,湖北省则重点针对其经济发展关注了创新创业和农业现代化的领域,三省人才工程在专门技术领域凸显了其差异性。

三、中部三省人才工作横纵差异与共性总结

(一)三省人才政策的共性

1. 政策对象上

第一,政策体系齐全。中部三省专门人才和普适人才政策的数量相当,在注重颁布通用型人才政策的同时,注重满足各个领域的人才需求,以期实现门类齐全的人才政策体系,呈现全省人才的多样化发展。

第二,科技创新人才政策占较大比重。湖北省普适人才政策的10项节点中,有7项为科技人才政策,内容主要涉及科技人才服务、科技人才基地创建、科技成果评价机制构建、科技人才减负放权四个方面。湖南省专门针对科技人才和创新人才的政策共计10个文件,其中涉及省121创新人才培养工程、"芙蓉学者奖励计划"、省杰出青年基金计划、企业科技特派专家行动等针对科技创新人才的重大工程。江西省也针对科研人才出台了特色的"井冈学者"聘任行动以及促进高等学校科技成果落地江西、加快科技创新平台高质量发展十二条措施、高技能领军人才培养工程等系列人才文件。

2. 人才工程上

第一,重视科研人才的引进、培育计划。湖北省坚持服务全省的大局规划,围绕促进中部城市崛起的战略支点,为构建武汉城市圈出台了"5151武当人才支持计划""国有企业1315计划""新世纪高层次人才工程"等项目,将科技与创业相结合,取得科研成果数千项,转化经济收益百亿元,成功为武汉经济发展提供了人才保障。湖南省主打"121创新人才培养工程",通过学术交流、项目倾斜、构建导师制等方案培养一批中青年科学家、科技领军人才和学术带头人。江西省针对青年科技人才打造了"百人远航工程""青年拔尖人才培养计划",同时还针对团队打造了"创新人才团队扶持计划"、创新驱动"5511"工程等重大人才工程。

第二,技能人才工程数量庞大。湖北省的代表工程有"技能强省"战略工程、技工院校技能脱贫专项行动、技能人才振兴计划。湖南省代表的有湖南省芙蓉人才行动计划、专业技术人才项目、技工教育提质工程、技能人才攻坚行动、高技能人才振兴工程。江西省的高技能领军人才培养工程、金蓝

领提升行动、“技兴赣鄱”专项行动、“赣鄱工匠”培育工程、百名杰出专业技术人才计划等等。

3. 政策措施上

第一，人才平台建设趋同。三省人才平台的类型均涉及科技创新团队和双创平台、技能大师工作室、产教融合试验基地、博士后工作站等几类重点开发对象，并分别通过政府引导、社会参与为各类平台提供专业服务，实现平台资源共享、人才培养、技术攻关，最终实现产业集群，带动经济发展。

第二，以培训为主的人才培养措施。以职业技能人才培养为例，“互联网+职业技能培训”是三省都在努力推广构建的培训方式，此外各类职工培训中心、校企合作的培训体系、出境培训计划也都是三省的职业人才培育的主要方式。

第三，人才工作的协同发展是近期热点。内容包含鼓励和支持社会组织、第三方服务机构等力量参与人才工程的建设，鼓励高校与企业、单位形成产学战略联盟，支持职业院校与企业联合培养人才，大力推动各类创新成果产业化等等。

（二）三省人才政策差异比较

中部三省人才政策措施上存在差异性。第一，创新力度不同。以大学生人才政策为例，江西省在2020年针对大学生和技能人才出台了“人才十条”，即《关于支持大学毕业生和技能人才来昌留昌创业就业的实施意见》，为两大人才群体的落户、创业提供了资金保障、住房保障和便捷的服务措施，出台的各项举措和力度集中于人才的经济补贴。湖北省参照此前在2018年针对高校毕业生出台的“我选湖北”政策，从“平台”和“制度”两个层面进行了大量的创新。大学生实训基地、驻外人才工作站、创新创业超市、创业学院、全媒体平台等新平台的建立，巡回推介“高校行”制度、海外揽才等制度的形成都体现了湖北省在招揽高等院校学生上花费的心思和创意，也通过多种多样的方式扩大了宣传的范围、增强了引才的力度、拓展了服务的方式。第二，人才工作的体制机制侧重点不同。由表8－11的参考点数对比来看，湖南省在人才改革评价激励机制改革上的点数更多，激励机制上的改革主要涉及人才年薪制的施行、股票期权激励、工资增长机制的改进、稀缺人才的破格晋升和优先录用以及常见的表彰奖励,评价机制的改革则涉及绩效评估完整体系的建立、多元评价机制的施行、单一评价标准的改革以及评审路径的简化优化。江西省和湖北省则更为侧重人才服务体系的完善,参考点数分别都接近40。其中服务内容涉及大学生就业创业、科技成果转化、职业培训、老年教育、农民教育等方方面面,人力资源服务产业园的构建则是近期的热点。

第三节 人才政策的创新方向

聚焦高端科技领域,引进顶尖人才和急需紧缺人才。各国通过设立顶尖人才签证吸引全球顶尖人才,注重发挥高端科技人才对本国科技和商业的引领和带动作用。例如,英国推出的"全球人才签证"和新加坡的"Tech-@SG计划"都着重吸引重点增长领域的急需紧缺人才。

推动政策理念从需求侧向供给侧转变。当前各地人才政策存在政策设计结构失衡、行为主体角色错位、制度规范滞后及政策效用单一等问题。为了解决这些问题,需要推动政策理念从需求侧向供给侧转变,增强企业对人才招揽和培养的自主性,发挥市场对资源配置的决定性作用,构建人才引进、培养与合理流动的优势环境,形成政府引导、市场主导、企业主体、社会协同、法治保障、制度支撑的新格局。

提升人才政策开放度。实施更加开放的人才政策,简化外国人在华永久居留的申办条件和程序,试行在华外国留学生毕业后直接在特定城市创业就业的政策。上海市在这方面走在全国前列,率先实施了多项创新政策。

柔性引进和居留许可制度。坚持开放包容的人才国际化发展理念,完善人才柔性引进政策、居留许可制度和文化包容氛围。例如,英国的"高潜力人才签证"和新加坡的"顶级专才准证"都提供了灵活多元、申请便捷的政策。中部三省可以广泛地应用柔性引进,在重大人才工程中通过紧缺人才的短期聘用、兼职挂职等临时聘用方式实现紧缺人才的充分利用和灵活流动。亦可通过开创单独的人才项目，以项目制的形式通过项目展开人才间的合作或者人才租借的短期操作，以及吸引人才凭技术入股的长线人才利用形式来吸引人才。同时，广泛地吸引技术型生产专家开展讲学活动、提供技术咨询等智力服务也是实现人才智力效能流通的重要举措。

第九章
人才生态环境对人才居留效应的影响研究
——以江西省为例

进入新时代以来,党和国家对于人才问题愈发重视,在2022年中共中央办公厅及国务院办公厅印发了《关于加强新时代高技能人才队伍建设的意见》,明确指出要全面贯彻习近平总书记关于做好新时代人才工作的重要思想,坚持党管人才,立足新发展阶段,贯彻新发展理念,构建新发展格局,推动高质量发展,深入实施新时代人才强国战略,打造一支爱党报国、敬业奉献、技艺精湛、素质优良、规模宏大、结构合理的高技能人才队伍。随着国家发展以及教育的普及,许多青年选择离开自己的家乡前往大城市为自己的未来打拼。以前,北上广深永远是国内大城市的标杆,也是各种"漂族"最向往的城市,但随着国家政策的优化与发展配置,许多城市也站了出来,成为其地区的龙头老大,吸引着其他地区的人才前往并定居,不用再为了梦想而长途跋涉到北上广深。

当然,人才是推动城市发展的中坚力量,收贤纳士也是城市高速发展必要的一个环节。研究表明,一个地区的人才政策、经济、文化、发展前景等外部因素对人才定居意愿会产生显著的积极影响。各方政府都在为了吸引并留住人才出台相关政策,比如,为了成渝经济圈的发展,成都推出了人才落户、人才分类别进行相应的购房限制等政策。香港为了经济复苏,在新特首上任后推出各种人才引进政策，发放50万张免费机票供全世界人才前往香港谋事业，并将当地留学生的香港临时身份延期一年，以吸引他们留港工作、创业。

在国际上，经济全球化、“一带一路”等国际性政策也为世界人才前往中国定居产生了积极影响，各种外资外企在中国的投资也为人才生态环境的建设添砖加瓦。

尽管如此，仍有许多人才前往国外或者到其他城市发展。如何优化人才生态环境建设，从而达到吸引人才并留住人才的目的是当前许多地方仍需思考并解决的问题。

第一节　人才生态环境对人才居留影响的调研设计

一、研究对象

本课题研究对象为江西省内18岁以上适龄人才，来自各行各业的学生、上班族等，共计223人。其中男性106人，女性117人，各年龄段人数占比为18～25岁（33.18%）、26～30岁（36.77%）、31～35岁（13.45%）、36～40岁（13%）、40岁以上（3.6%）。各学历占比为专科及以下（59.64%）、本科（31.84%）、硕士研究生（8.52%）、博士研究生（0%）。不同感情状态占比为单身（9.42%）、恋爱（12.10%）、已婚（78.48%）、离异（0%）。

二、调研样本

本次调研问卷投放在江西省内进行，共计发放249份问卷，收回有效问卷223份，有效回收率为89.6%。

三、量表选择及问卷设计

本研究根据人才生态环境的定义设计调查问卷：第一部分为个人信息收集，其中包括填写者性别、年龄、所处行业、学历、感情状况；第二部分为人才生态环境对人才定居的影响调查，具体分为五个维度：经济环境对人才定居的影响、生活环境对人才定居的影响、人文环境对人才定居的影响、教育医疗对人才定居的影响以及人才政策对人才定居的影响，共设有20个问题项;第三部分为填写者在江西省的居留意愿调查,设有3个问题项。第二、三部分题项均采用李克特(LIKERT)五级量表。

四、信效度分析

(一)信度分析

表9-1 信度分析

名称	校正项总计相关性(CITC)	项已删除的α系数	Cronbach's α系数
我认为地区的经济规模很重要	0.774	0.975	0.976
我认为行业前景很重要	0.724	0.975	
薪资水平是我很看重的因素。	0.811	0.975	
我很看重地区的产业丰富度与多样性	0.781	0.975	
居住环境对我来说很重要	0.817	0.975	
交通便利这一点很吸引我	0.843	0.974	
我很喜欢丰富的休闲娱乐生活	0.832	0.974	
我不愿意离开江西省	0.767	0.975	
我很看重地区的公共设施建设	0.800	0.975	
我很注重地区的历史底蕴	0.799	0.975	
我所处地区的价值观与职业道德很重要	0.792	0.975	
和谐的工作氛围对我来说很重要	0.793	0.975	
地区文化的多样性很吸引我	0.787	0.975	
地区受教育程度对我来说很重要	0.798	0.975	
我很看重医疗资源与医疗水平	0.750	0.975	
高校与科研单位的创新能力很重要	0.807	0.975	
我很看重教育资源与教育水平	0.801	0.975	
我很看重人才引进与奖励政策	0.803	0.975	
好的创业资助政策很吸引我在当地定居	0.758	0.975	
我很看重当地的落户政策	0.735	0.975	

续表

名称	校正项总计相关性(CITC)	项已删除的α系数	Cronbachα's系数
研究资助政策对我来说很重要	0.763	0.975	
我愿意在江西省工作	0.792	0.975	
我愿意长期定居在江西省	0.812	0.975	

标准化 Cronbach's α 系数:0.976。

本调查采用 Cronbach's α 系数来检验该问卷内容的可靠性。首先分析α系数,如果此值高于0.8,则说明信度高;如果此值介于0.7~0.8之间,则说明信度较好;如果此值介于0.6~0.7,则说明信度可接受;如果此值小于0.6,说明信度不佳;第二:如果 CITC 值低于0.3,可考虑将该项进行删除;第三:如果"项已删除的α系数"值明显高于α系数,此时可考虑对将该项进行删除后重新分析。

从表9-1可知:信度系数值为0.976,大于0.9,因而说明研究数据信度质量很高。针对"项已删除的α系数",该问卷任一题项被删除后,信度系数并不会有明显的上升,因此说明所有题项不应该被删除处理。针对"CITC值",分析项的 CITC 值均大于0.4,说明分析项之间具有良好的相关关系,同时也说明信度水平良好。综上所述,研究数据信度系数值高于0.9,综合说明数据信度质量高,可用于进一步分析。

(二)效度分析

通过 SPSS 软件对统计数据进行 KMO 与巴特利特球形度检验,得到表9-2。

表9-2 因子载荷系数与共同度

项目	因子1	因子2	因子3	因子4	因子5	共同度
我认为地区的经济规模很重要	0.39	0.39	0.08	0.49	0.33	0.666
我认为行业前景很重要	0.11	0.53	0.24	0.63	0.14	0.768
薪资水平是我很看重的因素	0.32	0.27	0.22	0.60	0.34	0.692

续表

项目	因子 1	因子 2	因子 3	因子 4	因子 5	共同度
我很看重地区的产业丰富度与多样性	0.21	0.20	0.71	0.16	0.36	0.743
居住环境对我来说很重要	0.58	0.45	0.31	0.15	0.18	0.691
交通便利这一点很吸引我	0.57	0.35	0.27	0.21	0.34	0.681
我很喜欢丰富的休闲娱乐生活	0.55	0.22	0.37	0.29	0.31	0.671
我很看重地区的公共设施建设	0.66	0.27	0.09	0.36	0.29	0.725
我很注重地区的历史底蕴	0.35	0.09	0.22	0.51	0.55	0.744
我所处地区的价值观与职业道德很重要	0.29	0.60	0.31	0.10	0.39	0.702
和谐的工作氛围对我来说很重要	0.26	0.70	0.22	0.26	0.25	0.739
地区文化的多样性很吸引我	0.50	0.52	0.19	0.27	0.27	0.704
地区受教育程度对我来说很重要	0.19	0.30	0.29	0.19	0.74	0.800
我很看重医疗资源与医疗水平	0.29	0.33	0.62	0.17	0.22	0.654
高校与科研单位的创新能力很重要	0.43	0.33	0.28	0.14	0.51	0.651
我很看重教育资源与教育水平	0.40	0.41	0.30	0.29	0.40	0.656
我很看重人才引进与奖励政策	0.50	0.29	0.24	0.34	0.44	0.708
好的创业资助政策很吸引我在当地定居	0.30	0.22	0.52	0.53	0.10	0.698
我很看重当地的落户政策	0.14	0.44	0.56	0.39	0.19	0.705
研究资助政策对我来说很重要	0.65	0.13	0.48	0.21	0.15	0.732

表9-3　KMO和Bartlett球形度检验

KMO值	0.966	
Bartlett球形度检验	近似卡方	2011.244
	df	253
	P值	0.000

效度是反映问卷题项(量表数据)设计是否合理的指标。第一,分析KMO值。如果此值高于0.8,则说明研究数据非常适合提取信息;如果此值介于0.7~0.8之间,则说明研究数据适合提取信息;如果此值介于0.6~0.7,则说明研究数据比较适合提取信息;如果此值小于0.6,说明数据不适合提取信息。第二,分析题项与因子的对应关系。如果对应关系与研究心理预期基本一致,则说明效度良好。第三,如果效度不佳,或者因子与题项对应关系与预期严重不符,也或者某分析项对应的共同度值低于0.4(有时以0.5为标准),则可考虑对题项进行删除。第四,删除题项共有常见标准。一是共同度值低于0.4(有时以0.5为标准);二是分析项与因子对应关系出现严重偏差。

从表9-2可知:所有研究项对应的共同度值均高于0.4,说明研究项信息可以被有效地提取。另外,KMO值为0.966,大于0.6,数据可以被有效提取信息。

四、研究结果

本研究对所收集数据通过SPSS 27.0软件进行多元回归分析,并对具有统计意义的数据进行分析,即筛掉样本量为50以下的自变量因变量组合。具体参考指标如下:R方结果和德宾沃森检验:本模型主要用于判断两者之间线性关系以及数据对回归的拟合程度,R方数据表明自变量能对因变量的解释程度,德宾沃森值若在0~4区间内,则基本认为数据独立性成立。方差分析(Anova):与R方分析结果相似,该分析主要解释该模型是否成功,而R方分析主要反映模型成功度或者效应大小。系数a、b显著性:该指标用于比较各自变量对因变量的影响是否显著,若显著性小于0.1,则认为该影响显著。

本研究的变量指标围度主要包括经济环境、人文环境、生活环境、教育环境、政策环境方面。

第二节　人才生态环境对人才居留的实证分析

一、人才生态环境对不同性别的被调查者在江西省居留意愿的影响

(一)人才生态环境对男性被调查者在江西省居留意愿的影响

表9－4　男性R方参数与德宾沃森系数

模型	R		R方	调整后R方	标准估算的错误	德宾-沃森统计
	您的性别是=1(选定)	您的性别是～=1(未选定)				您的性别是=1(选定)
1	0.811[a]	0.706	0.658	0.578	0.791	1.672

表9－5　男性显著性与ANOVA[a,b]

模型		平方和	自由度	均方	F	显著性
1	回归	102.625	20	5.131	8.193	0.000[c]
	残差	53.233	85	0.626		
	总计	155.858	105			

表9－6　男性显著性系数[a,b]

模型		未标准化系数		标准化系数	t	显著性
		B	标准错误	Beta		
1	(常量)	－0.091	0.353		－0.257	0.798
	我认为地区的经济规模很重要。	－0.156	0.121	－0.146	－1.290	0.201

续表

模型		未标准化系数		标准化系数	t	显著性
		B	标准错误	Beta		
1	我认为行业前景很重要。	0.117	0.109	0.110	1.069	0.288
	薪资水平是我很看重的因素。	0.027	0.104	0.026	0.261	0.795
	我很看重地区的产业丰富度与多样性。	-0.024	0.094	-0.025	-0.253	0.801
	居住环境对我来说很重要。	-0.053	0.102	-0.053	-0.519	0.605
	交通便利这一点很吸引我。	0.114	0.110	0.114	1.037	0.303
	我很喜欢丰富的休闲娱乐生活。	0.104	0.114	0.103	0.913	0.364
	我很看重地区的公共设施建设。	0.064	0.105	0.062	0.608	0.545
	我很注重地区的历史底蕴。	0.147	0.098	0.146	1.506	0.136
	我所处地区的价值观与职业道德很重要。	0.056	0.131	0.050	0.425	0.672
	和谐的工作氛围对我来说很重要。	0.134	0.116	0.132	1.157	0.250
	地区文化的多样性很吸引我。	0.095	0.135	0.087	0.701	0.485
	地区受教育程度对我来说很重要。	0.089	0.113	0.087	0.788	0.433
	我很看重医疗资源与医疗水平。	-0.076	0.111	-0.071	-0.681	0.497

续表

模型		未标准化系数		标准化系数	t	显著性
		B	标准错误	Beta		
1	高校与科研单位的创新能力很重要。	-0.073	0.107	-0.074	-0.685	0.495
	我很看重教育资源与教育水平。	0.018	0.110	0.016	0.159	0.874
	我很看重人才引进与奖励政策。	0.161	0.124	0.153	1.301	0.197
	好的创业资助政策很吸引我在当地定居。	-0.028	0.123	-0.026	-0.229	0.820
	我很看重当地的落户政策。	0.254	0.108	0.254	2.364	0.020
	研究资助政策对我来说很重要。	0.058	0.102	0.055	0.569	0.571

(二)人才生态环境对女性被调查者在江西省定居意愿的影响

表9-7 女性R方系数与德宾沃森系数

模型	R		R方	调整后R方	标准估算的错误	德宾-沃森统计
	您的性别是=2(选定)	您的性别是~=2(未选定)				您的性别是=2(选定)
1	0.825[a]	0.717	0.680	0.613	0.685	1.405

表9-8 女性显著性与ANOVA[a,b]

模型		平方和	自由度	均方	F	显著性
1	回归	95.715	20	4.786	10.197	0.000[c]
	残差	45.054	96	0.469		
	总计	140.769	116			

表9-9 女性显著性与系数[a,b]

模型		未标准化系数		标准化系数	t	显著性
		B	标准错误	Beta		
1	（常量）	0.225	0.311		0.723	0.472
	我认为地区的经济规模很重要。	0.161	0.083	0.176	1.940	0.055
	我认为行业前景很重要。	-0.015	0.080	-0.016	-0.184	0.854
	薪资水平是我很看重的因素。	-0.054	0.101	-0.056	-0.537	0.592
	我很看重地区的产业丰富度与多样性。	0.063	0.090	0.065	0.702	0.484
	居住环境对我来说很重要。	-0.043	0.096	-0.045	-0.450	0.653
	交通便利这一点很吸引我。	0.018	0.099	0.019	0.184	0.855
	我很喜欢丰富的休闲娱乐生活。	-0.049	0.094	-0.050	-0.521	0.603
	我很看重地区的公共设施建设。	0.018	0.086	0.020	0.205	0.838
	我很注重地区的历史底蕴。	0.301	0.097	0.295	3.117	0.002
	我所处地区的价值观与职业道德很重要。	0.092	0.080	0.101	1.154	0.251
	和谐的工作氛围对我来说很重要。	0.105	0.093	0.105	1.134	0.260
	地区文化的多样性很吸引我。	0.002	0.103	0.002	0.021	0.983
	地区受教育程度对我来说很重要。	0.083	0.085	0.086	0.972	0.333

续表

模型		未标准化系数		标准化系数	t	显著性
		B	标准错误	Beta		
1	我很看重医疗资源与医疗水平。	0.004	0.080	0.004	0.045	0.964
	高校与科研单位的创新能力很重要。	0.142	0.088	0.149	1.618	0.109
	我很看重教育资源与教育水平。	0.082	0.098	0.083	0.833	0.407
	我很看重人才引进与奖励政策。	0.207	0.100	0.213	2.061	0.042
	好的创业资助政策很吸引我在当地定居。	-0.039	0.088	-0.039	-0.442	0.660
	我很看重当地的落户政策。	-0.068	0.088	-0.068	-0.770	0.443
	研究资助政策对我来说很重要。	-0.037	0.086	-0.040	-0.437	0.663

由表9-6和表9-9可看出，人才生态环境各因子中，落户政策对男性在江西省定居行为影响最大；经济环境中地区经济规模、人文环境中地区历史底蕴与政策环境中人才引进与奖励政策对女性在江西省定居行为影响最大。

二、人才生态环境对不同性别被调查者不愿意离开江西省程度的影响

(一)人才生态环境对男性被调查者不愿意离开江西省程度的影响

表9-10 男性R方系数与德宾沃森系数

模型	R		R方	调整后R方	标准估算的错误	德宾-沃森统计
	您的性别是=1(选定)	您的性别是~=1(未选定)				您的性别是=1(选定)
1	0.814[a]	0.638	0.662	0.583	0.741	1.965

表9-11 男性显著性与 ANOVA[a,b]

模型		平方和	自由度	均方	F	显著性
1	回归	91.580	20	4.579	8.342	0.000[c]
	残差	46.655	85	0.549		
	总计	138.236	105			

表9-12 男性显著性与系数[a,b]

模型		未标准化系数		标准化系数	t	显著性
		B	标准错误	Beta		
1	（常量）	0.098	0.331		0.296	0.768
	我认为地区的经济规模很重要。	-0.048	0.113	-0.048	-0.424	0.672
	我认为行业前景很重要。	-0.129	0.102	-0.129	-1.265	0.209
	薪资水平是我很看重的因素。	-0.070	0.097	-0.072	-0.721	0.473
	我很看重地区的产业丰富度与多样性。	-0.056	0.088	-0.061	-0.634	0.528
	居住环境对我来说很重要。	0.151	0.096	0.162	1.584	0.117
	交通便利这一点很吸引我。	-0.128	0.103	-0.135	-1.238	0.219
	我很喜欢丰富的休闲娱乐生活。	0.211	0.107	0.221	1.967	0.052
	我很看重地区的公共设施建设。	0.093	0.099	0.096	0.940	0.350
	我很注重地区的历史底蕴。	0.034	0.091	0.036	0.374	0.709
	我所处地区的价值观与职业道德很重要。	0.070	0.122	0.067	0.574	0.567

续表

模型		未标准化系数		标准化系数	t	显著性
		B	标准错误	Beta		
1	和谐的工作氛围对我来说很重要。	-0.026	0.108	-0.027	-0.236	0.814
	地区文化的多样性很吸引我。	0.067	0.127	0.065	0.526	0.600
	地区受教育程度对我来说很重要。	0.184	0.106	0.191	1.742	0.085
	我很看重医疗资源与医疗水平。	0.155	0.104	0.154	1.488	0.140
	高校与科研单位的创新能力很重要。	-0.046	0.100	-0.049	-0.462	0.645
	我很看重教育资源与教育水平。	0.155	0.103	0.154	1.495	0.139
	我很看重人才引进与奖励政策。	0.039	0.116	0.040	0.337	0.737
	好的创业资助政策很吸引我在当地定居。	0.222	0.116	0.215	1.920	0.058
	我很看重当地的落户政策。	0.047	0.101	0.050	0.471	0.639
	研究资助政策对我来说很重要。	0.057	0.096	0.057	0.591	0.556

（二）人才生态环境对女性被调查者不愿意离开江西省程度的影响

表9－13　女性R方系数与德宾沃森系数

模型	R		R方	调整后R方	标准估算的错误	德宾－沃森统计
	您的性别是=2（选定）	您的性别是~=2（未选定）				您的性别是=2（选定）
1	0.780[a]	0.685	0.608	0.526	0.810	1.660

表9-14 女性显著性与ANOVA[a,b]

模型		平方和	自由度	均方	F	显著性
1	回归	97.758	20	4.888	7.447	0.000[c]
	残差	63.012	96	0.656		
	总计	160.769	116			

表9-15 女性显著性与系数[a,b]

模型		未标准化系数		标准化系数	t	显著性
		B	标准错误	Beta		
1	（常量）	0.005	0.368		0.015	0.988
	我认为地区的经济规模很重要。	0.124	0.098	0.127	1.261	0.210
	我认为行业前景很重要。	-0.035	0.095	-0.036	-0.366	0.715
	薪资水平是我很看重的因素。	0.185	0.120	0.179	1.540	0.127
	我很看重地区的产业丰富度与多样性。	0.135	0.106	0.130	1.270	0.207
	居住环境对我来说很重要。	0.217	0.113	0.210	1.917	0.058
	交通便利这一点很吸引我。	0.037	0.117	0.037	0.317	0.752
	我很喜欢丰富的休闲娱乐生活。	-0.059	0.111	-0.056	-0.529	0.598
	我很看重地区的公共设施建设。	-0.054	0.101	-0.057	-0.531	0.596
	我很注重地区的历史底蕴。	-0.023	0.114	-0.021	-0.205	0.838

续表

模型		未标准化系数		标准化系数	t	显著性
		B	标准错误	Beta		
1	我所处地区的价值观与职业道德很重要。	0.048	0.094	0.049	0.507	0.614
	和谐的工作氛围对我来说很重要。	0.242	0.109	0.227	2.210	0.030
	地区文化的多样性很吸引我。	-0.053	0.122	-0.048	-0.437	0.663
	地区受教育程度对我来说很重要。	-0.198	0.101	-0.194	-1.971	0.052
	我很看重医疗资源与医疗水平。	0.038	0.095	0.039	0.402	0.689
	高校与科研单位的创新能力很重要。	0.017	0.104	0.016	0.160	0.873
	我很看重教育资源与教育水平。	0.252	0.116	0.240	2.166	0.033
	我很看重人才引进与奖励政策。	0.067	0.119	0.064	0.560	0.577
	好的创业资助政策很吸引我在当地定居。	0.120	0.104	0.112	1.152	0.252
	我很看重当地的落户政策。	0.006	0.104	0.005	0.054	0.957
	研究资助政策对我来说很重要。	-0.086	0.101	-0.085	-0.846	0.399

由表9-13和表9-15可以看出,在人才生态环境各因子中,生活环境中休闲娱乐生活、教育医疗环境中地区受教育程度以及政策环境中创业资助政策对男性不愿意离开江西省程度影响最大;生活环境中居住环境,人文环境中工作氛围,教育医疗环境中地区受教育程度、教育资源及水平对女性不愿意离开江西省程度影响最大。

三、人才生态环境对不同学历被调查者不愿意离开江西省程度的影响

(一)人才生态环境对本科以下学历的被调查者不愿意离开江西省程度的影响

表9－16 本科以下学历R方系数与德宾沃森系数

模型	R		R方	调整后R方	标准估算的错误	德宾-沃森统计
	您的年龄< =2(选定)	您的年龄< =2(选定)				您的年龄>2(未选定)
1	0.762[a]	0.825	0.581	0.535	0.799	1.768

表9－17 本科以下学历显著性与ANOVA[a,b]

模型		平方和	自由度	均方	F	显著性
1	回归	162.061	20	8.103	12.698	0.000[c]
	残差	116.777	183	0.638		
	总计	278.838	203			

表9－18 本科以下学历显著性与系数[a,b]

模型		未标准化系数		标准化系数	t	显著性
		B	标准错误	Beta		
1	(常量)	－0.004	0.264		－0.014	0.989
	我认为地区的经济规模很重要。	0.092	0.074	0.092	1.238	0.217
	我认为行业前景很重要。	－0.060	0.069	－0.061	－0.860	0.391
	薪资水平是我很看重的因素。	0.045	0.077	0.044	0.578	0.564
	我很看重地区的产业丰富度与多样性。	0.057	0.072	0.057	0.801	0.424
	居住环境对我来说很重要。	0.198	0.079	0.195	2.498	0.013

续表

模型		未标准化系数		标准化系数	t	显著性
		B	标准错误	Beta		
1	交通便利这一点很吸引我。	-0.048	0.076	-0.049	-0.628	0.530
	我很喜欢丰富的休闲娱乐生活。	0.094	0.080	0.089	1.175	0.242
	我很看重地区的公共设施建设。	0.051	0.071	0.054	0.725	0.470
	我很注重地区的历史底蕴。	-0.001	0.076	-0.001	-0.019	0.985
	我所处地区的价值观与职业道德很重要。	0.129	0.075	0.128	1.729	0.085
	和谐的工作氛围对我来说很重要。	0.084	0.077	0.082	1.100	0.273
	地区文化的多样性很吸引我。	-0.071	0.090	-0.066	-0.793	0.429
	地区受教育程度对我来说很重要。	-0.022	0.073	-0.022	-0.306	0.760
	我很看重医疗资源与医疗水平。	0.103	0.071	0.100	1.438	0.152
	高校与科研单位的创新能力很重要。	-0.077	0.073	-0.078	-1.063	0.289
	我很看重教育资源与教育水平。	0.190	0.079	0.183	2.392	0.018
	我很看重人才引进与奖励政策。	0.100	0.085	0.097	1.170	0.244
	好的创业资助政策很吸引我在当地定居。	0.092	0.076	0.087	1.217	0.225
	我很看重当地的落户政策。	0.073	0.073	0.072	1.005	0.316
	研究资助政策对我来说很重要。	-0.051	0.071	-0.050	-0.715	0.475

由表9－18可以看出，人才生态环境各因子中，生活环境中居住环境、人文环境中地区价值观与职业道德、教育医疗环境中教育资源与水平对本科及以下学历的被调查者影响最大。

四、人才生态环境对不同年龄的被调查者定居江西省意愿的影响

（一）人才生态环境对18～30岁的被调查者定居江西省意愿的影响

表9－19 18～30岁R方系数与德宾沃森系数

模型	R		R方	调整后R方	标准估算的错误	德宾-沃森统计
	您的年龄<=2（选定）	您的年龄>2（未选定）				您的年龄<=2（选定）
1	0.822[a]	0.629	0.675	0.627	0.730	1.669

表9－20 18～30岁显著性与ANOVA[a,b]

模型		平方和	自由度	均方	F	显著性
1	回归	149.891	20	7.495	14.051	0.000[c]
	残差	72.006	135	0.533		
	总计	221.897	155			

表9－21 18～30岁显著性与系数[a,b]

模型		未标准化系数		标准化系数	t	显著性
		B	标准错误	Beta		
1	（常量）	-0.029	0.263		-0.110	0.912
	我认为地区的经济规模很重要。	0.207	0.080	0.203	2.597	0.010
	我认为行业前景很重要。	-0.058	0.081	-0.055	-0.710	0.479
	薪资水平是我很看重的因素。	0.056	0.083	0.055	0.677	0.500

续表

模型		未标准化系数		标准化系数	t	显著性
		B	标准错误	Beta		
1	我很看重地区的产业丰富度与多样性。	0.006	0.078	0.006	0.073	0.942
	居住环境对我来说很重要。	-0.027	0.078	-0.027	-0.343	0.732
	交通便利这一点很吸引我。	-0.066	0.097	-0.064	-0.677	0.499
	我很喜欢丰富的休闲娱乐生活。	0.068	0.092	0.065	0.744	0.458
	我很看重地区的公共设施建设。	0.102	0.077	0.107	1.331	0.185
	我很注重地区的历史底蕴。	0.152	0.075	0.152	2.030	0.044
	我所处地区的价值观与职业道德很重要。	0.021	0.085	0.020	0.241	0.810
	和谐的工作氛围对我来说很重要。	0.085	0.090	0.082	0.946	0.346
	地区文化的多样性很吸引我。	0.002	0.092	0.002	0.025	0.980
	地区受教育程度对我来说很重要。	0.142	0.085	0.139	1.671	0.097
	我很看重医疗资源与医疗水平。	0.026	0.076	0.026	0.346	0.730
	高校与科研单位的创新能力很重要。	0.077	0.077	0.078	1.007	0.316
	我很看重教育资源与教育水平。	-0.007	0.090	-0.006	-0.075	0.941
	我很看重人才引进与奖励政策。	0.138	0.093	0.137	1.485	0.140

续表

模型		未标准化系数		标准化系数	t	显著性
		B	标准错误	Beta		
1	好的创业资助政策很吸引我在当地定居。	-0.028	0.087	-0.025	-0.318	0.751
	我很看重当地的落户政策。	0.148	0.082	0.146	1.814	0.072
	研究资助政策对我来说很重要。	-0.025	0.082	-0.023	-0.301	0.764

(二)人才生态环境对30岁以上的被调查者定居江西省意愿的影响

表9-22　30岁以上R方系数与德宾沃森系数

模型	R		R方	调整后R方	标准估算的错误	德宾-沃森统计
	您的年龄>2(选定)	您的年龄<=2(未选定)				您的年龄>2(选定)
1	0.835[a]	0.695	0.697	0.565	0.711	2.113

表9-23　30岁以上显著性与ANOVA[a,b]

模型		平方和	自由度	均方	F	显著性
1	回归	53.393	20	2.670	5.286	0.000[c]
	残差	23.234	46	0.505		
	总计	76.627	66			

表9-24　30岁以上显著性与系数[a,b]

模型		未标准化系数		标准化系数	t	显著性
		B	标准错误	Beta		
1	(常量)	-0.012	0.475		-0.025	0.980

续表

模型		未标准化系数		标准化系数	t	显著性
		B	标准错误	Beta		
1	我认为地区的经济规模很重要。	-0.281	0.134	-0.307	-2.090	0.042
	我认为行业前景很重要。	0.224	0.106	0.259	2.122	0.039
	薪资水平是我很看重的因素。	-0.146	0.143	-0.151	-1.020	0.313
	我很看重地区的产业丰富度与多样性。	0.115	0.119	0.128	0.965	0.339
	居住环境对我来说很重要。	-0.148	0.149	-0.160	-0.993	0.326
	交通便利这一点很吸引我。	0.185	0.109	0.212	1.695	0.097
	我很喜欢丰富的休闲娱乐生活。	0.071	0.116	0.078	0.613	0.543
	我很看重地区的公共设施建设。	-0.026	0.146	-0.027	-0.181	0.857
	我很注重地区的历史底蕴。	0.208	0.147	0.197	1.410	0.165
	我所处地区的价值观与职业道德很重要。	0.183	0.113	0.190	1.630	0.110
	和谐的工作氛围对我来说很重要。	0.192	0.108	0.208	1.775	0.082
	地区文化的多样性很吸引我。	0.240	0.166	0.215	1.442	0.156
	地区受教育程度对我来说很重要。	0.104	0.126	0.113	0.825	0.413
	我很看重医疗资源与医疗水平。	-0.216	0.118	-0.230	-1.833	0.073

续表

模型		未标准化系数		标准化系数	t	显著性
		B	标准错误	Beta		
1	高校与科研单位的创新能力很重要。	0.060	0.149	0.063	0.401	0.690
	我很看重教育资源与教育水平。	-0.011	0.126	-0.011	-0.090	0.929
	我很看重人才引进与奖励政策。	0.131	0.148	0.125	0.889	0.378
	好的创业资助政策很吸引我在当地定居。	0.104	0.124	0.107	0.842	0.404
	我很看重当地的落户政策。	-0.041	0.126	-0.043	-0.329	0.744
	研究资助政策对我来说很重要。	0.089	0.116	0.104	0.770	0.445

由表9-21与表9-24可以看出,在人才生态环境各因子中,经济环境中地区经济规模、人文环境中地区历史底蕴、教育医疗环境中地区受教育程度、政策环境中落户政策对18~30岁年龄段被调查者影响最大;经济环境中地区经济规模与行业前景、生活环境中交通便利程度、人文环境中工作氛围、教育医疗环境中医疗资源与水平对30岁以上被调查者影响最大。不仅如此,调查数据显示,经济规模与医疗资源水平系数为负,表明该样本定居意愿在这两点提升的同时不升反降,可能是考虑到其所带来的经济负担的加重而减少定居意愿。

五、人才生态环境对不同感情状态的被调查者不愿意离开江西省意愿的影响

(一)人才生态环境对已婚被调查者不愿意离开江西省意愿的影响

表 9-25 已婚群体 R 方系数与德宾沃森系数

模型	R		R 方	调整后 R 方	标准估算的错误	德宾-沃森统计
	您的感情状态 =3(选定)	您的感情状态 ~ =3(未选定)				您的感情状态 =3(选定)
1	0.767[a]	0.739	0.588	0.535	0.819	1.797

表 9-26 已婚群体显著性与 ANOVA[a,b]

模型		平方和	自由度	均方	F	显著性
1	回归	147.591	20	7.380	10.996	0.000[c]
	残差	103.347	154	0.671		
	总计	250.937	174			

表 9-27 已婚群体显著性与系数[a,b]

模型		未标准化系数		标准化系数	t	显著性
		B	标准错误	Beta		
1	(常量)	0.094	0.282		0.335	0.738
	我认为地区的经济规模很重要。	0.125	0.085	0.124	1.475	0.142
	我认为行业前景很重要。	-0.019	0.078	-0.019	-0.245	0.806
	薪资水平是我很看重的因素。	0.020	0.085	0.020	0.237	0.813
	我很看重地区的产业丰富度与多样性。	0.034	0.078	0.036	0.442	0.659
	居住环境对我来说很重要。	0.202	0.081	0.203	2.489	0.014
	交通便利这一点很吸引我。	-0.033	0.099	-0.032	-0.338	0.736

续表

模型		未标准化系数		标准化系数	t	显著性
		B	标准错误	Beta		
1	我很喜欢丰富的休闲娱乐生活。	0.052	0.086	0.051	0.607	0.545
	我很看重地区的公共设施建设。	0.023	0.083	0.023	0.279	0.781
	我很注重地区的历史底蕴。	0.018	0.088	0.017	0.207	0.837
	我所处地区的价值观与职业道德很重要。	0.090	0.077	0.088	1.160	0.248
	和谐的工作氛围对我来说很重要。	0.118	0.086	0.112	1.370	0.173
	地区文化的多样性很吸引我。	-0.077	0.093	-0.071	-0.824	0.411
	地区受教育程度对我来说很重要。	-0.050	0.077	-0.051	-0.648	0.518
	我很看重医疗资源与医疗水平。	0.132	0.076	0.134	1.739	0.084
	高校与科研单位的创新能力很重要。	-0.133	0.092	-0.131	-1.444	0.151
	我很看重教育资源与教育水平。	0.223	0.092	0.219	2.412	0.017
	我很看重人才引进与奖励政策。	0.049	0.096	0.047	0.513	0.608
	好的创业资助政策很吸引我在当地定居。	0.129	0.087	0.117	1.481	0.141
	我很看重当地的落户政策。	0.073	0.080	0.073	0.918	0.360
	研究资助政策对我来说很重要。	-0.003	0.082	-0.003	-0.042	0.967

由表9－27可以看出,在人才生态环境各因子中,生活环境中居住环境,教育医疗中医疗资源与水平、教育资源与水平对已婚被调查者影响很大。

第三节 人才生态环境对人才居留的政策建议

一、经济环境

(一)产业转型以提高经济规模

目前江西省产业主要集中于农业、工业、服务业等,由于历史原因、地理位置等因素,江西省经济一直处于滞后状况。在此环境之下,其应加大产业革新,从传统产业向高端制造业、现代化服务业以及新兴产业如人工智能、新能源等进行转型,改善省内产业结构,对于不同领域人才都有需求,而不是只发展传统产业,导致自身不具备吸纳各方面人才的体量。在产业优化的基础之上,经济规模也会随之扩张,进而吸引年轻适龄群体在江西省定居,产业与人才二者在相互影响下共同构成一个稳定、合理的生态体。

(二)行业前景优化

行业前景作为30岁以上人才定居的重要考虑因素,理应受到各行业重视,并加大投入力度。电子信息等科技产业方面,江西省较其他地区仍处于落后位置,应加大科研投入,相关高校与科研机构提升自主创新能力,各地区也要积极引进高新技术企业,打造企业集群。文化旅游产业方面,在已具有的丰富历史底蕴、文化遗址基础之上,加大宣传力度,在各大节假日吸引大量游客群体,同时还应完善基础旅游设施,加大对文化遗产的保护力度,防止文化遗产遭到破坏与流失。在新能源产业方面,江西省应在拥有丰富的太阳能、风能等自然资源基础之上进一步发展,在新能源行业稳中求进,吸引人才。

二、生活环境

(一)居住环境优化

根据调查结果发现,许多类别的被调查者定居行为都与居住环境息息相关。为了解决现存问题,江西省应加强对城市的规划与管理,杜绝环境破坏以及开发商破坏现象，同时注重城市资源的人性化设计，践行环保理念。对违法违章的行为以及搭建提升监管力度。加强对垃圾的收集与处理，提高城市绿化水平，与居民协商对老房、危房进行维修或者重建，营造干净、自然、安全的生活环境。

（二）提高交通便利

在调查中发现，30 岁以上的被调查者更为重视城市的交通便利程度。江西省目前除了几个较大城市具有相对完备的道路、地铁、机场系统，其他许多地区仍具有交通不便的问题。因此，江西省应加强对公路的建设以及系统规划，提高公路的通行效率，尤其是县城与村镇中的公路建设。与此同时，在城市与城市之间也应加快铁路建设，提升铁路运输效率，方便省内居民日常通行与工作通勤。地铁作为居民最方便的公共交通，应得到地区的大力发展与建设，这样才能缩短居民通勤时间，提高居民生活品质与效率。

（三）休闲娱乐生活建设

调查显示，男性群体居留行为受到休闲娱乐生活的显著影响。因此，江西省产业优化中又加入了新的一员——休闲娱乐产业建设。除了建设公共休闲场所如公园、广场、体育场以外，还应大力支持休闲娱乐商家的入驻，举办文艺汇演、演唱会等人流量较大的休闲娱乐活动，还能在繁杂的人口流动过程中起到宣传城市的作用，点亮自己的招牌。

三、人文环境

（一）文化设施建设

对于女性人才来说，人文环境是重要的一个定居影响因素。江西省具有丰富的历史文化，应在此基础之上增加公共文化设施，如博物馆、图书馆、文化宫等，促进居民文化教育以及文化交流。在良好的文化氛围之下推动产业发展，以吸引和培养优秀的文化类人才。

（二）加强价值观与职业道德建设

职场价值观与职业道德是本科及以下学历人才定居的重要影响因素，这个学历段的人有着最大的中国人口占比，代表着普罗大众，价值观与职业道德建设的重要程度可见一斑。对于社会组织与企业来说，应传输正确、积极的价值观，指导组织成员或员工建立自己的行为道德标准与框架，以规范自己的行为，共同营造良好的工作环境与和谐氛围。同时加大对法律法规的宣传，培养员工遵纪守法的意识，对于违法乱纪的行为根据规矩进行处理或者向上级反映。

四、教育医疗环境

教育医疗环境是年轻群体、已婚群体以及30岁以上群体定居的重要考虑指标。因此，为了吸引这类人才定居，江西省各地区也应注重教育医疗环境的建设与优化。

（一）加强教育机构建设与监管

目前，江西省部分偏远地区仍存在教育资源匮乏问题，各地区应加强学校建设，扩大学校数量，同时还要保证学校质量，杜绝校园中各种违法乱纪行为，保障九年义务教育的顺利完成。学校的数量与建设情况是其地区整体教育水平的体现，是当地人口文化素质的反映，只有解决这类问题，才能吸引更多人才到来并安家立业。

（二）提高教师水平

学校建设是硬件，教师水平则反映了其软件的先进程度。作为祖国的园丁，教师是推动教育发展的主要力量，提高高校、中学等各层次教育机构教师水平，是吸引优秀生源的重要途径，是引导人才的闪亮灯塔。江西省相关组织应通过教师培训、提高薪资福利待遇等方法来提高教师教学水平、吸引优秀教师。此举不仅可以优化教育人才结构，招来更多优秀学子以及父母群体，还能提高各大高校或机构的创新能力与科研水平。

（三）提高医疗技术水平与效率

通过医护从业者培训、先进设备与技术引进、提升医护服务质量等途径提高江西省内各地区医疗技术水平，同时还要加大对基层医疗服务的改进力度，如患者就诊的舒适度、灵活度，优化挂号机制等，以此提高医疗效率。医保政策等也应得到相应完善，解决“看病贵”的问题，减轻患者经济负担。

（四）加强地区医疗建设

江西省内仍有许多乡镇县有看病难、看病远等问题，因此，地方政府应当加强医疗机构的建设投入，在合理的地理位置上建设卫生院、医院等机构，满足周围居民日常体检、医疗等需求，缓解医疗资源分配不平衡、医疗资源匮乏的问题。

五、政策环境

（一）人才引进与奖励政策优化

建立高效、灵活的人才引进机制，如为江西省毕业大学生提供人才通道，对在某领域具有贡献的人才提供特殊引进福利，如提供奖金、安家费等。对于高学历、高层次人才的引进，还可以在此基础之上提供更多的社会保障福利、更高的薪资，以吸引其定居。在这一点上江西省的工作较为完善，但部分地区由于受到经济限制，实施出现困难，因此这类地区应当着重改善特殊领域人才的引进与奖励政策，某一产业发展之后再辐射到周边产业，根据自身优势因地制宜地发展特殊人才，扩大竞争力。

（二）创业资助政策优化

在推动创业创新的同时，也应当致力于创新创业资助政策的优化。江西省各地政府应结合当地经济情况来给创业企业提供资金支持以吸引企业入驻，与各大银行机构合作推出优秀的借贷金融产品，为有梦想的创业人才提供机会，降低其创业风险与成本。还可以通过加强与当地优秀企业的商谈合作，来为新创业企业提供资助与投资，或者引入省外的大型企业，根据其对省内的业务兴趣需求注入外部资本，带动创业企业的发展。

（三）落户政策优化

大型城市应适当放宽落户条件，以吸引更多的人才前往城市定居，在本身经济基础并不占优的情况下，政策环境若还处于劣势，更难留住前往省外发展的人才。除适当放宽落户条件之外，还应当建立科学的落户指标体系，为多个领域、多个阶层的人才提供落户机会，避免单一的“学历门槛”指标。同时还应当加强落户政策的宣传，在各地区人流量大的地点投放广告，如地铁、医院等，让越来越多的人了解落户政策以及其优势所在，吸引他们在省内城市落户定居，尤其是18~30岁的人才群体。

第十章 全面提升人才引培质量的路径研究 ——以江西省科技人才为例

第一节 人才引培现状

千秋基业,人才为先。党的二十大报告提出,“全面提高人才自主培养质量,着力造就拔尖创新人才,聚天下英才而用之”。这是新时代实施科教兴国战略、强化现代化建设人才支撑的重要举措,是加快建设人才强国的战略部署。人才资源是我国经济社会发展的第一资源,国与国之间、地区与地区之间的竞争,其本质是人才竞争。“人才强国”“人才强省”战略及国家“十四五”人才发展规划、江西省“十四五”人才发展规划,为江西省人才引培工作指明了方向。

本研究首先针对当前江西省科技创新人才发展现状、科技创新人才发展中的问题进行了分析;其次,开展了实施人才工程计划对科技创新人才影响的调查;再次,总结了人才工程计划实施的成效;接着,分析了实施人才工程计划对提升科技创新高端人才引培的影响;然后,揭示了人才工程计划实施中的不足;最后,提出了优化“人才计划”项目制度,全面提升科技创新高端人才引培质量的路径。

一、江西省科技创新人才发展现状

“十三五”期间,江西省人才工作蓬勃发展、人才活力竞相迸发,面对中华民族伟大复兴战略全局和世界百年未有之大变局,全省上下坚决贯彻中央、省委决策部署,大力实施人才强省战略,广开进贤之路、广聚天下英才,推动人才规模不断壮大,人才队伍结构不断优化,人才素质不断增强,人才效能不断提高。总体来讲,江西省科技创新人才发展呈现以下状况:

(一)人才队伍稳步壮大

江西省人才队伍稳步壮大。截至2022年,科学研发与试验发展(R&D)人员总量为19.45万人,平均每万劳动力中有R&D人员4人,平均每万人口中专业技术人员为167人。

(二)人才引培彰显成效

江西省以“高精尖缺”为导向,通过引培并举,集聚了一批战略科技人才、科技领军人才和高水平人才团队。截至2024年,江西省拥有两院院士10人。截至2020年,江西省拥有国家级重大人才计划人与科技创新领军人才45人,国家级创新团队3个,长江学者20人,国家杰出青年科学基金获得者和优秀青年科学基金获得者22人。省主要学科学术和技术带头人培养对象452人,省杰出青年人才(青年科学家培养对象)615人。省创新创业高层次人才计划人选(“双千”人才)1027人、创新创业团队70个,其中,自然科学创新类“双千”人才831人、自然科学创新类团队37个。A人才资源发展总体情况见表10-1。

表10-1 2022年江西省人才资源发展状况

江西省人才资源基础测度	江西省数值	全国数值	全国占比
常住人口	4527.98万人	141175万人	3.21%
15~59岁人口	2745.87万人	87556万人	3.14%
劳动力人口中大专以上人员占比	18.50%	24.10%	
大学以上文化程度人口	690.91万人	25944.67万人	2.66%

续表

江西省人才资源基础测度	江西省数值	全国数值	全国占比
R&D(科技研发)人员	194515 人	665.5 万人	2.92%
R&D 全时当量	131673 人年	635.4 万人年	2.07%
文盲人口(15 岁及以上不识字的人)	881 人	40704 人	2.16%
院士	8 人	2754 人	0.29%
享受政府特殊津贴专家	51 人	18.7 万人	

注:数据来源于国家统计局,江西省统计局,《中国统计年鉴 2023》《中国科技统计年鉴 2023》《2022 年度人力资源和社会保障事业发展统计公报》《中国劳动统计年鉴 2023》。

(三)人才平台持续攀升

高水平科研平台是创新人才培育的重要载体。截至 2022 年,江西省拥有国家重点实验室 6 个,国家工程技术研究中心 8 个,国家工程实验室 2 个,国家制造创新中心 1 个。省级重点实验室 241 个,省工程技术研究中心 351 个。

(四)人才效能显著提升

科技创新人才自主创新能力稳定增强,人才效能显著提升,带动技术交易市场活跃。2022 年,专利授权量达到 75820 项,其中发明专利 8655 项。每万人专利授权量达到 16.7 项,其中每万人发明专利授权量达到 1.916 项。全省省级科学技术奖获奖 148 项。技术市场成交合同数达到 10255 项。技术市场成交合同金额 7582261 万元。科技创新人才为推动江西省经济社会发展发挥了积极的作用,人才效能显著提升。

(五)人才"引育用留"全链条体系不断创新

建立并推行了重大科技项目"揭榜挂帅"机制、人才评价破"五唯"制度、科研经费"包干制"、科研人员代表作评价制度等系列科技人才政策。启动实施省高端领军人才培育项目,优化省主要学科学术和技术带头人培养计划、省高层次和急需紧缺海外人才引进计划,初步构建了引培并重、梯次合理、符合人才成长规律的科技人才计划体系。

（六）人才生态更加优化

出台了相关政策、法律法规，突破制度障碍。推行科研诚信、弘扬科学家精神，加强作风学风建设，推行科技奖励制度、鼓励科研人员创新创业，推行科技领域“放管服”改革、减轻科研人员负担的专项行动，为科研人员营造了良好的创新创业环境。

第二节 人才引培中存在的问题分析

1. 科技创新高端人才不足。江西省具有全球影响力的顶尖科技创新人才还较为缺乏，国际一流的科技领军人才和创新团队人才相对较少，截至2022年，江西省两院院士仅5人，国家杰出青年科学基金获得者17人，国家优秀青年科学基金获奖者15人，长江学者20人。中青年科技创新领军人才和国家级创新团队数量少。“高精尖”科技创新人才稀缺成为推动江西省高质量跨越式发展的绊脚石。不过，截至2023年11月23日，在赣两院院士数量已达10人。

2. 引才聚才留才环境有待改进。尽管江西省科技创新人才队伍建设成效显著，但也面临科技创新领军人才日显缺乏、科技创新人才创新能力严重不足等突出问题。江西省众多行业缺乏领军人才，难以支撑重点产业转型升级。科技创新人才团队引进困难，缺乏一流大学做支撑，缺乏国家级科研平台在本地落户做支撑，人才的吸附力受限制。高校、科研平台、科研院对人才吸引力相比发达省份比较弱，高校毕业生留江西省就业率不高。科技研发人才引进难。省区市人才政策针对院士等顶尖人才的支持政策较多，对博士、教授等中档层次人才的支持力度仍有待于加强。

3. 高水平人才平台不多。高水平创新平台是人才发展的载体，是落实创新驱动发展战略的基础。目前，科技创新人才中心、高水平的研究所、大的载体平台、风投创投机构等缺乏，导致对人才吸附力不强。截至2021年底，江西省的国家重点实验室和工程研究中心仅14家，而湖北29家，湖南33家，河南

16家。与中部省份相比,江西省国家重点实验室及国家工程技术研究中心总量偏少,在中部地区排名靠后,仅占全国总数(872家)的1.6%。新型研发机构的发展机制体制不够灵活,大部分登记设立为无编制、无级别、无经费的"三无"事业单位,机构设立程序复杂、申办时间长,在申报流程、批复上,时间跨度较长,影响了效率,这直接影响到高水平平台建设,直接影响到人才引培工作推进,成为落实我省创新驱动发展和人才引领发展战略的重要阻力。

4. 人才政策机制有待健全。引才育才机制、人才评价激励机制还不健全。对照先进地区的引人政策,我省的人才政策还有很大的差距。在对创新项目进行扶持、运用市场化手段引进人才、为人才提供优质服务等方面,还有发展空间。

第三节 实施人才工程计划对科技创新人才的影响研究

高质量经济发展的关键是人才,实施科技创新人才计划是实现高端人才引培质量提升的重要手段。近年,江西省积极对接"国家海外高层次人才引进计划""国家高层次人才特殊支持计划""高等学校学科创新引智计划"等一系列国家层次人才计划;启动实施《主要学科学术和技术带头人培养计划》《江西省高层次高技能领军人才培养工程》《江西省井冈学者奖励计划》等高层次人才引培项目计划,通过计划项目的实施,遴选、推荐和培育了一大批优秀高层次人才,取得了显著成效。

(一)调查样本

本研究通过访谈和问卷调查,对江西省入选高层次科技人才计划人才进行调研,调研对象主要包括高校的科技研究人员、企业骨干人员。走访20名省级高层次人才,问卷发放总数量为65份,有效回收数量为65份。

(二)调查的基本情况

1. 访谈的基本情况

本项目组采取座谈会、个别访谈、现场走访的方式,对江西省的20位省级高层次人才进行了调研。经过深入调研,收集了大量的第一手资料。

2. 问卷调查基本情况

本项目组针对江西省高校高层次人才进行了问卷调查,共发放问卷数量为65份,有效回收数量为65份,收集了大量的第一手资料。

调研的基本情况如下:

(1)年龄状况

本次调查对象中, 31岁至40岁之间的高层次人才数量最多,占比44.62%;其次是41岁至50岁之间,占比41.54%。30岁以下调查对象占比仅为4.62%,51岁以上的调查对象占比为9.22%,如图10-1。30~50岁是创新能力的激发阶段,也是科研事业取得成果的最佳年龄,绝大多数的重大科技创新成果是由处于这一阶段的杰出人才创造的。这表明,入选人才工程计划的精英人才呈现年轻化趋势。

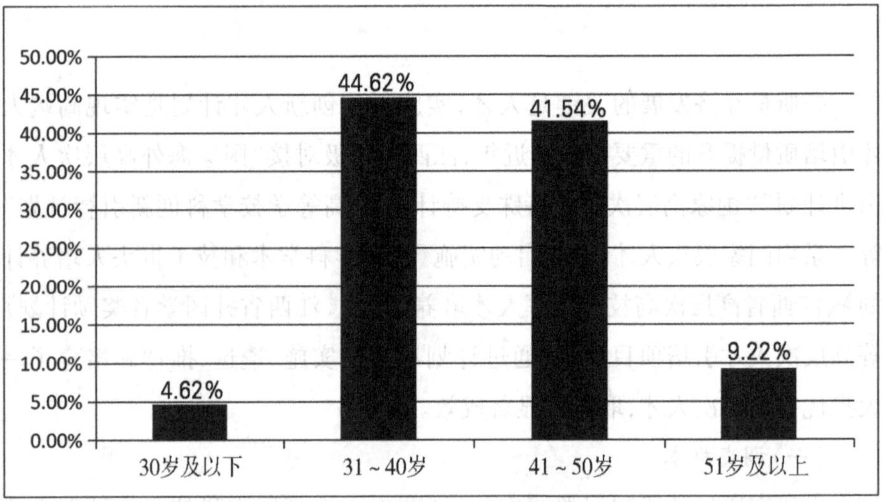

图10-1 年龄状况

(2)职称状况

本次问卷调研样本中,主体部分为高级职称人才,其中, 正高职称占16.92%,副高职称占55.38%,如图10-2所示。另外,访谈的高层次人才计划工程人才,主要包括企业负责人和正高职称的人才。这个些高层次人才，一般具有比较强的科研能力，积累了一定的科研经验，成果也比较丰富。

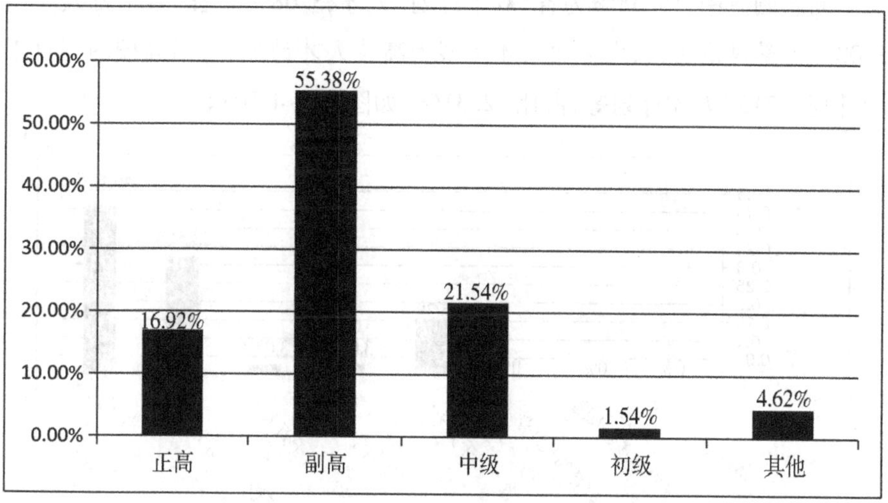

图 10-2 职称状况

(3)人才的收入状况

本次调研样本中，调研对象的年收入水平在 10 万至 15 万元人数居多，占比 47.69%，16 万~20 万元之间收入水平的占 24.62%，如图 10-3 所示。

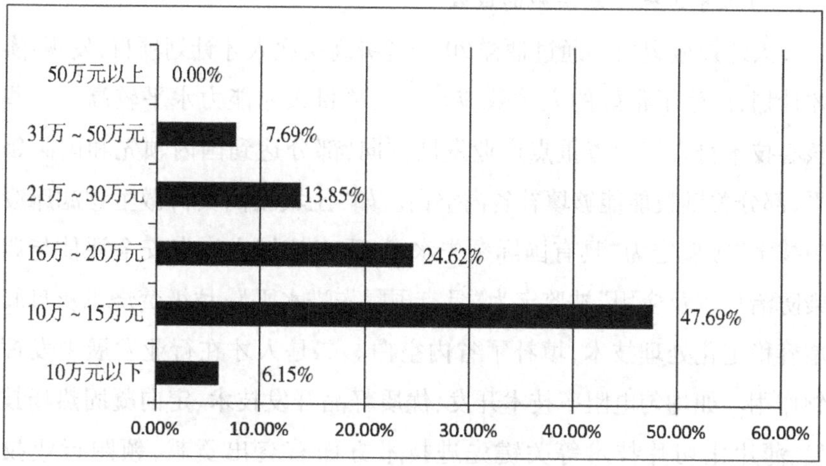

图 10-3 收入状况

(4)人才类型状况

问卷调研中,15.38%为省"双千计划"人才,3.08%是省"百千万人才",3.08%为学科带头人,大多数人才类型为高校人才计划,包括高校的三百工程计划、"215"人才计划等,占比32.31%,如图10-4所示。

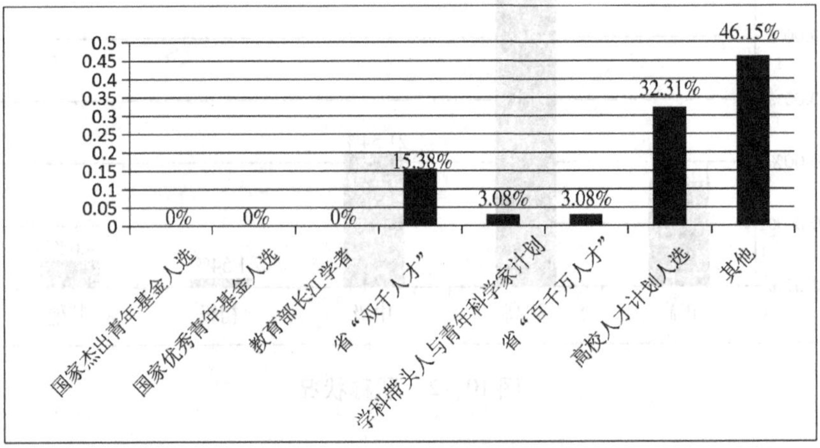

图10-4 人才类型状况

四、调查结果

(一)人才工程计划实施的成效

1.人才效应突出。通过抽样20个省级高层次人才计划项目,发现:实施人才计划,产生了很好的人才效应。一是项目人才能力水平较高。一些关键核心技术符合江西省重点产业发展方向,部分达到国内领先和国际领先水平,部分关键技能能够填补省内空白。如"土壤型高负荷微生物滤床废水处理技术"被鉴定为"具有国际领先水平,重点流域水生态安全评估与典型污染防治技术及应用"被鉴定为"具有国际先进水平";垃圾焚烧飞灰自胶结零增容稳定化处理技术,填补了省内空白。二是人才在行业发展中发挥了引领作用。如均匀电阻率技术开发、优质籽晶开发技术、定向凝固热场技术开发、薄片化切片技术等关键先进技术方面有突出贡献,领跑行业技术水平。

2.科技效益显著。通过抽样20个"双千"人才计划项目,发现:一是知识产权产出效益佳。抽样的20个项目中,共申请专利123项,其中,发明专利64项,授权实用新型专利59项。二是新产品新技术成果丰硕。抽样的20个项目中,共获得了14项新产品新技术认定。三是科技项目成果多。抽样的20个项目中,共获得8国家自然科学基金面上项目,获得4国家自然科学基金地区项目,获得12省部级重点项目。四是获奖能力强。抽样的20个项目中,共获江西省科技进步奖12项,获江西省优秀新产品奖10项。五是科技攻关能力强。一些企业在科技攻关方面实现了新的突破。

3.经济效益良好。通过抽样20个"双千"人才计划项目,发现:大多数企业克服了疫情影响,经营状况良好,呈现稳健增长态势。一些企业盈利能力较强,税收较高,产生了较好的经济效益。江西省金融发展集团股份有限公司2022年的总资产规模达1362446.14万元,公司营业收入达531966.51万元,比2021年增速34.85%,纳税4545.23万元,净利润6437.13万元。这些企业的发展,同时也带动了产业集群协同发展。

4.社会效益明显。大多数企业具有较好的吸纳就业能力,可持续发展能力强。

(二)实施人才工程计划对提升科技创新高端人才引培的影响

1. 入选人才计划对科技人才论文发表能力提升的影响

本项目通过对入选人才工程计划前后发表的SCI、SSCI、EI、CSSCI等高水平论文情况进行对比分析,发现:38.46%的调研对象会增加1~2篇高水平的论文;12.31%的人调研对象可增加3~5篇高水平论文;部分调研对象可增加6~7篇高水平论文,占比达10.77%。有1.54%的调研对象可增加8篇及以上高水平论文。如图10-5所示。

图10-5表明,入选人才计划工程的人才,在科研论文发表方面,无论在数量还是质量方面,都有大大的提升。这表明,人才计划工程对高水平论文的数量增加有显著作用。

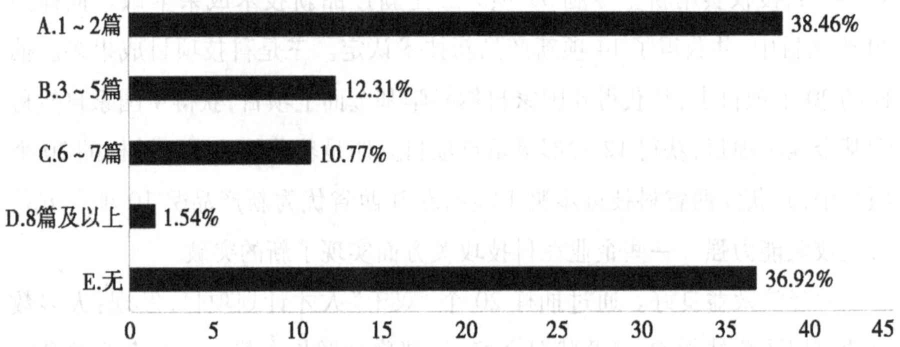

图 10－5 入选前后的论文发表情况对比

2. 入选人才计划对科技人才科研项目获取能力的影响

入选人才工程计划后,大多数入选人员在研究项目上能产生增量。首先,在国家基金项目立项方面,有 31% 的人能够增加至少 1 项国家基金或省级项目,有 14% 的人能够增加 2 项目国家级或省级项目。部分人能增加各类基金项目 3 项及以上,如图 10－6 所示。

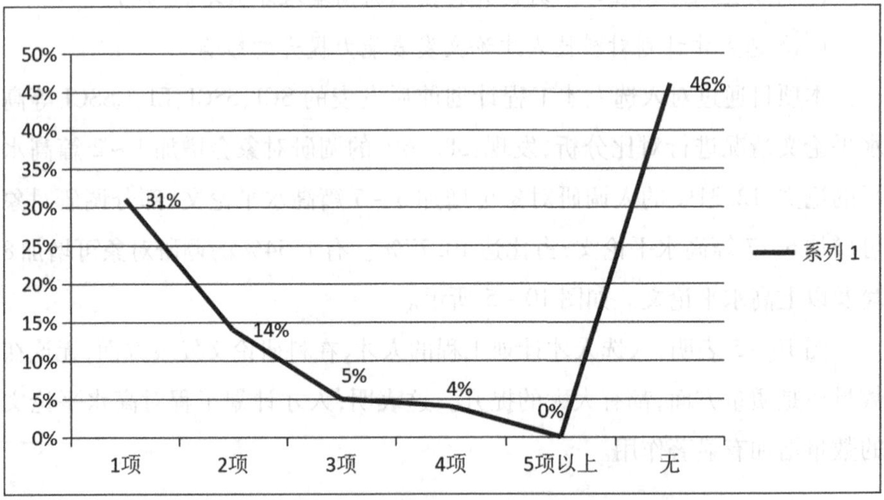

图 10－6 入选前后的国家和省部级项目变化情况

图 10－6 数据表明，实施人才工程计划对科研项目增量会产生正向影响，明显能提升国家级项目和省部级项目的获取能力。

3. 入选人才计划对科技人才职务职称晋升的影响

人才工程计划对人才职务职称晋升有正向影响，人才工程计划对于人才职务职称的晋升主要分为两种类型：一是对于企业所在的人才，实施人才工程计划对于企业人才的职务职称晋升起到一定作用；二是对于高校所在的人才，实施人才工程计划在一定程度上加快了高校人才的职务职称晋升。调研表明，有 15.38% 的人认为，入选人才工程项目后，可缩短晋升周期 1 年；有 16.92% 的人认为，入选人才工程项目后可缩短晋升周期 2 年。有 3.08% 的人认为入选人才工程项目可缩短晋升周期 3 年。如图 10－7 所示。

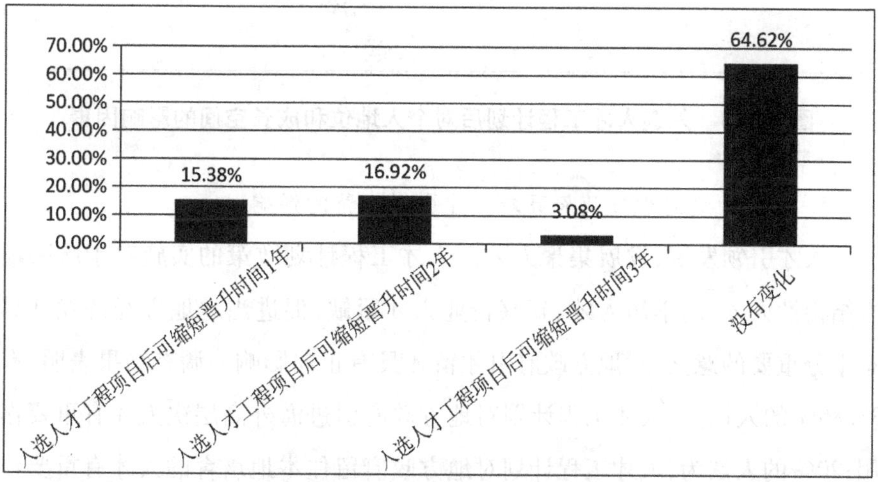

图 10－7 人才工程项目对职称晋升时间的影响情况的看法调查

4. 入选人才计划对科技人才的个人地位和成长空间的影响

调研表明，入选人才工程计划后，人才可以获得更大的资金支持、更加丰富学术资源，自己的子女也能获得更为丰富的教育资源和更加完善的医疗保障，这对提高个人的社会认可度、扩大个人的成长空间有一定的正向影响。调查数据表明，63.08% 的人认为，入选人才工程计划后，可以扩大个人发展空间；46.13% 的人认为，入选人才工程计划后，可以获得更多的学术资源;24.62%的认为,入选人才工程计划后,可以子女可享受更丰富的教育服务和医疗健康服务。见图10-8所示。

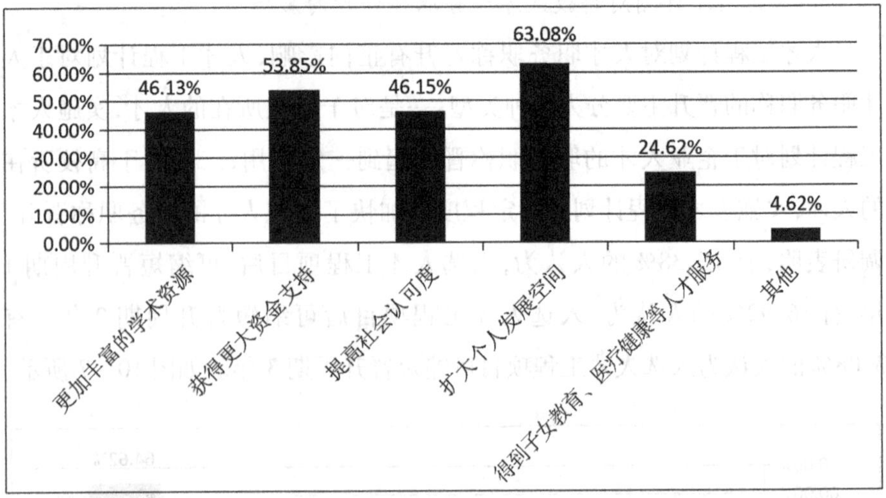

图10-8 入选人才工程计划后对个人地位和成长空间的影响因素

5. 人才计划对地方政府高端人才引、培、留的影响

人才引领发展,发展集聚人才。人才工程计划政策的实施对于解决地方结构性人才、高学历人才、新兴行业人才紧缺,促进当地地方经济发展具有十分重要的意义,对地方政府引才留才具有正向影响。调查结果表明,有33.85%的人认为,人才工程计划对地方政府引进海外高层次人才有重要作用;20%的人认为,人才工程计划对地方政府留住本地培育的人才有重要作用;13.84%的人认为,人才工程计划对增强地方政府的人才竞争力有重要作用。如图10-9所示。

6. 人才计划对优化高端人才成长环境的影响

良好的人才成长环境能够使人才自然成长,优秀的人才脱颖而出。人才成长环境出问题,则优秀的人才也会变成庸才。人才成长环境包括政策环境、文化环境、制度环境、物质环境、待遇环境。而人才制度环境包括培养、选拔、评价和使用等制度。人才工程计划实施促进大量科研政策出台,

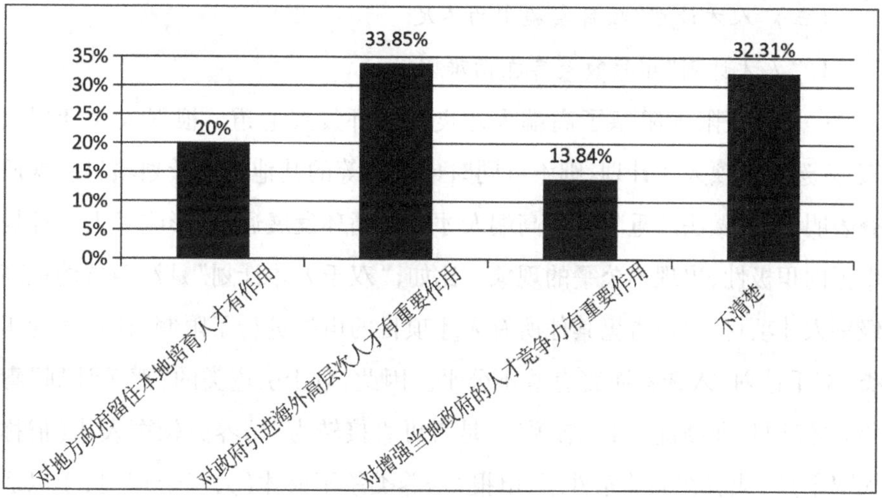

图 10－9 人才工程计划对地方政府引才留才的影响

增强了科研扶持力度，有利于调动人才的科研创新积极性。塑造了新的创新环境。调查数据表明，49.23%的人认为，实施人才工程后，针对人才的科研扶持更多，力度也更强。52.31%的人认为，人才工程计划激发了人才的创新积极性。44.62%的人认为，引进创新人才的吸引力得到了增强，如图 10－10 所示。

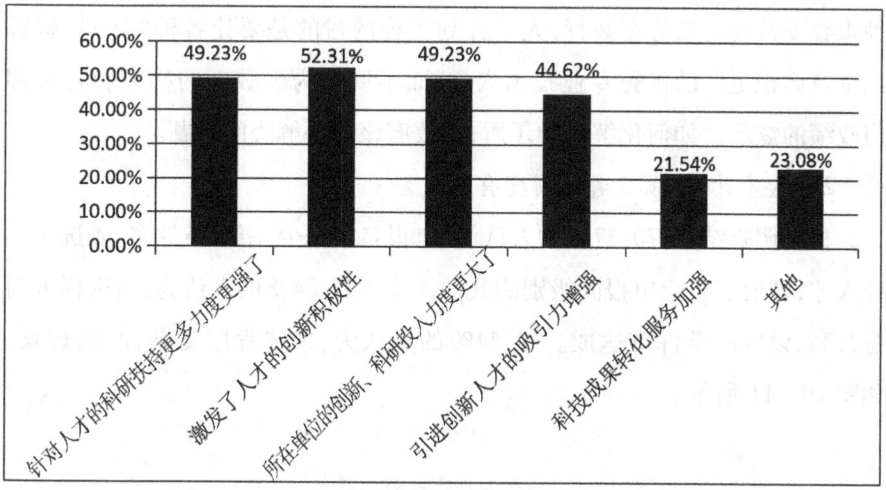

图 10－10 人才工程计划的实施塑造了新的创新环境

(三)“人才计划”项目实施中的不足

1.“人才计划”申报政策存在两难困境

一是申报限项阻塞了高端人才良性循环发展通道。根据人才计划政策,入选了一项人才计划,则不可同时申报同等的其他人才计划项目。据调查表明,这种做法严重阻塞了高端人才良性循环发展通道,影响了人才计划申报的积极性,出现不公平的现象。比如,“双千人才计划”是江西省的最高级别人才项目,但对省里其他所有人才项目的申报进行了限制,这对于青年类“双千计划”入选者而言有些不公平。因此,对于引进类的“双千计划”青年人才项目,业绩优秀的,结题后,是否可直接转为“培养类领军人才(俗称大双千)”,或者在同等条件下,申报“培养类领军人才(大双千)”时,予以适当倾斜。二是“一人多冠”的重复、重叠人才工程计划政策成为少数精英的盛宴。“人才计划”本应是通过资助方式为科技精英提供科技创新的方便,但实际意义的“人才计划”大都成为行政化衍生的“学官”待遇。获得“计划”的少数精英,很大一部分是一人多冠,被各种“人才计划”重复、重叠赠予,成为学术界上少有的行政待遇。虽然这种现象正在改进,但科技教育界的“人才重叠加冠”现象仍然普遍存在,可能鼓励了作为高端人才的少数精英,但忽略其他梯次的精英,打击了普通科研人员的积极性。因此,遏制这种重叠支持的现象势在必行,人才计划工程的目的是要让各种“计划”资源能惠及面积更广的优秀专业技术人才,而不要成为少数人的盛宴和行政部门政绩的炫示。如何化解这种矛盾,是政府该着手解决的问题。

2.“人才计划”项目遴选制度有待完善

根据调查结果,70.37%的人认为,申报名额偏少,限制条件多,入选了一种人才,则没有机会申报同级别的其他人才。37.04%的人认为,遴选标准门槛过高,设置的条件难达成。44.44%的人认为,遴选程序复杂,时间过长。如图10-11所示。

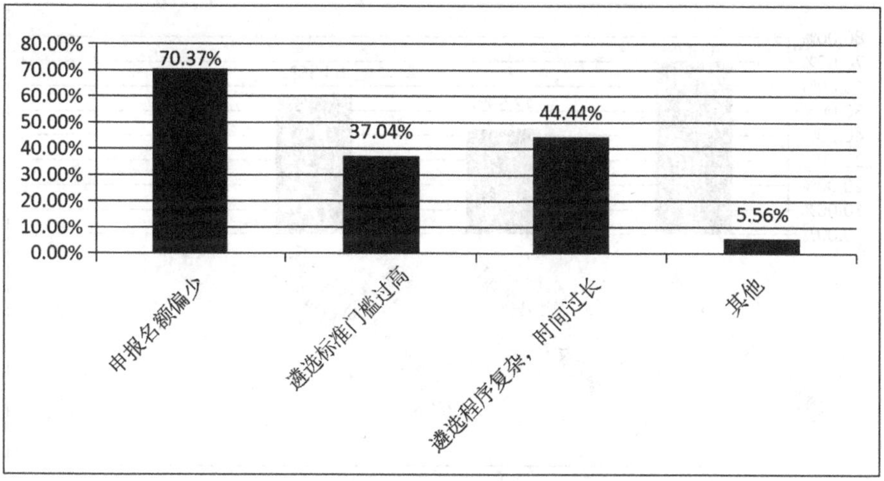

图 10－11　对人才遴选过程问题调研结果

3.“人才计划”项目评价体系有待完善

一是人才工程计划绩效考核内容难体现学科差异性。各种学科类型不同，理工科和人文社科的人才工程项目内容具有很大的差异性，而经济学科、管理学科等又属于交叉领域学科，所以不易对其进行直接划分。不同的人才所研究的领域也有所不同，有应用型人才，如：化学、生物等领域，可以直接产生技术性效益的学科；也有研究理论指导类型人才。各种类型人才的选拔评价内容应该有所差异。

二是人才计划考核指标比较单一。调查表明，70.37%的人认为，引进人才与本土培养人才的评选标准单一，缺乏差异性。42.59%的人认为，偏重论文、科研项目等评价标准，对工程技术类应用人才难实现客观评价。55.56%的人才认为，入选人才的学科和产业领域分布不均匀，战略新兴学科与产业领域比例偏低。如图 11－12 所示。因此，不应该只注重人才发表文章数量、科学成果等因素，应防止出现对人才计划项目内容的“一刀切”现象。

4.“人才计划”激励手段匮乏

水不激不跃，人不激不奋。人才的成长，除了自己奋斗拼搏这个内因，还需要外在的激励引导，不仅要有物质激励，也要有精神激励。目前，人才

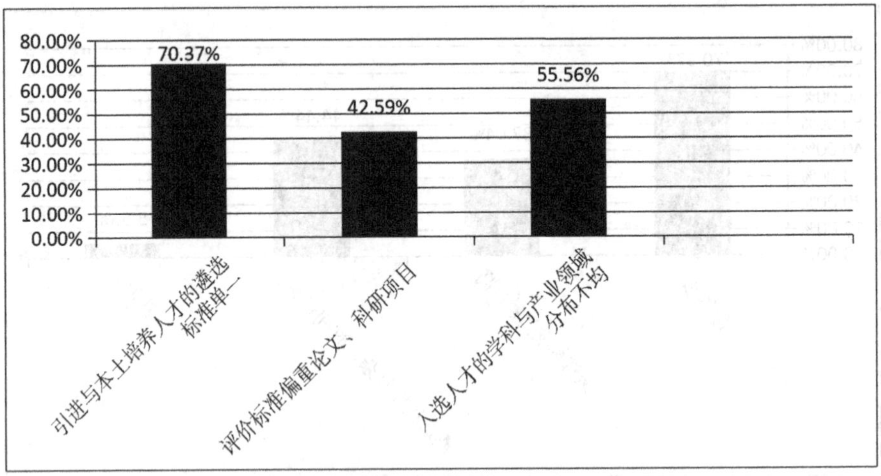

图 10－12　对人才计划项目评价体系问题的调研结果

计划的奖励措施过于单一匮乏，主要以物质奖励为主，强调对入选人才的金钱或相关实验设备、基础设施等奖励，忽视了对于入选工程项目的精英人才的精神奖励以及内在奖励。对于一些对科研工作真正热爱的高层次精英人才，他们因为追求的是通过科研成果获取来实现自己的社会价值、得到社会的认可，所以物质奖励的影响效果就会微乎其微。而且奖励项目申报条件相关政策限制条件偏多，一定程度上会削减高层次精英人才的积极性。57% 的调研对象认为，当前人才计划的激励措施过于单一。目前的人才计划主要以物质奖励为主，强调对入选人才进行金钱、实验设备、基础设施等奖励，忽视了对入选计划人才的精神奖励以及内在激励。72% 的调研对象认为，人才激励机制不太完善，没有形成根据不同人才队伍的工作特点、工作性质制定相应的具有各自特色并行之有效的激励，致使激励作用不能更好地实现，影响了人才积极性的发挥，甚至导致部分优秀人才的流失。如图 10－13 所示。

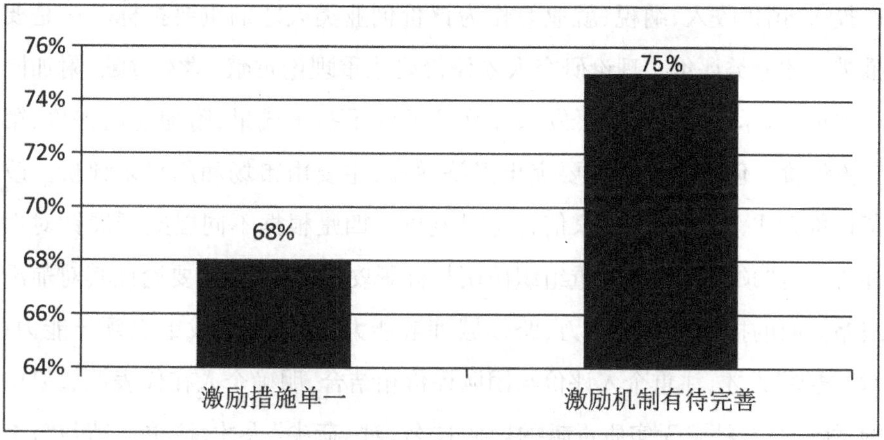

图 11－13　对人才激励问题调研结果

第四节　全面提升科技创新人才引培质量的路径

一、优化“人才计划”遴选体系

一是要完善人才工程计划遴选程序。简化申报流程，落实“放管服”改革要求，精简申报材料及流程。二是可以适当放宽限制条件，降低门槛。如取消年龄、学历、户籍等方面的限制；三是可实施科学家、企业家直接举荐制度。

二、构建科学精准的人才评价体制机制

构建科学精准的人才评价体制机制是实施公平公正人才评价的根本。一是要建立科学精准的人才评价标准。单一的人才评价标准越来越不能够准确评价人才的价值、贡献和能力。不同类型的人才，要用不同的“尺子”去衡量，不能“一把尺子量到底”。要健全人才评价标准，克服唯论文、唯职称、唯学历、唯奖项的“四唯”倾向，加快健全以创新能力、质量、实效、贡献为导向的人才评价体系。将原创成果、技术创新、成果转化及经济社会效益等业绩成果作为评价创新类人才的重要依据。二是要完善人才评价指标。将资

产投入、销售收入、纳税、就业等作为评价创业类人才的重要指标。三是要推进人才分类评价。理论研究人才评价要注重理论贡献、学术贡献,附加同行评价、国际评价。技术研发人才评价要注重技术成果,附加业内评价、第三方评价。创新创业人才要突出经济效益,主要由市场和用户来评价。改革评价方式,建立评审专家信誉记录制度。四是根据不同层次开展针对性评价。对"顶尖"人才,注重组织协调与科研攻关相结合,主要论证其对前沿战略方向的把握力和判断力、跨领域理解能力、大兵团作战组织领导能力;对"拔尖"人才,注重个人评价与团队评价相结合,明确个人在代表性成果中的贡献地位,杜绝无实质贡献的虚假挂名;对"荷尖"人才,注重业绩与潜力评价相结合,突出其创新思想活跃度及发展前景的评价;对引进人才,注重成果与实绩评价相结合,不把教育、工作背景简单等同于科研水平,更关注引进来赣后在现有平台和团队条件下预期能取得的成果和贡献。

三、构建彰显价值的人才激励制度

构建彰显价值的人才激励制度是调动科研积极性的重要手段。因此,一是要实行以增加知识价值为导向的人才激励机制,构建充分体现知识、技术等创新要素价值的收益分配机制。二是要完善科研人员职务成果权益分享机制。扩大高校和产业技术研究机构收入分配自主权,加快实施科研经费"包干制"。三是要深化采用科学技术奖励、绩效奖励等形式,提高高层次人才实质性收入。四是要建立人才津贴制度,对一些有贡献的高层次人才,发放人才津贴。五是要加大激励表彰力度,对有突出贡献人才,给予职称评聘倾斜,优先申报、优先参评、优先聘任,职称晋升、晋升岗位等级不受单位结构比例限制。实施精神激励和物质激励相结合,表彰奖励各行业的杰出创新创业人才。

四、营造一流的人才生态环境

营造良好的人才培育环境和氛围,拥有良好的人才培养环境和学术氛围是促进学术和人才发展的重要基础和必备前提。因此,一是要创新宜居宜业的生活环境,完善人才服务专窗、专线、专网、专员制度。二是打造全方位的人才安居支持体系，打造优质便捷的人才教育医疗保障体系，打造覆盖人才创业创新全周期的政务服务体系。三是要完善公平竞争的发展环境。营造尊才、爱才的社会环境。四是要建立便利沟通平台，增加各类学术人才之间的学术交流和探讨，形成浓厚的学术氛围。五是要建立互联网智库人才平台，优化各领域人才工程计划。

第十一章

人才“引育用留”全链条优化升级策略研究

——主要以江西为例

党的二十大报告指出，要深化人才发展体制机制改革，真心爱才、悉心育才、倾心引才、精心用才，求贤若渴，不拘一格，把各方面优秀人才集聚到党和人民事业中来。各级党组织要全面贯彻落实新时代人才工作新理念、新战略、新举措，“坚持聚天下英才而用之”，在优化人才“引育用留”全链条上下真功、求实效。“一体推进人才‘引育用留’全链条优化升级，加快建设中部地区重要人才中心”命题的提出，是习近平总书记关于做好新时代人才工作的重要思想在江西实践中的生动体现，实现了人才工作由人才管理到人才治理的关键转型，为江西省做好人才工作、加快建成中部地区重要人才中心指明了方向，提供了遵循，注入了活力。

为全面贯彻落实党的二十大报告关于人才“引育用留”全链条的精神，2024 年江西省委人才工作领导小组第一次会议上，省委书记、省委人才工作领导小组组长尹弘强调，要深入贯彻习近平总书记关于做好新时代人才工作的重要思想和考察江西重要讲话精神，实施更加积极、更加开放、更加有效的人才政策，一体推进人才“引育用留”全链条优化升级，加快建设中部地区重要人才中心，为推动全省高质量发展提供有力人才支撑。他强调，要加大人才引进和培育力度，既立足当前引进短缺人才，又着眼长远培育壮大人才队伍,通过以才引才、引进创新创业人才团队、设立“人才飞地”等方式,不断拓宽招才引才渠道、加强人才自主培养,形成“以产聚才、以才兴产、产才互融”的良好局面。要营造更优更好的人才发展环境,建好用好国家级创新平台,大力培育发展新型研发机构,坚持用事业留人、靠平台留人,深化“一站式”人才综合服务平台建设,持续优化人才政策供给、提升人才服务水平,营造尊才爱才、敬才重才的浓厚氛围。要深化人才发展体制机制改革,坚持“破四唯”与“立新标”并举,构建有利于科技人才潜心研究和创新的评价体系,完善科技成果转化机制和服务体系,推动创新链、产业链、资金链、人才链深度融合,加快构建优势明显、务实管用的人才发展体制机制。要坚持党管人才原则,进一步完善人才工作领导体制,严格落实党委(党组)抓好人才工作的主体责任,发挥领导小组和人才办统筹协调作用,强化各成员单位职能职责,齐心协力抓好各项人才工作落实。

第一节 江西省各地市“引育用留”全链条优化升级的创新做法

江西省委组织部长会议强调,要一体推进人才“引育留用”全链条优化升级,加快建设中部地区重要人才中心,推动人才链与创新链、产业链、资金链深度融合。江西各地围绕会议精神,深入实施人才强省战略,在完善政策、建设平台、优化服务等方面持续发力,着力把各方面优秀人才集聚到江西社会经济发展事业中来。主要创新做法有:

一、拓宽引才渠道,创新引才机制

坚持以开放的视野引才育才,充盈人才资源蓄水池。放宽人才引育视野,坚持自主培养人才和广开进贤之路两手并抓,建立健全多渠道引才机制。

一是聚焦加快建设中部地区重要人才中心,围绕“1269”行动计划等重点领域,完善引才岗位征集发布机制,编制发布高层次和急需紧缺人才目录,支持重点产业引进人才“一企一策”“一事一议”,持续唱响“才聚江西 智荟赣鄱”引才工作品牌。2024 年以来,全省新增引进人才 3.2 万人,同比增长 26.31%,江西省现有专业技术人才 317.6 万人、技能人才 547 万人,人才总量和质量都取得长足进步。

二是突出产业引才,推动创新要素向重点区域集中、向重点企业集聚。制定相关产业人才需求目录,积极组织企事业单位有针对性地外出招才引才,探索市场化人才招引方式,建立完善“双招双引”联动机制,形成以产聚才、以才兴产、产才互融的良好局面,推动创新链、产业链、资金链、人才链深度融合。江西省各地市分别推出了创新性的做法,见表 11-1。

表 11-1 各地市在突出产业引才方面的创新做法

地市名称	创新做法
南昌市	贯彻落实新“人才 10 条”,围绕全区“4+X”产业体系建设,常态化组织开展“百场校招”,吸引 10 万名大学生和技能人才来昌留昌创业就业。
萍乡市	围绕全市产业布局,更新完善产业急需紧缺人才目库,建立完善“双招双引”联动机制。
赣州市	建立健全多渠道引才机制,打响“才聚赣州 · 智荟苏区”品牌,加速形成人才聚集回流良好态势。
景德镇市	围绕产业发展制定招才引智计划,编制景德镇市急需紧缺人才和高层次人才需求目录,重点引进陶瓷工程、企业管理、国际设计、金融、品牌和会展运营等方面的高层次人才和团队。
新余市	依托数智院吸引人才、培养人才、造就拔尖创新人才,实施产业数字大脑、铜产业数字化、纺织印染数字化等“揭榜挂帅”项目,建设数字经济发展创新区、数字技术工程师集聚区、数字人才育引留用示范区,推动产业人才聚链成势。
抚州市	紧扣中医药、教育装备(校具)、电子信息、机械制造等县域重点产业发展需求,制定相关产业人才需求目录,持续开展“书记部长进校园”“产业‘链’接高校”等外出组团引才活动,引进一批高层次和急需紧缺人才,推动主导产业“强链”、优势产业“延链”、新兴产业“补链”,助力新质生产力发展。

续表

地市名称	创新做法
吉安市	重点围绕吉安电子信息首位产业,推动电子信息研究院、电子信息产品检验检测中心、电子信息产业联盟"三驾马车"提能升级,引进高水平科研团队入驻并开展科学研究,推进市高层次人才产业园建设,加快"政产学研用金"协同创新,吸引高端人才聚集、促进研发成果转化,打造吉安创新发展新高地、新引擎。
九江市	重点围绕打造电子信息、装备制造、新能源新材料等3个先进制造业产业集群,引导和鼓励企业设立"人才飞地",通过"飞地"吸引高端人才入驻。
鹰潭市	积极构建"科技成果+市场需求+产业基地"全链条转化协作机制,配合实施"人才飞地"行动,引导有条件的企业创建重点实验室、专家工作站、飞地孵化器、技术创新中心,打造市场化人才机制。
上饶市	以打造科创和产业"双向飞地"为抓手,在上海加快建设上饶(长三角)G60科创飞地,在上饶加快建设长三角G60科创走廊(上饶)科技合作产业园、赣浙边际合作(衢饶)示范区,吸引人才来赣。
宜春市	紧扣服务宁德时代、国轩高科等锂电新能源头部企业,全市锂电产业聚引国家级人才33人,博士研究生77人,硕士研究生240余人。坚持以产业需求为导向,聚焦全市"1+3+N"重点产业体系,制定急需紧缺专业目录,加快建设与主导产业配套的人才集群。

三是向在外优秀人才借力,为人才引进助力。建立驻外招商引才"联络站"、青年人才联络站,加强在外人才联系,健全人才信息名录,以"主动邀请一批、精准回引一批、联系欢送一批、走访服务一批"为抓手,举办"知名人士家乡行"、高层次人才对接会等活动,实现以才引才、以才荐才,拓展人才"朋友圈"。依托江西辖区留学人员之家,充分挖掘留学人员、华人华侨专业人才及海外人才,拓展引才渠道。依托"赣才归巢"人才工作站,以"团队+技术+资本"项目合作、"候鸟式"挂职兼职、"周末工程师"技术指导等方式定向引进人才。

表 11－2 各地市在向外优秀人才借力方面的创新做法

地市名称	创新做法
南昌市	依托江西辖区留学人员之家，充分挖掘留学人员、华人华侨专业人才及海外人才，拓展引才渠道。依托“赣才归巢”人才工作站，以“团队＋技术＋资本”项目合作、“候鸟式”挂职兼职、“周末工程师”技术指导等方式定向引进人才。
萍乡市	建立萍籍在外人才信息库，推动萍乡驻外招才引智联络站建设，加强萍籍在外人才的联系服务，促进萍籍在外人才更好支持参与家乡发展建设。
赣州市	实施赣籍客属人才回归行动，完善驻外招才引智工作站考核激励机制；优化升级“苏区之光”人才计划，引进国内外顶级猎头公司等第三方机构，借力向全球搜寻急需人才。
景德镇市	持续举办瓷博会、中国航空产业大会、国际陶瓷艺术双年展等活动，积极参与外事外交文化活动，推动各类优秀人才“请进来”“走出去”。
新余市	依托“双招双引”“三请三回”等重大活动引才回乡，聘请担任“1＋3＋N”产业专家顾问、重点企业“科技副总”。
抚州市	依托驻外招才引智工作站、抚州在外博士联盟等平台载体，大力推行“博士团企业行”“百名博士进百企”“揭榜挂帅”等引才行动，吸引人才回乡。
九江市	建立招商引资与招才引智联动机制，通过“三请三回座谈会”“全员外出招商”等形式，加强人才内外交流，拓宽引才渠道。
鹰潭市	建立驻外招商引才“联络站”、青年人才联络站，加强在外人才联系，健全人才信息名录，拓展人才引进范围。
上饶市	充分发挥市县两级驻外人才工作联络站“桥梁纽带”作用，谋划好2024年浙江饶籍人才大会、上饶市加入杭州都市圈“6＋1”城市群研讨会暨全面融入长三角发展峰会等专题活动吸引在外人才。
宜春市	充分发挥“人才飞地”“研发飞地”等聚才优势，加大柔性引才力度，促进跨区域间人才和创新要素自由流动，实现高层次人才工作生活在外地、创新创业在宜春；坚持着眼长远、引育并重，充分释放“青苗计划”人才回流效应，有步骤、有计划地加强人才培养。

二、建强平台载体，厚植发展沃土

围绕重点领域、重点产业、重大任务，积极搭建有利于人才干事创业平台，以广阔的"大舞台"激发人才新活力，促进人尽其才。

一是深化校地校企合作共建人才平台，推进"四链"融合。围绕产业链、资金链、创新链、人才链布局，深入推进校企产学研工作，共同打造产才融合的创新平台。坚持以业聚才、以才兴业，依托企业、高校、科研院所的人才优势，强化与"大院大所、名校名企"科技合作，加大各平台建设力度，充分发挥校企人才培养主阵地作用，提升高层次人才承载力。支持鼓励和引导企业把人才培养环节前移，通过共建联合培养平台、"订单式"培养等方式，与高校、企业联合培养人才，着力提升高校毕业生"留赣率"。

表 11－3 各地市在深化校地校企合作方面的诚信做法与成效

地市名称	创新做法
萍乡市	充分发挥萍乡学院、江西工业工程职业技术学院等本地院校人才培养主阵地作用，围绕全市"1＋2＋N"产业体系和"4＋2"新动能培育赛道，加大复合型、专业型、技能型人才培养力度。
赣州市	围绕钨及有色金属加工产业，支持鼓励章源钨业、长飞矿业等企业与高校、科研院所建立合作关系，共同打造产学研一体示范基地。
景德镇市	健全校企、校地合作机制，支持鼓励和引导企业把人才培养环节前移，通过共建联合培养平台、"订单式"培养等方式，与高校、企业联合培养人才，提高科技成果本土转化率。
新余市	深化与中南大学深圳研究院、南方医科大学、深圳改革开放大学等合作，推进两地教学资源共享、专题培训合办、跟岗学习互派、党性教育联动，搭建企业技术需求与创新人才科技服务对接平台；整合对口支援单位、对口合作高校院所人才资源，定期开展"博士团企业行""百项科技研发成果推广""千名新质生产力的应用型人才培养"等行动，破解"卡脖子"问题等方式蹲点服务企业，推动更多新技术、更多优项目落地。
抚州市	持续深化"匠苗计划"技能人才培育行动，继续推动职业学校与园区企业签订合作协议，实行"校企双制、工学一体"新模式，积极举办职业技能竞赛和比武练兵活动，鼓励、引导企业与复旦大学、湖南大学、武汉大学、中国中医科学院等高等院校、科研院所共建研发平台。
吉安市	充分发挥吉安职业技术学院引才育才作用，探索建立"职院引才、产业用才"人才共用机制，引导更多人才与产业深度融合。

续表

地市名称	创新做法
九江市	依托“校企合作就业实习基地”，创新实施“人才＋基地”跟岗培训计划，将重点企业发展为人才培养试点基地，择优选取优秀专业技术人才到相应岗位跟岗锻炼，为本地重点产业发展需要培育后备力量。
鹰潭市	积极推动辖区企业与江西师范高等专科学校、江西先进铜产业学院等高校开展联合办学，探索与鹰潭卫生学校、鹰潭城市职业中专等院校建立产业人才共育共享模式，通过产教融合、校企合作等形式，提供“订单式”高素质技能人才培养和专业技术支撑。
上饶市	持续深化产教融合、校企合作，依托江西师范大学数字产业学院、上饶职业技术学院和各地现有技工学校，建立厂中校、校中厂，打造“招生即招工、入校即入企”一体化人才培养模式。
宜春市	持续深化校企校地合作，支持本地院校与企业加强人才协同培养，主动与南昌大学、江西理工、省农科院等大院大所“攀亲”“结友”，强化产业联合科技攻关。

二是聚力打造“人才航母”。支持服务好国字号平台，集聚培养更多高端人才和创新团队；积极创建重点实验室、科创中心、高层次人才产业园等平台，争取更多国家级和省级人才发展平台落地；打造人才创新成果转化中心，推动更多研发成果在江西落地转化。

表 11－4 各地市在聚力打造“人才航母”方面的创新做法

地市名称	创新做法
南昌市	挥新经济产业集聚区在聚集人才、项目孵化和企业落户等方面的吸引力、承载力，为初创期、种子期人才创业项目提供金融支持；探索建立省级人力资源服务产业园，为各方面人才成就事业拓宽空间。
萍乡市	持续推进“昭萍英才 263”重点人才平台的建设、运行和管理，发挥萍乡市技能人才公共实训基地、萍乡市创业孵化示范基地和县区人才产业园等平台对人才培养的载体作用。
赣州市	聚力平台打造，落地运行了中国科学院赣江创新研究院、中国稀土集团、新药创制全国重点实验室、国家稀土功能材料创新中心等一批国字号、重量级平台，建成省级以上人才平台 387 个、国家级人才平台 52 个。

续表

地市名称	创新做法
景德镇市	充分发挥国家级、省级创新平台和新型研发机构人才培育作用。多措并举提升省级和市级人才创新创业示范基地、中德工业 4.0 基地、北航研究院景德镇分院等带动能力，设立服务支持非遗传承保护产业人才创新创业示范基地。
新余市	深入实施科研创新平台三年行动计划，健全“资金奖补 + 股权投资”的利益联结机制，鼓励本地企事业单位与湾区科研院校共建博士后创新实践基地、高技能人才培训基地、专家工作站，推动人才引育。
抚州市	部署建设一批省级技术创新中心、科技协同联合研发中心、技术创新中心、研究院等人才集聚载体，切实人才承载力；组建博士联合会服务团，引导博士深入开展“三结对三帮扶”活动，为企业提供智力、为乡村发展产业、为单位创建平台。
吉安市	打造科技创新、技术服务、产业孵化与人才培养的公共平台，深入推进市高层次人才产业园建设，加快“政产学研用金”协同创新，吸引高端人才聚集、促进研发成果转化，打造吉安创新发展新高地、新引擎。
九江市	鼓励企业与大院大所加强合作，联合开展重大关键技术攻关，支持高新技术企业申报建立省级及以上人才创新创业平台。
鹰潭市	实施“人才飞地”行动，引导有条件的企业创建重点实验室、专家工作站、飞地孵化器、技术创新中心。
上饶市	引导和支持在饶高校、研究机构、高新企业加强与大院大所对接，合作共建一批科研创新中心、成果转化平台、产教融合基地，以大平台集聚大团队、承载大项目、结出大成果。
宜春市	以国家级、省级人才工程为牵引，8 名本土孵化人才入选国家级重大人才工程，创新推出引才关口前移的“青苗计划”，吸引 8500 余名青年学子加入，探索实施高素质农民职称评定的“金牌农夫”计划，培训高素质农民 4697 人、基层农技员 477 名，为乡村振兴提供有力人才支撑。

三是用好省级海智计划工作站、众创空间、新材料产业技术研究院等载体。在产业链上打造“博士联络站”和“博士产研站”，选派博士入园驻企，深

度参与企业技术难题诊断、挖掘和联合攻关，实现“博士专长+企业需求”精准对接，助推科技创新载体数字化、智能化转型升级。

三、坚持改革创新，开辟用才新路径

坚持党管人才，完善“一把手”抓“第一资源”机制，持续深化人才发展体制机制改革三年攻坚行动，着力破除制约人才发展体制机制障碍，为人才松绑减负、排忧解难、加油鼓劲，最大限度激发各类人才创新创造活力。

一是改革人才评价机制。坚持“破四唯”与“立新标”并举，重点解决“破四唯”不彻底、“立新标”不到位问题，更加注重创新能力、成果质量、实际效果和发展贡献，加快建立以创新价值、能力、贡献为导向的人才评价体系，全方位多维度评价人才。

二是优化人才激励机制。破除“官本位”、行政化思维，淡化“管理”观念，变“管人才”为“服务人才”。在编制使用、岗位评聘、职称评定等方面，赋予用人主体更大自主权，优化科技成果转化、科研经费使用、绩效工资等制度，进一步形成体现知识、技术等创新要素价值的激励导向。积极为人才减负，让各类人才心无旁骛搞研究、放开手脚干事业。

三是完善人才使用机制。进一步突破体制壁垒和身份障碍，实施“科技副总”专项计划，扎实开展青年科技人才“四大行动”。坚持以用为本，既重视外面引进的高层次人才，也要用好已有本土人才，让人才所用即所需、所做即所长。

四、优化人才生态，打造人才栖息地

良好的爱才惜才生态圈，对人才资源的集聚至关重要。江西省将“留住用好”作为人才工作的重中之重，聚焦人才最关心、最关注、最亟待解决的问题，竭尽全力保障人才生活所需，打造近悦远来的一流人才发展生态。

一是加强政治引领和政治吸纳。常态化举办国情研修班和培训沙龙活动，有针对性地开展理想信念、国情省情和意识形态教育，引导广大数字、金融等领域人才坚定理想信念、增进政治认同。

二是建立健全党委联系服务专家人才工作制度。采取定期走访、座谈等方式，直接、主动服务专家人才。完善人才诉求常态化收集办理机制，建立全方位、个性化、精细化的优质服务体系,推动服务直达、政策快享,全力营造"集聚人才、支撑人才、成就人才"的最优生态。开展人才表彰系列活动,编印人才期刊和优秀案例,宣传优秀人才事迹和典型工作做法,营造尊才爱才的浓厚氛围。

三是建好"服务体系",提高服务质量。建立人才综合服务站,推动落编落户、住房安居、配偶就业、子女教育等人才"一站式"服务体系建设,精准解决人才大事小情。紧扣产才对接主方向,实施高层次人才引进"一事一议"机制,推动人才合作项目落实落地。

表 11-5 各地市在打造优质人才生态方面的创新做法

地市名称	创新做法
南昌市	构建一体化服务体系,持续做优链条式服务,开设人才服务窗口,为人才提供优质、高效、便捷的"一站式"服务。
萍乡市	有序推进"一站式"人才服务平台建设,用好"12345"人才服务热线,及时帮助解决人才子女就学等各类"关键小事",加强对人才创新创业金融支持,为人才提供高效便捷的服务保障。
赣州市	实施五年筹建 10 万套人才住房计划,开发"指尖申请、一网通办"的赣州人才服务平台,全方位塑造出"尊重人才、礼遇贤士"的良好生态。
景德镇市	持续优化"瓷都人才 APP"服务功能,推动 12345"人才江西"服务热线深入运行,加快建立贯通线上线下、覆盖市县两级的"一站式"人才服务平台,在"景漂"集聚地设立专门服务站,实体化运营"景漂人才之家",完善"景漂"人才金融支持等扶持政策;全面推进市级人才政策"三项机制"高效运行,及时调整优化现有人才政策,细化住房、子女入学、创业扶持等配套措施。
新余市	完善"人才工作 20 条"配套政策、梳理"人才政策清单"18 个大项 79 个小项,将住房、医疗、职业技能等级互认等事项纳入"一把手"工程,对柔性引进人才、特别优秀的人才及团队实行"一事一议",进一步消除人才跨地区、跨行业、跨体制流动限制。
抚州市	依托抚州人才"e"家服务平台,常态化开展县域人才认定工作,持续开展办事流程"大体验"活动,从企业和群众视角换位体验业务办理流程,帮助企业和人才解决实际困难和问题。

续表

地市名称	创新做法
吉安市	加大人才生活基础配套建设投入，高起点策划建设市高层次人才创新创业示范社区，打造一批集总部办公、创投资本、创业孵化、公共服务、国际交流、生态休闲为一体的“人才 + 产业 + 休闲”融合发展的高端创新创业社区。
九江市	树立“妈妈式”“保姆式”“店小二式”人才服务理念，全面落实人才服务“三项机制”，打通人才服务“最后一公里”。
鹰潭市	围绕人才之家、人才驿站、人才公寓等服务载体建设，综合运用新建、购买、改建、租赁等“固定资产 + 灵活调控”的方式，分类打造人才公寓综合体和人才社区。
上饶市	完善人才生活配套设施，实现人才事项线上线下服务双提升，为人才及其子女就医、上学等提供便利；在晋升空间、资金扶持、平台申报方面为人才提供支持。
宜春市	坚持公共服务突出标准化、提升便捷性，个性服务体现精准化、提升获得感，聚焦各类人才生活上的“关键小事”，全力解决好住房安居、医疗健康、配偶安置、子女教育等现实问题。

四是增强服务“获得感”。依托“人才一体化服务平台”，完善人才申报认定、政策兑现、咨询服务“一体运行、一站受理、一网通办”机制，着力推进人才线上认定“即申即认”、人才奖励补贴等“免申即享”，让数据多跑路、人才少跑腿。

第二节　江西人才“引育用留”的主要困境

（一）高端人才吸引力不强

近年来，江西省通过出台一系列人才政策，如“赣鄱英才计划”“人才 10 条”等，以及开展“书记部长进校园”“海外人才江西行”等活动，积极引进国内外高层次人才。例如，南昌市启动了“人才创业团队”申报工作，对符合条件的创业团队提供最高 1000 万元的扶持资金，以及贴息贷款、安家补贴等政策支持。然而,尽管取得了一定成效,但江西省在高端人才引进方面与沿海城市相比,仍存在吸引力不足的问题。具体表现在:能够承担国家重大科研攻关任务的战略科学家等顶尖人才数量少,目前全职在江西工作的“两院”院士只有 10 人(湖北为 81 人,安徽 39 人,湖南为 44 人,郑州为 29 人)。人才引进渠道主要依赖政府主导,缺乏市场主体的积极参与。

(二)人才自主培养能力不足

当前,高校已成为各大城市高层次、高水平人才集聚,培育创新型人才的重要平台。高校作为人才培养的主阵地,但江西省高校人才自主培养能力不足。

一是高水平高校总量偏少。江西省高校数量不少,共有 106 所,但未能拥有一所985 高校,缺乏世界一流大学。目前仅南昌大学 1 所世界一流学科建设高校,1 个世界一流学科建设点,详见表 11 – 6。在培养平台上,与中部其他省份相比,高水平高校数量较弱。河南拥有 156 所,湖北 130 所,湖南 128 所,安徽 121 所,山西 82 所。

表 11 – 6 中部省份“双一流”高校建设情况

省份	高校数	世界一流大学建设数	世界一流学科建设点数
湖北	130	7	32
湖南	128	5	15
安徽	121	3	13
河南	156	2	4
山西	82	2	3
江西	106	1	1

二是高水平学科建设相对滞后。入选国家双一流的学科少。目前,入选国家“双一流”的高校,仅南昌大学占主导优势。南昌大学材料科学与工程学科两次入选国家“双一流”建设学科,食品科学与工程学科成为江西省唯一入选的国家最高等级学科。教育部第五轮学科评估结果中,我省高校评估结果为 A 的学科少。我省高校 A – 及以上学科仅有 4 个,包括南昌大学

食品科学与工程为A+学科,江西财经大学统计学为A学科,江西师范大学马克思主义理论、景德镇陶瓷大学设计学为A-学科。

三是高校毕业生留赣比例不高。目前江西省2022届高校毕业生留赣率为59.96%。省内高校博士学位授予单位只有9个,占全国总数不到2%,在校博士培养规模仅4072人。这些都严重制约了江西省的人才自我“造血”能力。同时,高校教学计划偏重知识结构的严谨性,而忽视学生实践能力和创新能力的培养,导致培养出的学生难以适应市场需求。此外,教师队伍自身创新能力和创新意识不足,也制约了创新人才的培养。

四是产教融合仍然不够充分。高校人才供给与产业需求存在脱节现象,理论与实践结合不够紧密,技术水平与市场发展不平衡,校企联动还不足。

五是数字人才培育平台缺乏。在数字经济人才领域,江西省唯有1个中科数字经济研究院与江西师大合作共建的数字产业学院能直接帮助在校大学生衔接该领域的所学与所用。人才在培养过程中实践机会较少,容易出现学用分离现象。

(三)人才机制仍存多处漏洞

一是引才机制待系统规划。当前江西省各地人才引进政策体系缺乏统一规划,不利于打造良性人才生态,且部分地区过于看重人才引进,忽视了人产相宜的重要性,导致人才类型与产业结构不匹配,人才供给与产业需求不匹配。二是评价机制待健全。现有人才评价体系存在指标相对单一、覆盖人才类别少的问题,同时,有关人才评价机制的社会参与渠道不通畅,而由政府主导的人才评价体系与市场对人才的界定标准存在差距,不利于人才资源供需匹配与优化配置。三是育才机制待补充。现有政策更多关注于人才引进,但引育失衡,人才引进后缺乏后续培育措施,容易导致人才效能发挥不佳,人才能力挖掘不足。四是留才机制待完善。现有人才政策对引进人才的后续发展的针对性、系统性的服务规划不足,更多集中于通用型人才服务体系构建,导致服务范围和内容不够精准全面,人才引进后难以获得长期关注和培养。

（四）人才留任机制不强

人才流失是江西省面临的一大挑战。尽管近年来各地出台了一系列人才留任政策，如南昌市通过“人才 10 条”提供配偶随迁、子女入学、购房补贴等优惠政策，但仍难以完全解决人才流失问题。

一是与一线城市相比，江西省的薪酬待遇相对较低，难以吸引和留住优秀人才。

二是人才管理的相关部门对人才多关注物质层面的激励，忽略了他们对精神层面的激励需求，易导致他们在工作中缺乏成就感和认同感，造成人才流失。

三是在人才激励方面仍采取传统做法，仍未形成因人而异、因事而异的激励机制，部分人才在职业发展上受到限制，缺乏足够的晋升机会和发展空间，使人才潜能未能得到充分的发挥。

第三节 中部地区人才“引育用留”全链条的经验启示

（一）除江西省外其他中部地区的做法

1. 湖南省实施人才“引育用留”综合施策，激发人才发展活力

在引才方面，湖南省出台多项政策，如《娄底市“十四五”期间人才发展规划》，构建人才发展格局。为人才签证提供绿色通道，允许享有中国永久居留权的外籍科学家领衔实施省科技项目，吸引海外高层次人才，从而有效提升了湖南省在国际人才市场的知名度和吸引力。

在育才方面，湖南省实施“双一流”建设计划，支持高校建设优势特色学科，推动跨学科交叉课程开设。加大校企人才联合培养力度，完善产学研用结合的协同育人模式，建立重点产业育才清单，培养符合市场需求的高素质人才。这促使高校学科建设和人才培养质量显著提升，也有效促进了科技成果的转化和应用，推动了产业升级和创新发展。

在用才方面，湖南省构建充分信任的人才使用机制，实行“揭榜挂帅”

“赛马制”等竞争性人才使用机制，有效激发了人才的创新创造活力。同时推进项目经费使用包干制、科研项目经理人制度等试点，赋予科学家更大技术路线决定权、经费支配权和资源调度权，优化了科研环境，提高了科研效率和创新能力，为湖南省科技创新提供了有力保障。

在留才方面，湖南省构建人才服务保障体系，确保人才引得进、留得住、发展得好。对企业引进的高层次急需紧缺人才支付的一次性住房补贴、安家费等费用，可按国家政策规定在计算企业所得税前扣除，减轻企业负担，吸引更多人才来湘发展。同时建立健全特殊一线岗位人才医疗保健制度，加强各级人才服务窗口建设，完善人才公共服务方式，还鼓励有条件的企业设立院士专家工作站，为高层次人才提供更多发展平台和机会。这使得人才的生活品质和工作环境都有所提升，增强了人才的归属感和满意度。

2. 湖北省人才引育用留全链条策略，构筑人才发展新高地

在引才方面，湖北省实施“一事一议”政策，为顶尖人才开辟专门通道，资助额度不设上限，成功引进了多名国内外顶尖人才，为当地科技创新和产业发展注入了新的活力。同时，建立“高精尖缺”重点人才引进清单，实现精准引才。通过制定引才服务机构目录，推行“举荐制”选拔青年人才，并为在湖北自贸试验区工作的高端人才和紧缺人才提供个人所得税补贴。

在育才方面，湖北省实施系统育才计划，计划培育战略科学家、创业领军人才，并实施博士后人才倍增计划，支持设立博士后创新平台。同时改革人才评价体系，实行人才引进推荐认定制，完善符合科研人员岗位特点的人才分类评价机制，并开展重点企业科研人员职称自主评定试点。这些改革措施打破了传统的人才评价模式，更加注重人才的创新能力和实际贡献，为人才的成长和发展提供了更加公平、公正的环境。

在用才方面，湖北省坚持以用为本，加快向用人单位放权，为人才发展松绑，着力用好用活人才。通过人才评价改革“亮新招”，打通人才成长“绿色通道”，让“普工”可以评“高工”，新增高技能人才 6380 人，新增技师、高级技师 918 人。企业申报专技职称不再设名额限制，693 名企业职工经评审获得职称任职资格。湖北省推荐湖北省特级专家、有突出贡献专家，并首创组

建"宜荆荆恩"农民技术人员高级职务任职资格评审委员会,17 人获得农民技术人员高级职务。新建院士专家工作站 8 家,通过与企业精准对接,促进科技成果转化落地,提升产学研合作水平。

在留才方面,湖北省加大科技成果转化收益分配激励力度,改进科研项目经费管理,并对科技人才提供税收优惠。加强人才服务保障,聚焦人才关心的子女上学、住房保障、看病就医等问题,提出务实举措,如完善高层次人才子女入学联席会议机制,利用用人单位自身存量土地建设人才公寓,提供绿色通道服务等。

3. 河南省人才引育用留多措并举,营造人才发展优质生态

在引才方面,河南省漯河市通过拓宽引才渠道、发布"人才新政 35 条"及高层次创新人才"六可选"服务保障等政策,实施"六大专项"引才行动。通过举办招才引智创新发展大会,河南省聚焦重点产业和新兴产业,引进了大量高质量人才,实现了人才链、产业链、创新链的深度融合,推动了产业升级和科技创新。同时,河南省实施"靶向引才"政策,优先服务重大工程,引进顶尖人才和领军人才,实现了人才总量的大幅增长,由人口大省向人才强省转变。

在育才方面,河南省加大培训支持,全面落实各项支持政策,并深化职称制度改革,科学制定和完善各类专业技术人员职称评审标准。同时,在重点人才工程项目中设立青年专项,加大青年科技人才、骨干教师、医生等培养支持力度。

在用才方面,河南省大力推进高校及科研平台建设,为人才提供了多元的发展机会和自由的成长空间,同时优化人才服务,推动事业单位人事制度改革,赋予科研院所、高校、公立医院等在人才使用、配置等方面更大的自主权,为河南省的高质量发展提供了坚实的人才支撑。

在留才方面,河南省打造线上线下"一条龙"人才服务平台,提供全过程、全方位优质服务。深化工资分配激励机制改革,构建了充分体现知识、技术等创新要素价值的收益分配机制,为人才提供了更大的发展空间和激励。同时,鼓励各地建设人才公寓,支持高校、科研院所通过多种方式为高

层次人才提供住房保障。此外,还对由省政府或以省政府名义发给高层次人才的奖金依法免纳个人所得税,并提供相应的医疗保健服务。

4. 安徽省人才引育用留全链条创新,构建人才发展强磁场

在引才方面,安徽省推出4.0版人才政策,构建"1+16"落实体系,并畅通高层次人才引进"绿色通道",聚焦首位产业和新兴产业,定期发布引才需求清单,加大海外高层次人才引进力度,同时持续推动"皖才回归"。

在育才方面,安徽省深入实施江淮战略帅才项目、江淮英才培养计划,推进高校大学生留皖、万名博士后聚江淮等行动,引导重点企业与高校达成产学研合作项目,并开展各类技能培训,聚焦管理人才和乡土人才的培养。

在用才方面,安徽省完善以信任为基础的使用机制、全周期跟踪的培养机制、以创新价值能力贡献为导向的评价机制以及科技成果就地转化的激励机制,并赋予用人主体更大的自主权,完善人才评价体系。这大大提高了人才的使用效率和创新能力,也提升了科技成果的转化数量和质量,为经济社会发展注入了新的活力

在留才方面,安徽省实施"安家行动""安身行动""安心行动",给予教育、医疗等政策支持,高标准建设运营人才社区,完善周边设施,提供全方位综合服务,提高了人才的满意度和归属感。同时,构建"一站式"人才服务平台,实现人才政策"一网推送"、计划项目"一键申办"、人才需求"一站受理"、服务事项"一码通享",并坚持感情留人、待遇留人、事业留人,使人才流失率得到控制。

5. 山西省人才引育用留全面发力,打造人才发展新高地

在引才方面,山西省采取了多项创新举措。通过出台"1+N"人才政策体系,为顶尖科技人才、一流科技领军人才和创新团队以及青年创新人才提供了精准支持。同时,实施柔性引才政策,不拘泥于人才在晋的工作时间,而是以实际工作成果为评价标准,这一政策极大地拓宽了人才引进的视野和渠道。此外,山西省还设立了招才工作站,并选聘招才顾问,进一步拓宽了人才引进的网络和途径。

在育才方面,山西省注重构建完善的人才培养体系。通过实施高水平

大学人才培养工程、企业创新人才承载工程等,为不同领域的人才提供了全方位的培养支持。同时,加强校企合作,支持省级重点产业链上的企业与高校院所开展订单式人才培养,实现了人才培养与产业需求的精准对接。此外,实施校企、院企科研人员"双聘"行动,打通了高校、科研院所和企业之间的人才交流通道,促进了人才的交叉融合和共同成长。

在用才方面,山西省积极为人才搭建施展才华的舞台。支持高校、公立医院单独设置科研岗位,将从业人员纳入专业技术人员管理范围,为人才提供了更加广阔的职业发展空间。同时,畅通高层次人才职称评审绿色通道,制定特殊人才认定办法,为人才的职业发展提供了更加便捷和高效的通道。此外,对于不具备为全员建立企业年金条件的单位,山西省优先为高层次人才建立企业年金,进一步体现了对人才的重视和关怀。

在留才方面,山西省构建了全链条的人才住房保障体系和服务保障机制。推出人才绿卡服务,涵盖创新创业、民生保障、生活服务、交通出行、住房保障等多个方面,为人才提供了全方位的服务保障。同时,建立"三员联动"机制,帮助企业解决招才引智、政策对接、补贴申领等问题,为人才提供了更加便捷和高效的服务。此外,山西省还通过人才激励措施,如为省级人才计划发放的人才奖励金依法免征个人所得税等,进一步激发了人才的积极性和创造力。

(二)可供江西省借鉴的经验

江西地区在做好人才引育用留全链条工作时,应充分借鉴其他地区的先进经验和做法,结合自身实际情况,不断创新和完善人才工作机制,为区域经济社会发展提供坚实的人才支撑。

在引才方面,一是要加强政策引导与宣传,制定具有吸引力的人才政策,并通过多种渠道进行宣传,提高政策知晓度,吸引更多人才前来。同时,可以组织人才招聘活动,如校园宣讲会、人才交流会等,直接面向目标人才群体进行推介。二是要加强校地合作与柔性引才,深化与高校、科研院所的合作,通过项目合作、联合培养等方式,柔性引进高层次人才和急需紧缺人才。同时,可以建立校企合作平台,促进企业与高校之间的产学研合作,实现人才资源的共享和优化配置。

在育才方面，一是建立更加完善的人才培养体系，为人才提供全方位、多层次的培训和实践机会。通过理论学习、实践锻炼、交流研讨等方式，不断提升人才的专业素养和综合能力。二是根据人才的不同特点和需求，制定差异化的培养计划和激励机制。通过设立奖学金、提供实践机会、搭建创业平台等方式，激发人才的创新创造活力，促进其快速成长和发展。

在用才方面，一是坚持量才使用，建立人才需求常态化调研机制，确保人才能够充分发挥其特长和优势。同时，推动人才与产业的深度融合，为经济社会发展提供有力支撑。二是积极搭建就业创业服务平台和科技成果转化平台，为人才提供广阔的发展空间和良好的工作环境。同时，完善人才激励机制，激发人才的创新创造活力。

在留才方面，一是努力提升城市品质和吸引力，优化人才发展环境。通过加强基础设施建设、改善生态环境、提供专业化服务等措施，为人才创造更好的工作和生活条件。二是加强对人才的人文关怀，关注他们的身心健康和实际需求。同时，制定和完善人才服务政策，如住房补贴、子女教育、职称评定等，确保政策能够及时兑现，让人才能够安心扎根江西，为江西奉献。

第四节　江西省人才“引育用留”全链条优化升级的建议

人才是经济社会发展的第一资源。江西省要实现高质量发展，必须构建一套科学、有效的人才“引育用留”体系。通过加强人才引进力度、深化人才培养改革、促进人才使用效能、强化人才留任措施，江西省将能够吸引和留住更多优秀人才，为区域经济社会发展提供坚实的人才保障和智力支持。未来，江西省应继续深化人才发展体制机制改革，不断优化人才生态环境，努力打造成为全国乃至全球的人才高地。

(一)多措并举引人才，打造人才聚集“强磁场”

一是将红色文化打造为引才名片。江西红色文化具有独特的历史地位和影响力，不仅是中国共产党的宝贵精神财富，也是吸引人才的重要资源。通过探索挖掘和广泛宣传这些红色文化资源，既有利于激发人才的爱国热情和奋斗精神，增强他们对江西的认同感和归属感。同时应通过人才强化理论培训及国情政情社情研修，突出思想政治引领，积极组织专家人才参与各类主题教育实践活动，持续办好江西省高层次人才国情研修班等品牌活动，大力传承红色基因，突出引导人才筑牢思想根基、提升政治素养，鼓励人才爱国报国、担当使命，切实增强各类人才的政治认同感和向心力。

二是优化基础设施配置。加快基础设施建设和改造升级的步伐，合理规划公共服务设施建设布局，提升人居环境质量、医疗、教育、商业水平。充分利用高新技术产业，推动科技创新资源的配置和实验室的建设，推动科学研究、技术研发、成果转化等工作的实施。吸引更多的江西籍学子回赣、其他城市人才来赣留赣。以企业用人、政府补贴的方式，为企业引进符合条件的全日制本科学历以上人才，提供租房补贴、社保补贴等一系列扶持政策，助力企业引才。

三是升级招才引智政策。全面盘点现有的引进人才政策，做好人才政策的"废改立"。进一步提高政策的吸引力，不仅要为人才提供更具竞争力的薪资和待遇，还要为对城市发展做出重大贡献的人才设立基金进行奖励。以真金白银吸引人才来赣就业。同时对顶尖人才团队、科技创业领军人才予以重点支持，注重引进人才带技术、带项目、带资金来赣创新创业，打破全职在岗限制。

四是提高引才精准度。依托重点园区，积极绘制"产业人才地图"，明确人才队伍现状，建立急需紧缺人才目录，为招才引智精准定位，切实满足全省不同领域、行业的发展需要，提高人才招引与重点发展产业的匹配度。拓宽引才渠道，充分发挥市场主体作用，鼓励企业、高校、科研机构等积极参与人才引进工作。创新引才方法，通过举办各类引才活动、建立人才数据库、开展人才寻访等方式，精准引进急需人才。优化人才政策，提高薪酬待遇，提供更具吸引力的工作和生活环境。

（二）因地制宜育人才，开创人才培育新局面

一是创新人才培育模式。围绕主导产业发展，整合各类资源，加强与高等院校、企业合作，积极搭建人才创新创业平台。充分利用国内外知名高校与本地各级党校、大专院校等机构联合办学，坚持课堂教学与实践操作相结合，有针对性地提升专业人才的业务水平。组织人才赴经济发达地区开展域外调研学习，帮助其掌握新知识、树立新理念、增长新本领。定期选派部分人才到市县区各级的重点专班进行实践锻炼，提高综合素质。

二是保证人才全员培育。政府制定出台人才培育的相关办法和政策，促进人才培育体系的建设，为人才培育提供政策保障，并做好组织者和监督者的角色。落实源头培养、跟踪培养、全程培养要求，完善集中培训、跟踪管理、实践锻炼、择优使用、动态调整等培养方式，加大人才队伍培养力度，做到常态化、全覆盖、无遗漏。

（三）人尽其才用人才，构建人才发展新格局

一是健全人才评价体系。在评价内容上，坚持职业能力与工作业绩相结合；在评价标准上，坚持国家标准与岗位要求相结合；在评价方式上，坚持领导评价与同事评价相结合。让人才得到其应有的待遇和荣誉。拓宽职业发展渠道，为人才提供足够的晋升机会和发展空间，促进其职业成长。

二是优化人才薪资待遇制度。对人才可以实行协议工作制、年薪制、项目工资等灵活的薪资方式，并为人才提供工作经费、科研经费的支持。丰富激励方式，形成精神、文化、物质三合一的激励形式，既可以满足人才对物质生活的需要，也可满足他们对精神文明的追求。

三是激励人才担重任。让人才"挑大梁""担重任"。省委相关部门和引进人才的单位要大胆地起用人才，打破隐性台阶，不搞论资排辈，让人才担任项目负责人或者部门负责人，赋予他们更大的方案决定权，鼓励他们放开手脚、大胆开拓、担当作为。

（四）刚柔并济留人才，打造"近悦远来"的人才新生态

一是为人才提供暖心服务。始终把用心服务作为"拴心留人"的关键，积极营造安心、暖心、舒心的环境，让人才引得来、干得好、留得住。各引进

人才的单位在生活上应对引进人才给予额外的关心和照顾，让人才感受到组织的关怀与关爱。建立领导和部门定期与人才联系制度，及时了解人才的所思、所想、所盼，解决他们的实际难题和后顾之忧。

二是提高人才的政治地位。注重在非党员的人才中发展党员，推荐政治素质高、履职能力强的人才成为“两代表一委员”，提高他们的荣誉感。政府相关部门设立特殊贡献奖等，奖励有突出贡献的人才。并且政府在召开重要会议的时候，让相关的人才列席，会后询问人才的想法，打通他们建言献策的通道，强化人才政治荣誉感、责任感、使命感，将他们集聚到江西省全面振兴的事业中来。

三是优化政策保障。贯彻落实“赣鄱英才计划”政策措施，优化兑换路径、提高兑现效率。同时，对政策的有效性、精准性进行定期评估、动态调整，确保人才政策始终具有地区优势。进一步改革完善职称评审、岗位聘任等一系列措施，让职称评定和岗位聘任措施更能充分调动专业技术人员的积极性，从而留住人才。

参考文献

[1]胡玉宁,徐欣.人才新质态:时代新人"新质素养"的理论思考[J].中国矿业大学学报(社会科学版),2024,26(04):87-95.

[2]赵永乐.以人才新质态推动新质生产力加快发展[J].中国人才,2024,(04):21-23.

[3]陈祥云.高校培养新质生产力人才的价值意蕴及实现路径[J].牡丹江教育学院学报.2024,(05):23-26.

[4]王彩芳,姜国刚,任保全,杭珺琪.数字经济赋能高校经济类新质人才培养[J].农场经济管理,2024,(07):43-45.

[5]彭佳琪.新质人才培养视域下新媒体项目管理与实践课程教改研究[J].大学教育.2024,(18):44-50.

[6]曹胜,李婷婷.新质人才培养的内涵特质、必然逻辑和实践路径[J].青岛科技大学学报(社会科学版),2024,40(03).

[7]于兆吉,房一宁,鲍卉.教育、科技、人才"三位一体"赋能高等教育新质人才培养的逻辑、挑战与进路[J].现代教育管理,2024,(09):34-44.

[8]鲍海君,曹伟.国土空间规划"新质人才"培养的科教创新综合体模式研究[J].中国土地科学,2024,38(08):135-144.

[9]王卓玉,于灏媛,王琳琳.面向新质人才需求的STEAM培育机制研

究[J]. 广西师范大学学报(哲学社会科学版),2024,60(05):87 - 96.

[10]李培园,成长春. 科技人才非均衡流动对区域经济差距的影响——基于长江经济带104个城市的实证研究[J]. 长江流域资源与环境,2024,33(08):1599 - 1608.

[11]马林琳,张汝昊,韩芳. 科技人才国际流动中的性别差异研究. 科技创业月刊[J]. 2024,37(08):45 - 46.

[12]陆星谕. 我国省际间科技人才流动影响因素研究[J]. 科技创业月刊,2023,36(02):47 - 51.

[13]高阵雨,陈钟,王长锐,刘益宏. 我国高层次科技人才流动情况探析:以国家杰出青年科学基金获资助者为例[J]. 中国科学基金,2019,33(04):363 - 366.

[14]徐倪妮,郭俊华. 科技人才流动的宏观影响因素研究[J]. 科学学研究,2019,37(03):414 - 421 + 461.

[15]王腾,关忠诚,郑海军,李强. 全球顶尖科技人才流动的影响因素探析——基于扎根理论的分析[J]. 科学学研究,2024,42(07).

[16]马志敏. 山西省科技人才流动意愿的影响因素——基于层次分析法的实证研究素[J]. 调研世界,2018,(11):46 - 51.

[17]于艳红,杨鹏飞. 青年科技人才流动意愿的影响因素研究[J]. 产业创新研究. 2022,(11):154 - 156.

[18]侯爱军,夏恩君,陈丹丹,李森. 基于供需视角的我国区域人才流动研究[J]. 科技进步与对策,2015,(09):141 - 145.

[19]杨芳娟. 中国高端科技人才跨国流动模式及影响研究[D]. 北京理工大学,2016.

[20]詹晖. 吉林省科技人才流动影响因素及作用机制研究[D]. 东北师范大学,2017.

[21]刘彬,游超,谷岩松,张露. 国家杰出青年科学基金获资助者特征及流动状况研究——以湖北省为例[J]. 中国高校科技,2020,(06):12 - 16.

[22]Levin R, Rosse J. Talent Flow: a strategic approach to keeping good

employees, helping them grow, and letting them go[M]. San Francisco: A Wiley Company, 2001.

[23]Zhou Y, Guo Y, Liu Y. High - level talent flow and its influence on regional unbalanced development in China[J]. Applied Geography, 2018, 91: 89 - 98.

[24]Hom PW, Griffteh R. Employee turnover[M]. Cincinnati: Cincinnati South - western College Publishing, 1995.

[25]Deery MA. An exploratory analysis of turnover culture in the hotel Industry in Australia[J]. International Journal of Hospitality Management, 1997, (4): 375 - 392.

[26]Kennedy DJ, Fulford M D. On the move: management relocation in the hospitality industry[J]. Cornell Hotel and Restaurant Administration Quarterly, 1999, 40(2): 60 - 68.

[27]Bevan S. The management of Labour Turnover[R]. Institute of Manpower Studies. Brighton, 1987.

[28] Olian. J. D., Rynes SL. Making total quality work: Aligning organizational processes, [J]. Human Resource Management, 1991, 30(3): 303 - 333.

[29]Iverson R. D., Buttigieg D. M. Affective, normative and continuance commitment: Can the ' right kind'of commitment be managed? [J]. Journal of Management Studies, 1999, 36(3): 307 - 333.

[30]Hinkin T. R., Tracey J. B. The cost of turnover[J]. Cornell Hotel and Restaurant Adminidtration Quarterly, 2000, 6, 14 - 21.

[31] 林龙飞. 乡村振兴背景下青年返乡创业的内隐逻辑——基于个人意义构建视角的多案例研究[J]. 中国青年研究, 2019(10): 62 - 68.

[32] 李广. 乡村振兴背景下青年返乡创业高质量发展的路径研究[J]. 景德镇学院学报, 2021, 36(01): 86 - 91.

[33] 高坤. 乡村振兴背景下青年农民返乡创业问卷调查——基于湖北省 50 位青年农民返乡情况分析[J]. 乡村科技, 2021, 12(14): 12 - 14 + 17.

[34] 梁栋, 吴存玉. 乡村振兴与青年农民返乡创业的现实基础、内在逻

辑及其省思[J]. 现代经济探讨,2019,(5):125－132.

[35] 黄颖,卢慧娟. 乡村振兴背景下农村青年返乡创业需求及扶持对策探析——来自1842个样本的调查数据[J]. 南方农村,2019,35(1):8－11.

[36] 顾一鸣. "乡村振兴"背景下农村高校毕业生返乡创业意愿影响因素——基于安徽高校的调研分析[J]. 济宁学院学报,2021,42(06):102－108.

[37]夏仕武,张明明. 少数民族大学生返乡创业影响因素探究[J]. 民族教育研究,2020,31(01):125－133.

[38] 郭丽娟,孙鑫雅,夏锦阳,张玉洁,曾芳苗,张丽琼. 大学生返乡创业意愿调查及影响因素研究——基于安徽省5所高校的问卷调查分析[J]. 科技视界,2021,(20):161－164.

[39] 张方雷,范蕊. 山东返乡青年电商创业研究及政策建议[J]. 消费导刊,2019,(39):99,101.

[40] 李冠源,李冬娜,徐建斌,王丽. 乡村振兴战略下返乡青年创业策略探析[J]. 云南农业大学学报(社会科学),2022,16(02):19－25.

[41] 毛一敬. 乡村振兴背景下青年返乡创业的基础、类型与功能[J]. 农林经济管理学报,2021,20(1):122－130.

[42] 罗敏. 从"离乡"到"返乡":青年参与乡村振兴的行动逻辑——基于H省Z市1231名青年的问卷调查分析[J],中国青年研究,2019,(9):11－17.

[43] 刘梅,所应洲. 社会资本理论视角下的小镇返乡青年的社会适应研究——基于269名青年的实证调查和10位个案的访谈研究[J]. 区域治理,2021,(6):257－261,268.

[44] 曾辉. 新时代背景下返乡青年创业路径分析[J]. 中国集体经济,2020,(1):5－6.

[45]吴燕,孙兴民. 乡村振兴机遇引领下镇江市青年人才返乡就业创业路径研究[J]. 智慧农业导刊,2023,3(19):126－129.

[46]邝舜. 乡村振兴背景下推进青年人才返乡入乡对策研究[J]. 山西农经,2023,(15):141－143.

[47]王秋蕾. 青年人才返乡就业的影响因素调查——以安徽省T市为

例[J]. 中国人事科学,2020,(07):63－73.

[48] 王晓刚. 中部地区农民工返乡创业与乡村产业振兴互促联动研究[J]. 农村.农业.农民(B版),2021,(12):16－18.

[49] 郭庆,陈云凡. 青年农民工社会融入度的测评与影响机制分析——基于长沙市调查数据[J]. 开发研究,2017,No.193(06):148－153.

[50] 王成龙,武晓伟. 传统与变革:小镇返乡青年的文化与社会融入[J]. 中国青年研究,2019(11):22－28.

[51] 沈费伟,蔡欣濛,林欣等. 城归青年的乡土社会适应性问题研究:进路与反思[J]. 山西农业大学学报(社会科学版),2021,20(01):46－55.

[52] 马素琴. 返乡创业青年的社会适应探析[J]. 山东青年,2019,(10):213－214.

[53] Parameswaranaik, J., Jha, S. K., Lal, S. P. Return Migration of Rural Youth Vis－à－Vis Agripreneurship Development in Southern India. Natl. Acad. Sci. Lett. 43, 603－606 (2020).

[54] Orozco－Aleman, S., Gonzalez－Lozano, H. Return Migration and Self－Employment: Evidence from Mexican Migrants. J Labor Res 42, 148－183 (2021).

[55] Ning Jia, Belton M. Fleisher. Economic incentives and return migrant scholars: Evidence from a talent recruitment program in China, world Devlopment, Volume 184, December 2024, 1－17.

[56] De Haas, H., Fokkema, T., Fihri, M. F. Return Migration as Failure or Success?. Int. Migration & Integration 16, 415－429 (2015).

[57] Flahaux, M., The Role of Migration Policy Changes in Europe for Return Migration to Senegal, International Migration Review, Vol. 51/4 (2017).

[58] Gillespie, B. J., Mulder, C. H. & von Reichert, C. The Role of Family and Friends in Return Migration and Its Labor Market Outcomes. Popul Res Policy Rev (2021).

[59] Aradhya, S. Diversity of Legacy. Diversity of Legacy: The Experience of Immigrants and their Descendants in Sweden, Lund University(2018) publish 15 march 2018.

[60] Aydemir, A. and C. Robinson. "Global labour markets, return, and onward migration", Canadian Journal of Economics, Vol. 41/4, pp. 1285 - 1311 (2008).

[61] Klinthall, M. "Retirement Return Migration from Sweden", International Migration, Vol. 44/2, pp. 153 - 180(2006).

[62] Shortland, P. People on the Move: A Study of Migrant Movement Patterns to and from New Zealand. Statistics New Zealand (2006).

[63] Bijwaard, G. "Immigrant migration dynamics model for the Netherlands", Journal of Population Economics, Vol. 23/4, pp. 1213 - 1247(2010).

[64] Black, R. et al. Understanding Voluntary Return, Home Office Report 50/04(2004).

[65] King, R. "Generalizations from the History of Return Migration", in Ghosh, B. (ed.), Return Migration: Journey of Hope or Despair?, International Organization for Migration (2000).

[66] Parameswaranaik J, Jha SK. Return migration of rural youth: a new trend in rural India. J Glob Commun 11(2):124 - 127 (2018).

[67] Crescenzi, R., Holman, N. & Orru', E. Why do they return? Beyond the economic drivers of graduate return migration. Ann Reg Sci 59, 603 - 627 (2017).

[68]吴田. 数字时代的数字人才治理:核心概念与基本逻辑[J]. 领导科学,2024,(04):40 - 44.

[69]魏吉,张正荣. 基于"井"型胜任力模型的数字人才画像构建和培育路径研究[J]. 西部学刊,2024,(14):103 - 107.

[70]肖鹏,赵庆香. 通往数字人才强国之路:《提升全民数字素养与技能行动纲要》与大学生数字素养教育战略[J],农业图书情报学,2021,33(12):6 - 15.

[71]闫励,朱卫东,闫胜洁.我国数字人才队伍培养建设浅析[J].现代管理科学,2024,(02):182-189.

[72]张惠娜,周京艳.英国数字人才战略及对北京的启示[J].中国科技人才,2024,(02):63-68.

[73]赵山水,杨彦军.江西省数字经济发展与数字人才培养现状及对策研究[J].企业科技与发展,2023,(04):75-79.

[74]李佩洁,王娟.高校数字人才培养体系建设现状与展望[J].社会科学家,2021,(08):156-160.

[75]王磊,苗春雨.数字经济背景下高校数字人才培养的路径探究[J].中国大学教学,2023,(07):25-33.

[76]刘俐伶.制造业数字化人才培养框架顶层设计——基于参与式行动研究法的 ZZC 企业实证研究.中国人事科学.2023,50(10):17-31.

[77]杨帆,林晓,戴杨,刘承良.中国数字人才空间分布与流动格局——基于京津冀、长三角和粤港澳地区的分析[J].地理科学,2024,44,(06):964-972.

[78]王祥,余霄.体制压力对地方政府数字人才诉求的结构化影响——基于政府数字化转型的背景[J].电子政务,2023,(08):10-21.

[79]张守凤,刘德胜,刘昊蓉.数字人才与中小企业开放式创新绩效:一个中介调节效应模型[J].经济问题,2024,(04):114-121.

[80] Davies, A., Fildes, R. A framework for digital skills development. Journal of Information Technology,2018,33,(4), 365-377.

[81] Bennett, S., Sargent, J. Digital skills development through online learning and project-based learning[J]. Computers & Education, 2019,137, 152-161.

[82] Friedman, L., Cappelli, P. The demand for digital talent in the age of artificial intelligence[J]. Journal of Management, 2020, 46(1), 123-142.

[83] García, J., López, M. Regional disparities in digital skills: A European perspective[J]. Regional Studies, 2021, 55(4), 512-524.

[84] Smith, J., Jones, K.. Cross-disciplinary education for digital tal-

ent: A global perspective[J]. Computer & Education, 2020, 165, 103698.

[85]Lee, M., Park, S. The role of digital talent in economic development [J]. Education Technology & Vocational Development, 2021,29(2), 123 - 142.

[86]Martin Rodilla P ,Gonzalez Perez C . Metainformation scenarios in Digital Humanities: Characterization and conceptual modelling strategies[J]. Information Systems,2019,8429 - 48.

[87]张元通,周晓彤. 基于熵权法的辽宁人才环境评价及对策思考[J]. 特区经济,2020,(3):140 - 143.

[88]司江伟,陈晶晶."五位一体"人才发展环境评价指标体系研究[J]. 科技管理研究,2015,35(02):27 - 30 + 57.

[89]毛惠玉. 重庆市 S 区人才发展环境评价及优化对策研究[D]. 重庆大学,2019.

[90]王瑛. 关于人才与人才环境状况报告系统的研究[J]. 江苏大学学报(社会科学版),2002,(04):122 - 125.

[91]郭煜文. 小区域创新人才发展环境综合评估研究[D]. 华东师范大学,2017.

[92]王雅荣,易娜. 基于综合指数法的呼包鄂三市人才环境比较[J]. 西北人口,2015,36(01):79 - 84.

[93]李朋林,唐珺. 基于投影寻踪的"新一线"城市人才环境评价研究[J]. 科技管理研究,2019,39(09):69 - 75.

[94]陈杰, 刘佐菁, 陈敏,等. 人才环境感知对海外高层次人才流动意愿的影响实证——以广东省为例[J]. 科技管理研究, 2018, 038(001):163 - 169.

[95]杜皖露. 人才生态环境对科技人才集聚的影响研究 ——以长江经济带三大城市群为例. 安徽建筑大学(D),2024.

[96]张作学,张蒙. 人才生态环境促进城市科技人才集聚的实现路径——基于必要条件分析(NCA)和模糊集定性比较分析(fsQCA)方法的研究[J]. 科技管理研究,2023,43(12):183 - 193.

[97]何思妤. 人才生态环境如何提升返乡农业创业人才根植意愿——

基于四川省的实证分析[J]. 农村经济,2023,(06):116－125.

[98]张波,丁金宏. 中国人才生态环境对高学历人才集聚效应影响分析[J]. 科研管理,2022,43(12):24－33.

[99]汪群,梁秋璐,张勤. 东道国人才生态环境对人才根植意愿的影响——人才成长预期的中介效应[J]. 科技管理研究,2021,41(21):119－128.

[100]姚凯. 优化新质生产力发展的人才培育生态[J]. 国家治理,2024,(13):54－57.

[101]许翾,李晨,邱元,张辉. 面向新质生产力需求的高校人才队伍建设与发展模型及生态环境[J]. 中国科技论坛,2024,(09):156－165.

[102]顾然,商华. 基于生态系统理论的人才生态环境评价 指标体系构建[J]. 中国人口,2017(05):289－293.

[103]叶晓倩,陈伟. 我国城市对科技创新人才的综合吸引力研究——基于舒适物理论的评价指标体系构建与实证[J]. 科学研究,2019,37(08):1375－1384.

[104]李旭辉,夏万军. 基于五大发展理念的人才发展环境动态评价实证研究——以国家自主创新示范区为例[J]. 北京理工大学学报(社会科学版),2020,22(02):60－69.

[105]林柳旋. 中国原始创新人才生态环境评价及影响因素[J]. 福建论坛(人文社会科学版),2023,(08):112－124.

[106]林琳. 民族地区高校教师人才生态环境评价指标体系的构建研究[J]. 西南民族大学学报(人文社会科学版),2019,40(01):219－226.

[107]薛红杰. 重庆市人才生态环境评价及优化策略研究[D]. 重庆大学,2021.

[108]赵超. 沈阳市及其他副省级城市人才环境的因子分析及政策建议[J]. 辽宁经济,2020,(05):15－17.

[109]肇启熙. 陕西省地级市人才环境竞争力评价指标体系研究[D]. 西北大学,2017.

[110]王见敏,康峻珲,王杰. 基于 AHP 模型的人才发展环境评价分

析——以贵州省为例[J].贵州财经大学学报,2019(01):103 - 110.

[111]Caryn M. Vazzana and Jeta Rudi - Polloshka. Appalachia Has Got Talent, But Why Does It Flow Away? A Study on the Determinants of Brain Drain From Rural USA[J]. Economic Development Quarterly, 2019, 33(3) : 220 - 233.

[112]Sari Silvanto and Jason Ryan. An investigation into the core appeals for nation branding to attract and retain talent to enhance a country's competitiveness[J]. Competitiveness Review: An International Business Journal, 2018, 28 (5) : 584 - 604.

[113] Kamanja D. Influence of Work Environment on Employee Engagement of Central Government Ministries in Kenya, A Case of Meru County[D]. KeMU, 2020.

[114]Kamel Mellahi and David G. Collings. The barriers to effective global talent management: The example of corporate élites in MNEs[J]. Journal of World Business, 2009,45(2):143 - 149.

[115]Cowling Marc and Lee Neil. How entrepreneurship, culture and universities influence the geographical distribution of UK talent and city growth[J]. Journal of Management Development, 2017, 36(2) : 178 - 195.

[116]Josh Lepawsky and Chrystal Phan and Rob Greenwood. Metropolis on the margins: talent attraction and retention to the St. John's city - region[J]. Canadian Geographer / Le Géographe canadien, 2010, 54(3) : 324 - 346.

[117]Bin Gao, NaiWen Zhang, Chunyu Chen. Comprehensive evaluation of urban talent ecological environment and diagnosis of barrier factors: An analysis of 16 cities in Shandong Province. Expert System with Applications. 15 July, 2024,1 - 10.

[118]Dorothee Alfermann. Babett H. Lobinger. Oliver Nesges. Russell J. J. Martindale. Georgios Andronikos. German version of the Talent Development Environment Questionnaire (TDEQ - 5). German Journal of Exercise and Sport Research. 2023,53,59 - 69.

[119]Kofler I, Innerhofer E, Marcher A, et al. Talent Competition Within Europe[M]//The Future of High - Skilled Workers. Palgrave Pivot, Cham, 2020: 73 - 82.

[120]鞠炜,刘宁.京沪浙粤苏人才政策比较研究[J].中国人力资源开发,2013,(15):87 - 92.

[121]曾艳. 四川、江苏人才政策比较研究[D].四川省社会科学院,2016.

[122]何理丽,符慧颖,李远辉.区域人才政策比较研究[J].合作经济与科技,2019,(12):102 - 103.

[123]王静静,谢绥萍.中西部传统工业城市人才政策优化研究[J].全国流通经济,2021,(04):103 - 106.

[124]郭俊华,徐倪妮.基于内容分析法的创业人才政策比较研究——以京沪深三市为例[J].情报杂志,2017,36(05):54 - 61.

[125]张波.上海高端人才空间集聚的SWOT分析及其路径选择——基于北京、深圳与上海的人才政策比较分析[J].科学发展,2019,(02):22 - 31.

[126]马香媛,沈丽丽,黄鹤.区域科技人才政策比较及实施效果分析——基于政策工具视角[J].杭州电子科技大学学报(社会科学版),2020,16(02):7 - 14.

[127]Christian Reiner, Susanne Meyer, Sascha Sardadvar. Urban attraction policies for international academic talent, [J], Munich and Vienna in comparison, 2017,61: 27 - 35.

[128]Gera, Surendra. Benchmarking Canada's Performance in the Global Competition for Mobile Talent, [J], Canadian Public Policy, 2007,33(1):63.

[129]Beibei Chiou. Two - step migration: A comparison of Australia's and New Zealand's policy development between 1998 and 2010, [J], Asian and Pacific Migration Journal, 2017,26 (1) :84 - 107.

[130]David Zweig, Kellee S., Tsai, Alwyn Didar Singh. Reverse entrepreneurial migration in China and India ,[J] , The role of the state, World De-

velopment, 138.

[131] Xiao Lu, Wenxia Zhang. The Reversed Brain Drain: A Mixed - method Study of the Reversed Migration of Chinese Overseas Scientists, [J], Science Technology And Society,2015,20(3):279 - 299.

[132] Shenglong W. Research on Talent Policy Changes in Contemporary China. [J],Open Journal of Business and Management , (2017),5, 550 - 560.

[133] Xi H. Do Local Immigrant - Welcoming Efforts Increase Immigration? [J], The Detroit Experience. Urban Affairs Review. June 2021.

[134] Huiqin Zhang, Ting Deng , Meng Wang and Xudong Chen. Content Analysis of Talent Policy on Promoting Sustainable Development of Talent, [J], Taking Sichuan Province as an Example, Sustainability, November 2019.

[135]黎丽. 对优化人才生态环境问题的思考[J]. 党建与人才,2003,(09):18 - 19.

[136]黄梅,吴国蔚. 人才生态环境综合评价体系研究[J]. 科技管理研究,2009,29(01):62 - 65.

[137]王顺. 我国城市人才环境综合评价指标体系研究[J]. 中国软科学,2004,(03):148 - 151.

